好班是怎样炼成的
——小学班主任班级建设之道

谢云　主编

中国轻工业出版社

图书在版编目（CIP）数据

好班是怎样炼成的：小学班主任班级建设之道/谢云主编. —北京：中国轻工业出版社，2016.1（2023.8重印）
ISBN 978-7-5184-0699-9

Ⅰ. ①好… Ⅱ. ①谢… Ⅲ. ①小学-班主任工作 Ⅳ. ①G625.1

中国版本图书馆CIP数据核字（2015）第264520号

责任编辑：王慧超
策划编辑：孔胜楠　　　责任终审：腾炎福
责任校对：刘志颖　　　责任监印：吴维斌

出版发行：中国轻工业出版社（北京东长安街6号，邮编：100740）
印　　刷：三河市鑫金马印装有限公司
经　　销：各地新华书店
版　　次：2023年8月第1版第8次印刷
开　　本：710×1000　1/16　印张：18.25
字　　数：181千字
印　　数：19001—21000
书　　号：ISBN 978-7-5184-0699-9　定价：40.00元

读者热线：010-65181109，65262933
发行电话：010-85119832　传真：010-85113293
网　　址：http://www.chlip.com.cn　http://www.wqedu.com
电子信箱：1012305542@qq.com

如发现图书残缺请拨打读者热线联系调换
151136Y1X101ZBW

本 书 编 者

主　编：谢　云

编　者：陈　春　董文华　芶　鹏　何春燕　雷　震
　　　　宁超群　欧小丽　沈　兰　许丽蓉　张端妹
　　　　张芳军　张　红　张华东

（按姓氏音序排序）

前言　建设，从班级开始

我越来越喜欢把自己定位于"建设者"，无论对自己的人生，还是对效力的教育。

从某种意义上说，人生，就是自己倾全身心建设的一项工程。以建房子为喻：童年，算是打地基；青年，算是砌墙体；到主体封顶，差不多人届中年。然后，是漫长的装修期——精装、简装、硬装、软装……各种美化，各种修饰，各种调整，直到离开人世，这房子才算是彻底完工。不过，与修房子不同的是，人生这项费时既久、耗力甚多的宏大工程，在建设过程中，既可以不懈奋斗，一直努力，也可以稍事修整，适度享受，而不是非得一口气修建、装饰完成，才能正式入住。

倘若这笨拙的比喻能够成立，那么，教育其实就承担着学生"人生工程建设"的一个环节——非常重要的"打地基"环节。

过去我们说，教育的目的是培养"接班人"，后来又说，教育要培养"建设者"。尽管我们知道，教育首先是为着人的成全和发展，人应该是教育的唯一尺度；但是，无论怎样的时代或社会，教育所面对的，所要培养的，都不可能是抽象的人。教育的对象，总会体现出一定的"时代性"和"社会性"。而且，教育所培养出来的人，最终也必定"隶属于"某个具体的时代和社会。

只不过，相较于"接班人"，我更倾向于"建设者"。"接班人"所接的"班"，可能有荣耀和恩荫，也可能有耻辱和灾难；可能是他们所期望的，也可能是他们所不乐意的。而"建设者"所"建立、设置"（这是"建设"一词的本义）的，往往是全新的、前所未有的，代表着他们的向往和追求，也更符合他们的期望和胃口——从人性的角度说，没有人会愿意创造自己不喜欢的东西。

联合国教科文组织曾这样定位教育："为一个尚未存在的社会培养新人。"以我的理解，这些新人之于那个"尚未存在的社会"，必然是以"建设者"的姿态和身份：他们将影响、改造甚至创建那个现在"尚未存在"，但必将在他们手里"脱颖而出"的社会。或者说，当我们所培养的"新人"进入他们所面对的社会，无论是建设，还是重建；无论是影响，还是改变，他们都必然会让那个社会呈现出或多或少的"新气象""新面貌"，从而让"那个社会"成为我们现在难以料想的"新社会""新世界"。这是建设的力量，也是教育的力量。显然，这也是教育者应该有的使命。倘若我们所培养的"新人"于社会毫无意义，他们的"淡入"或"淡出"于世界毫无影响，很难说我们的教育是成功的，更别说有什么价值和地位。所以，我愿意相信，"培养建设者"这一说法所表达和强调的，其实是一种积极的干预、主动的介入，是一种或渐进或跃进的推动与创造。

只是，我们似乎不太喜欢将"建设""工程"之类词语用于教育，便是"人类灵魂工程师"这一说法，也让许多老师反感、反对。因为这些词语，过于生硬、冰冷，过于强调规范和标准，与教育应有的润泽、柔软、空灵等质地，似乎不靠谱、不搭调。很多时候，在言说教育时，我也喜欢用轻盈、诗意的说法，但是我知道，教育不能只有轻盈和诗意，因为教育必须面对现实。学校可以是"象牙塔"，但现实不是。谈教育可以"诗意化"，但"做教育"不能。现实是庞大的、坚硬的、沉重的，甚至不乏荒芜、幽暗和冰冷，但我们所教育出来的人，无论是"硬着陆"，还是"软着陆"，都必然要面对它，接近它，甚至融入它——学校教育与现实社会之间，必然通过"建设者"来完成"对接"，形成"呼应"。

"培养建设者"既是教育的任务所在，显然也是教师的职责所系。继续用"建房子"那个比喻，学生的"人生之房"，修建者固然是他们自己，但在中小学阶段，我们应当引导他们学会设计"蓝图"和"框架"，规划"朝向"和"格局"，帮助他们做好土地平整等施工前的准备，在可能的情况下，协助他们打下牢固的"地基"。学生刚刚进入学校时，对他们的"人生之房"也许是懵懂的、一无所知的，但是当他们离开学校时，对自己的"人生之房"应该有基本的规划和设定，应当完成其"人生之房"的基础施工——中小学阶段被称为"基础教育"，是很有道理的,"基础不牢,地动山摇"的说法,也不只是纯粹的比喻。

基础教育阶段的教师,其基本职责,就是做好这些"基础工作"。就此而言,中小学的每门学科,其实都是"基础";中小学的每个教师,责任都是帮学生"打基础"。这其实也意味着,每个教师都是"建设者",都应该以"建设者"的心态和姿态去面对自己的职业和职责。

我特别赞同美国心理学家卡尔·罗杰斯的说法:教师无论在什么时候都应当成为一个积极的建设者。以我的理解,"积极"意味着主动和自觉,是发自内心地喜欢和愿意;而不是被迫无奈的,不是怨气冲天的。同时,"积极"也意味着襟怀的宽广,心胸的敞亮,表情的明媚——至少,在走进教室、站上讲台时,教师不能带着晦暗的心思,不能带着敌意的情绪,不能带着人性所容易有的失望、气馁、沮丧和懊恼。西方有句谚语说:"教师就是面带微笑的知识。"在我看来,这种"微笑",应该是健康、开朗的,明亮、喜悦的——教师的脸上,应该能让学生看到"希望";教师的眼里,应该能让学生看到"天堂"。

在这方面,责任最重大的,显然是班主任,尤其是基础教育阶段的班主任。他们所面对的孩子,幼小,稚善,生命刚刚开始萌动,像一张白纸,最适合画最美的蓝图。这些孩子,既具有很强的"可塑性",也具有很强的"向师性"。班主任跟他们在一起的时间最多,对他们的感染和影响必然最大:班主任的一言一行、一举一动,都可能给他们留下深刻的印迹,甚至影响到他们的一生,最终成为他们生命中真正意义上的"重要他人"。

而且,在孩子们心里,跟班主任联系紧密的,往往还有"班级"和"同学"这两个概念。前者,是他们曾经的"生活共同体";后者,是他们曾经的"岁月见证者"。这二者,既是他们学生时代的核心内容,也必然成为他们生命历程中最重要的风景和记忆——这可能是美好的,也可能是痛苦的,或不那么美好的,而其"品质"和"属性",显然来自班主任的工作状况,来自班主任为他们所建设和营造的那个"大家庭"。

因此,班主任的最大责任,或者说让班主任感觉最为困难的事情,莫过于班级的建设(这个"建设"的用法,我们似乎一直没有回避)。当然,最能体现班主任水平的,往往也是这个"建设"的能力。能否有好的班级,很大程度上取决于班主任这个"建设者"。倘若以班级为镜子,我们很容易从中看到班主任的身影、面相、风貌,甚至"精气神":一个活跃的班级,必然有一个充满生机、活力和朝气的班主任;一个文静的班级,往往对应着一个沉稳、谨严乃至苛刻的班主任。套用那个俗气的比喻,一个优秀的班级后面,必然站着一位优秀的班主任,而一位优秀的班主任,往往更容易带出一个好班,这几乎是自然而然的事。

如何建设一个好班?如何让来自不同家庭的孩子尽快建成一个更大、更和谐的"新家庭"?如何让这个"新家庭"有序、有趣地开始"新生活"?如何让这种"新生活"在孩子们心中留下更悠远、更美好的记忆?这些,可能是每个班主任的"心腹之患",尤其是在接手新班时。面对着那几十张陌生、茫然的小脸蛋,面对着开学时特有的"兵荒马乱",有经验的老教师或许还能有条不紊、按部就班地开展工作;没有经验或经验不足的新教师,很容易手忙脚乱、六神无主,"满坛子萝卜——抓不到姜(缰)"。毕竟,有那么多关系要理顺,有那么多秩序要建立,有那么多项目要跟进,没有足够的经验和智慧,显然不行。

基于这样的考虑,我们邀请了十余位优秀的一线班主任老师,让他们通过讲述自己的班级建设故事,展示他们的甘苦和得失,梳理他们的感受和经验,回应和解答"好班是怎样炼成的"这一命题。按照我们对班级建设工作的理解,本书前八章,主要围绕班级秩序、班级激励机制、师生关系、班级文化、家校关系、班级生活及主题班会、学生发展引领等方面展开,既有操作,又有理论,方便复制和落地。我们期望通过这本书,能够对班主任最觉头疼和棘手的问题,给同行以借鉴、启迪和思考,以便让更多班主任能够生存得更加富于智慧,在班级建设方面更加得心应手。

本书最后一章,涉及班主任的"自我形象建设"。这其实也是教师作为"建设者"的另一个意思——"打铁需得自身硬"。要做真正的"建设者",教师必须先从"自我建设"开始,建设好自己的形象,建设好自己的精神。我一直觉得,生活在这瞬息万变的信息时代,每个教师都需要不断"建设自己"或"重建自己",无论是心态,还是姿态,无论是教育观念,还是生活世界。这样的"建设"或"重建",其实就是改变自己的状态和面貌,提升自己的能力和水平。

教育的力量在于教师,建设的力量在于"建设者"。我始终相信,无论外界环境如何，教育体制怎样，"建设"全新的自己、更新的自己，这是每个教师都可以做到的。而教师改变，学生就会改变，班级也会改变。我也深信，积极主动、充满热情和智慧的"建设者"越多，教育的面貌就可能越好。套用胡适先生的说法——教育的改造，总是这个学校那个学校的改造，这个班级那个班级的改造，这个班主任那个班主任的改造，这帮学生那帮学生的改造。

其实，那个"尚未存在的社会"的建设，也是如此。从某种意义上说，建设一个好班，就是在建设一个"好社会"，或者说，建设一个好班，就是在为建设"好社会"而努力——因此，这本书的编著和出版，其实也可算是我们为建设"好社会"而做出的些微努力。

当然，您的阅读，也是如此。

谢云

2015年8月于绵阳绿岛

目 录

第一章 好班建设，从"需"开始
——班级秩序建设之道 ………………………………………… 1

"方向"决定班级的走向 ……………………………………………… 3
  一、"迷失方向"，满怀伤痛 ……………………………………… 3
  二、"找准方向"，胜境渐入 ……………………………………… 5

"准备"是建设的最好"装备" ……………………………………… 10
  一、准备开学前的工作 …………………………………………… 11
  二、准备班级的组织机构 ………………………………………… 13
  三、准备班规 ……………………………………………………… 16
  四、准备班级奋斗目标 …………………………………………… 18
  五、建设班级舆论 ………………………………………………… 19

好班运转的灵魂是"合作" ………………………………………… 20
  一、组建学习小组 ………………………………………………… 21
  二、建构评价体系 ………………………………………………… 22
  三、实现合作的策略 ……………………………………………… 25

第二章 生命，在激励中绽放
——激励机制建设之道 ………………………………………… 33

班级在情感激励中诞生 ··· 35
　　一、"唐妈"的温情 ··· 35
　　二、情感激励的思考与策略 ··· 37
班级在评价激励中走向有序 ··· 39
　　一、老师的"苹果"怎么了 ·· 39
　　二、个人评价激励的思考与策略 ·· 41
　　三、团队评价激励的思考与策略 ·· 43
班级在行为激励中走向规范 ··· 45
　　一、"3分钟"的启示 ·· 45
　　二、行为激励的思考与策略 ··· 46
班级在活动激励中走向卓越 ··· 49
　　一、都是玩具点的火 ··· 49
　　二、活动激励的思考与策略 ··· 51
班级激励从信任开始 ··· 53
　　一、"就让我们自己管自己吧！" ··· 53
　　二、班级激励的原则与操作 ··· 55

第三章　从"心"出发，构建"关系"
　　　　——师生关系建设之道 ··· 65

爱心引路，做孩子的"点灯人" ·· 67
　　一、班级命名，融化坚冰 ·· 67
　　二、学写班歌，凝聚力量 ·· 69
　　三、博客互动，铸就真情 ·· 70
恒心依旧，擦亮蒙尘的星星 ··· 74
　　一、抓住契机，撬开心门 ·· 74
　　二、头脑风暴，领悟规则 ·· 78
　　三、"心语本"，对话心灵 ··· 80
耐心经营，创造不一样的自我 ··· 82

一、创新小报，助力飞翔 ·· 82
　　二、经典品味，吻醒心灵 ·· 84
　　三、电影启智，拓展视野 ·· 87
初心永驻，于无痕处育人 ·· 89
　　一、晨会偶得：永不凋谢女人花 ······································ 89
　　二、书信往来：请你相信 ··· 92
　　三、细节捡拾：孩子，你生活在人们中间 ························· 94

第四章　文化，静悄悄地生长
　　——班级文化建设之道 ·· 97
让每一粒种子都热爱生命 ·· 99
　　一、班级文化，最适合"零敲碎打" ································· 99
　　二、爱与阳光，我们共同的脉搏 ···································· 101
　　三、"晒"出自己，成长足迹要炫耀 ································ 102
让每一个孩子都找到归宿 ·· 103
　　一、角落里的哭泣，讲台上的自信 ································· 104
　　二、你举起拳头，我们张开怀抱 ···································· 106
　　三、为你的风采，我们掌声如潮 ···································· 108
让每一次奋斗都收获幸福 ·· 110
　　一、当晋级遭遇质疑以后 ··· 110
　　二、是花是草都不平凡 ·· 113
　　三、为你的放弃点赞 ··· 115
让每一段故事都充满温情 ·· 116
　　一、制度也可以开一盏绿灯 ·· 116
　　二、羞答答的玫瑰静悄悄地开 ······································· 118
　　三、有你有我，有情有爱 ··· 119

第五章　好班，与"合伙人"握手
——家校关系建设之道 ············ 123

亮相，融情"合伙" ············ 125
　　一、不可小觑亮相 ············ 125
　　二、可以如此亮相 ············ 125

培训，理性"合伙" ············ 136
　　一、保底培训，做合格"合伙人" ············ 137
　　二、提升培训，做理性"合伙人" ············ 139

组织，凝聚"合伙" ············ 146
　　一、"先说不乱"——建设好"纽带" ············ 146
　　二、"开张大吉"——第一届家委会 ············ 149
　　三、参与无限——凝聚"合伙" ············ 149

第六章　好班生活，活而不乱
——班级生活经营之道 ············ 155

好班生活"序"为先 ············ 157
　　一、一日之序 ············ 157
　　二、学习之序 ············ 158
　　三、劳动之序 ············ 159
　　四、管理之序 ············ 161

好班生活"趣"无穷 ············ 161
　　一、示范之趣 ············ 162
　　二、活动之趣 ············ 164
　　三、意外之趣 ············ 170
　　四、激励之趣 ············ 173

好班生活"爱"无限 ············ 174
　　一、师生之爱 ············ 174
　　二、生生之爱 ············ 178

三、延伸之爱 ··· 180
好班生活"错"出彩 ································· 183
　　一、试错 ··· 183
　　二、容错 ··· 185
　　三、融错 ··· 186

第七章　活动，催生班级"正能量"
——主题班会设计之道 ································· 189
何以言"德"行——品德类主题班会 ··············· 191
重"情"为哪般——情感类主题班会 ··············· 196
论"事"讲规矩——事务类主题班会 ··············· 201
言"志"当有时——励志类主题班会 ··············· 207

第八章　自主规划，向着明亮那方
——学生发展引领之道 ··························· 215
唤醒心灵，从此刻出发 ······························ 217
　　一、开学一课，激发情感 ························· 217
　　二、教室布置，营造氛围 ························· 219
　　三、携手共进，心心相印 ························· 220
丰富精神，带着希望上路 ···························· 224
　　一、调查谈心，助力成长 ························· 225
　　二、规划课程，引领成长 ························· 226
　　三、为你诵读，寻找力量 ························· 227
　　四、前置学习，树立信心 ························· 228
　　五、神奇字条，魅力无穷 ························· 228
生命自觉，努力就有方向 ···························· 229
　　一、认识自我，明确目标 ························· 230
　　二、鼓励筑梦，一同成长 ························· 232

三、展示风采，凝聚集体 ·· 235
　　四、热爱生活，亲近自然 ·· 236
　　五、庆祝成功，延续美丽 ·· 239
　　六、生日会上，总结成长 ·· 240

第九章　以我"慧光"，照亮你的前程
　　　　——班主任自我形象建设之道 ······································ 243
拥有悲天悯人的教育情怀 ·· 245
　　一、提升自身形象，焕发专业魅力 ···································· 245
　　二、由"德育说教"到"尊重生命" ·································· 247
积淀可持续性发展的功底 ·· 251
　　一、借力阅读，拥有专业思维 ·· 251
　　二、爱上写作，坚持"道德长跑" ···································· 254
　　三、潜心研究，提升专业内涵 ·· 256
拥有令学生信服的魅力 ·· 259
　　一、博学多闻，学生眼中的"学科专家" ························· 259
　　二、细微体贴，学生眼中的"校园父母" ························· 263
　　三、人格濡染，成长路上的"引领者" ···························· 266
　　四、亦师亦友，生活中的"知心人" ································ 269

后记 ·· 273

第一章
好班建设,从"需"开始
——班级秩序建设之道

无论岁月如何更替，改革理念如何变化，秩序井然这一教育规律总是亘古不变的。让好动、好胜、好强、好冒险的学生达到"动静有则，秩序井然"并非易事。要做到这一点：一是要重视反馈。按照系统学的思想，只有"反馈"才能决定事物的最终走向。二是要做好准备。班级管理，只有做好准备，才能"不犯难行也"。三是要"待需而动"。班级管理难免遇到"困难险阻"，不能克服就必须停下来"等待"条件发生变化。时机不成熟，再好的班规，再大的干劲也不会成功，反而可能后退，陷于困境。

因此，建立良好的班级秩序，必须依靠"反馈"决定班级正确的行走方向；依靠师生共同参与创设出适合班级实情的秩序；依靠学生认同班规并认真付诸实施；依靠良好的班级组织结构；依靠善于管理的班队委；依靠学生自我管理能力的不断增强……

"方向"决定班级的走向

2011年参加中小学教师国家级培训计划（简称"国培"），听一个培训的前辈说，无论做什么事，最重要的是方向要正确。像唐僧，虽然本领比不过孙悟空师兄弟们，但是，如果没有他那坚定的正确行走方向——向西，向西，再向西，是不可能取得真经的。

决定班级最终走向的是什么呢？我以为就是心中始终装着孩子——让孩子的学习生活有序、幸福、高效、快乐，让孩子灵动、善问、被包容、被理解、被关爱等，并且能够根据孩子的"反馈"，迅速调整教育教学的行走方向，让孩子始终处于快乐、有序、幸福之中。教育实践中，不顾孩子的"反馈"，违反教育规律，生搬硬套教育方法，一味地让教育功利心膨胀，"好心办坏事"，致使孩子厌学、叛逆、不愿承担责任等失败的教育案例并不鲜见。

一、"迷失方向"，满怀伤痛

1."操之过急"的伤痛

遥想刚参加工作时，年轻气盛，满怀教育理想，不顾孩子的实际学情，盲目追求"成绩"，操之过急，给自己留下了难以磨灭的伤痛。

那时，我接到了一个全校学习成绩最差的班级。为了赶超其他班的成绩，我起早贪黑抓孩子学习：要求本班学生每天早读比其他班提前10分钟，中午自习比其他班延长10分钟，课间尽量在班级自习。结果许多孩子非常反感，上课时，有的哈欠连连，有的打瞌睡，有的做小动作，成绩不升反降。而我不是及时积极寻找原因，反思自己的过失，而是变本加厉，批评指责孩子。最后导致了一部分家长告到校长那里，要求把我调到别的班级任教。那时，我才"痛思"自己的过失。

2．推卸责任的难堪

第二年，我没有再跟这个班，又接了一个新的班级。那时的教育"责任心"依然极其强烈，总是希望与自己相遇的所有孩子都能"成才"。所以，我总是对孩子要求特别严格，也知道孩子普遍反感这种严格。

尤其是班上最调皮的L，不接受我的教导，甚至经常不拿正眼看我，常常我说一句，他就会顶撞一句。为此，我很是恼火。在多次教育无效后，我就打电话让家长把他带回家教育。L家长的教育方法更简单、粗暴，那种"棍棒教育"非但没有使L屈服，反而让他更加叛逆。我依然不思虑自己的行为伤害到了L，以后遇到L捣乱，就打电话给他的父母让他们来接人，自以为这样就可以省心了。不料想，最后却导致L离家出走。

L的父母闹到校长那里，说我对L没有尽到应有的管教之责，我才知道自己又犯下了一个"踢皮球"式的不负责任的错误。

3．生搬硬套的"犯乱"

虽然我的错误不断，但是，因为我坚持不断地努力、不断地反思，学校还是把我当成重点培养对象，经常让我外出学习。

1999年，我到厦门同安听课。那里的班主任介绍了他对"违规"孩子的温柔处罚方式：对于小错误，罚犯错的孩子到讲台前唱一首歌，效果非常好。那里的孩子们都害怕上台唱歌，因此处罚起到了改变"坏"行为的作用。我回到班级之后，也实施了这个方法，结果许多孩子都争着"犯小错误"，争着"上台唱歌"，弄得我哭笑不得，只好将这个生搬硬套的规定废除。

这使我想起了"实践是检验真理的唯一标准"这句话。

我慢慢体会到，教育没有最好的方法，只有最适合的方法。教育者的心中只有装着孩子，时时根据孩子与班级的实际情况，从"需"出发，做出适当的"反馈"，及时调整班级的组织策略，才能取得较好的效果。

二、"找准方向",胜境渐入

我在不断地实践、反思、反馈、探究中,慢慢懂得了"关爱孩子"的真谛。我的教育叙事研究《"2分学生":一个波澜不惊的故事》,在2009年5月1日被《中国教育报》以整版的形式转载。张莹记者说我是以"劳模"的态度在工作。同年9月,我被教育部评为"全国优秀教师"。在本地,我一时间成了"名师",同行都以另一种眼光看着我的一切工作。我深感自己的名声远大于能力,只有更努力地学习,更认真地思考、探究教育问题,不断地向教育的深水处漫溯——我决定从最后一名抓起,从教育问题着手,从学困生的转化做起。

2009年9月,新学期,我又新建了一个博客,及时记录自己的教育实践和反思,准备与更多的同行交流。

2010年,我的教育研究受到更为广泛的关注,陆陆续续在各级教育期刊上发表了一些文章。

2011年,我有幸作为市里唯一的代表,参加了"全国骨干班主任培训"。当时,听到来自哈尔滨教育一线的耿老师介绍班级的"环游日记",深有感触。培训结束返校后,我便引领孩子们试着撰写。

"环游日记"——学生行为变化的历程

"环游日记"是由全班学生共同参与、轮流撰写的日记。形式是真实、详细地记录学生每天学习活动中的某一主要表现,每天由一位学生轮流执笔,第二天早上,利用课前约2分钟的时间由执笔的学生上台念给同学听,同学进行评析。我则根据学生的评析和撰写的情况,当场进行修正、引领、补充和指导。

最初阶段——有记才能改正

晦涩的尝试

第一个孩子的"环游日记"。小梅这样写道:"吴玲在教室里说话。艺鑫在教室里受到老师的表扬。佳莉上课时跟同学说话。振嘉和佳莉都被老师批评。"当时,我除了祝贺孩子们开始记录自己的足迹之外,更多的还是期待。

第二个孩子的"环游日记"。与第一个孩子的记录相似,只是记录谁被老师表扬，谁被老师批评。我只好再次指导，期望孩子们记录时能够说得更为具体一些。我边说边在日记本上写道："怎样记录才是具体呢？比如说，华娟受到表扬是因为她上课时能够认真思考。当老师讲到如何求出下面图形（被剪去一个小长方形的组合图形）的周长时，华娟说，把横线向上平移，把竖线向右平移，就是一个大的长方形，求出这个平移好的长方形的周长，就是这个图形的周长。接着写的同学，可以参照我上面介绍的写法，每天至少详细地记录一个同学的'美丽'表现。也可以画几条柳枝、几片花瓣，或者写一写天气如何等。"

第三天的"环游日记"，轮到比较会写的同学。我指出了他写得具体生动的地方，表扬了他的努力，并在日记本上进行指导，提醒孩子们，要注意分段。通过再三提醒，孩子们的日记慢慢地、一点一点地发生了变化，行为也慢慢地发生了变化。因为，每一个孩子的心总是向上的。

木然地前行

第二周，10月17日，星期一，我对上周的情况简单地做了总结。一是上一周班里在卫生、学习、纪律方面表现较好，得到了"流动红旗"；二是上周三位同学的"环游日记"写得不够具体。我把两个写得具体的日记念给孩子们听，期望他们能够照样子写具体一些；三是强调，"环游日记"的内容不仅仅局限在数学课，所有科目都可以记。这样做的目的在于落实"教育是一种协同"的教育理念，让孩子们在整个学习过程中，自律，自主，养成良好的学习习惯。这样的目标明确而美好，可是，孩子们并不像想象中那样积极地参与。接下来的一周，也没有多少进展，似乎缺少什么动力似的。

阳光引领枝叶伸长

我一直在寻找解决问题的方法。博友"协同教育"建议说："最好每天有个时间交流日记，组织孩子评论日记。"我想，如果每天把日记写在黑板上，又过于浪费时间。后来，"协同教育"又建议，利用课前几分钟，让写"环游日记"的同学上台念，全班参与评价。写得好的或评得好的小组都可以加分。

我以为这个方法可行。没想到当写日记的孩子上台念完之后，却没有人敢评价，或者说都不会评价。我只好自己评价，并引导他们怎样评价，怎样表达："我觉得有一句话写得特别好……""我还有补充……""我还有建议……"等。

第二天，还是没有人站起来评价。我在引导他们怎样评价之后，说："明天，如果谁能够做出评价，而且评价得好，我给他们组加100分。"

第三天，有一个学生发言了，她说："我觉得有一句话她写得特别好：'余数小于除数。'"我给他们组加了100分。就这样，孩子们通过模仿慢慢学会了观察、表达、评价，慢慢地参与到这项活动中来。

好的评价引领孩子们的行为向善的方向发展，像阳光引领着枝叶伸长。

终于有了精彩

11月10日，恰好轮到能写会读的小燕同学。她先对昨天的课堂进行了比较全面的概述，又具体写出了1秒钟可以做什么。比如，一秒可以跳一下，一秒可以写一个"0"，一秒可以拍一下手等；接着比较详细地介绍我辅导小玲的经过。

"上课时，我们正在交流问题，张老师把小玲请到黑板前，出了两道题：3分 = （　　）秒，120分 = （　　）时。小玲不会做。张老师问哪位同学能帮助小玲说说解题思路。全班同学起先都不敢。后来，小东举手发言了。他说，1分 = 60秒，3分就是3个60秒，3×60 = 180（秒）。1时 = 60分，120÷60 = 2（时）。张老师补充说，120分可以分成两个60分，两个60分也就是两小时。"

孩子们报以热烈的掌声。第三组的孩子整齐而大声地说："加分，加分，加分……"我很高兴地给他们加了分，并大力表扬了小燕同学，期待孩子们向她学习，详细记录被表扬同学的经过。

接下来的教学过程中，孩子们的注意力很集中，学习热情很高。特别是学困生小艺的表现更是让人高兴。我说"180分 = （　　）"时，有些孩子还没反应过来，他却马上说"3时"。一孩子说"8:15经过（　　）是8:35"时，一孩子回答说"是20"，小艺马上说"是20分"。真好。这一精彩的表现，为他们小组赢得了100分。那天他特别高兴，常把舌头伸得长长的，好像整个课堂都是他一个人的似的。

持续与发展——会"欣赏"才会有美丽

又现重大问题

一个多月过去了，孩子们的行为都有了明显的变化，大部分孩子都会更细心地观察和记录，都会抓住一两个精彩的片段，参与评述的孩子也多了一些。有点意外的是，连续5天，都有孩子说到小艺，都把焦点放在他身上，说他的语文作业没有完成；上品德课与旁边的同学讲小话；上音乐课不坐在原位，坐在后排，不听音乐老师的话等。

评价日记时，有的孩子好言劝小艺不要犯同样的错误，有的孩子明确告诉小艺不完成作业是错误的，有的孩子希望他能够勤快点。一个孩子还跟小艺说，希望他能"不贰过"。"不贰过"是我讲给他们听的关于孔子学生的故事，没想到孩子们记性好，还会活用。于是我给他们组加了100分。至于小艺自己，在数学课上表现得越来越好。可是，在我不在的时候，在我管不到的地方，他还是有点懒。他这些依然故我的问题，让我意识到，我的教育暂时还没有什么可以引以为傲的地方。

教育需要协同

我单独找到小艺，改变一贯的笑脸，严肃地问他："为什么犯了那么多过错？"小艺说："他们是故意的，别的同学也有犯错的，为什么不记他们？"然后眼眶红红的。我说："你不完成作业是正确的吗？"他不作声了，知道自己真的错了，也愿意改正，愿意更努力地学习。

可是，他能改好吗？尤其是语文，完成作业对他来说实在是一件困难的事。我想跟语文老师商议，是否可以设置分层作业，是否能够改变要求，指定优生帮助他完成作业等。因为，教育要学会欣赏，才会有美丽；要学会协同，才会促使孩子们更好地发展。

从11月15日的日记中，我了解到，在音乐课上，好几个男生都"欺负"音乐老师是新手，不遵守纪律。我把那5名男生一起请到了黑板前，其中包括小艺。我要求他们："知道错了就要改，不能坚持错误。像昨天那样，如果音乐老师一再要求你们坐到前面，你们不听，那么，音乐老师有两种处理方式：一是不让你们上音乐课，让'我给你们上音乐课'，我会怎么上呢？我高兴吗？二是从心里讨厌你们，也讨厌我，说是我把你们教坏的。"他们把头压得很低，算是认错了。

他们在数学课上学得轻松，有成就感，守纪律，但是，我希望他们不仅仅是在数学课上有好的表现。在教育的协同上，我要做我能做到的事。

别把孩子变成警察

"环游日记"照常进行。

11月21日，我突然发现每个孩子在日记里记录的问题总是比优点多得多。

为什么孩子们发现的总是别人的问题呢？是不是老师平时表扬得太少了，看到的都是孩子们的问题？是谁把孩子变成了警察，专门抓"犯法"的同学，让他们的眼里尽是"罪犯"？

是老师的示范吗？老师是不是每天关注的就是：谁没有坐好，谁没有完成作业，谁上课讲小话，谁偷吃东西……是他们的父母吗？父母是不是整天就是"这个错、那个错"地不停地唠叨……是谁呢？或许，每一个教育者都应该好好地反思自己的言行。

把"环游日记"写成"欣赏日记"

博友李玲玲读了我的教学手记后，建议把"环游日记"写成"欣赏日记"。我觉得这是一个非常好的建议。本来，我已下意识地有这种想法，一经她的提醒，便坚决地开始执行。

11月22日，我提醒孩子们，尽量不要记录别人的问题，要学会发现同学的优点，尽量多地记录同学的各种美好，像我的博友"李玲玲老师"说的那样，把日记写成"欣赏日记"。上课时，我时不时地提醒记录的同学，什么东西可以记录，应该怎样叙述等。

两天后，个别孩子在记录时，依然以记录同学的小过错为主。在评析时，我又说了上面的观点，强调要把"环游日记"写成"欣赏日记和建议日记"。

我说："你们平时不是一直记录小艺的过错吗？对于小艺好的表现也要记录。比如，上数学课时，小艺举手非常积极。基本训练时，小艺的口算速度很快，正确率很高。当堂限时完成课堂作业时，小艺是第一名上交的，并且得了100分。"

记录的孩子说，他已经记录了。天不怕、地不怕的小艺把头埋得低低的，很高兴的样子。我以为他会感动得"眼眶潮湿"呢，不料想，他忽地抬起头，睁着大眼睛冲我笑了。我回报以一笑。看得出来，他是真的高兴，虽然有些羞涩。

这个动人的笑容，转眼即逝，但那些安静的文字，留存得更为长久。

尾声

美国诗人狄金森说："没有一艘船能像一本书，也没有一匹骏马能像一页跳跃着的诗行那样，把人带往远方。""环游日记"里的许多故事，真实地反映了孩子们在不同课堂上的不同表现，有利于班级管理，传达好的想法，弘扬好的做法，也能及时发现问题，纠正孩子们的行为偏差，树立班级正气。在记录的过程中，孩子们慢慢学会了沉潜修炼，学会了自我喂养、强大内在，使教育从教师外在的驯化过程，走向了学生内在的自觉规范过程。

最值得一提的是，这里的"环游日记"是以表扬为主色调，以光亮孩子们的校园生活为目的，不断丰厚孩子们童年生命的底色——如果孩子童年时的生命底色是暗淡的、黑暗的，那么，他长大之后便无法抵抗外界更复杂的变化。所以，教育一开始就要给他们理想的、光明的底色。他们的光明面越多，将来抗拒外界黑暗的力量就越强。现在，教育最大的问题是孩子过早变得功利、阴暗，失去了童年应有的阳光和纯真。

我想让与自己相遇的每一个孩子都拥有光明的底子，以照亮他们看不见的未来前方……所以，我会继续坚持下去。或者，教育者生命的意义就是这样，不断地相遇，不断地发出自己的亮光，不断地结伴同行。

"准备"是建设的最好"装备"

新学期开学前，在班主任准备会上，我们办公室迎来一位新人：小林老师，虽然她从教已有几年，但做班主任还是头一遭。对将要接手的班级，她不知要做些什么，该如何准备。

看她一脸茫然的样子，我想起自己当初的情景。

那时，我刚毕业，第一次做班主任，没有像老班主任那样认真准备、筹划，全凭着满腔热情和自信，认为学生干部出身的自己当个"孩子王"应该没什么问题。结果，孩子报到的当天，领教材、领教具、收学费、搞卫生、安排座位……一切的一切，向我扑来，让我难以招架，最后还是在一位有经验的班主任的帮助下，才完成了当天的报到工作,接下来的班级核心组织——班干部也因为没有很好的策划和筛选,没能发挥其应有的作用,导致我的第一任班主任经历留下了许多遗憾和教训。

"凡事预则立,不预则废。"以我二十多年的教育经验积累,我认为,要成为一名优秀的班主任,最重要的事就是"准备"。

一、准备开学前的工作

面对小林老师的迷茫,我向她传授了我的经验。开学前的准备工作可以从两个方面入手,一是对人的认识;二是对事务性工作的梳理。

1. 对人的认识

(1) **了解科任教师**。开学前,要对班级的科任教师有所了解——对于他们各自所任科目的性质,他们各自授课的资质和特点,要做到心中有数,这样就可以给你班上的孩子做介绍,也为自己今后协调班级管理工作打下基础。

(2) **了解学校各个职能部门**。学校职能部门繁多,比如图书室、多媒体教室、心理咨询室、总务处等,要根据班主任的工作范围,对和你工作有关的职能部门、人员都有所了解,以便遇到问题时能更有效地向他们寻求帮助。

(3) **了解孩子**。接下来,就是你要接手的班级的孩子们了。第一步,你可以通过档案,初步了解孩子。档案是你在见到孩子之前认识他们的第一手资料,要仔细分析每位孩子的档案,重点是孩子的性格、成绩、特长、家庭情况等,对此要一一做好分类记录。

第二步是家访或"电访":有条件家访的,尽量上门家访,最好选择家长也在的时间段,这样不仅能与孩子见面,也能和家长互相认识。通过交流,可以对孩子的交流能力、个性,以往的学习、生活及家庭情况有个初步的了解。对外地的孩子,只能通过电话进行交流,在通话中根据孩子的答语,可以对孩子进行猜测判断——当电话里传来的是口齿伶俐、思路清晰、彬彬有礼的声音时,这个孩子应该性格开朗,有较好的思维能力;倘若唯唯诺诺、声音低沉、一问一答,可能就是比较内向的孩子。主动提问的一定是比较活跃的孩子;说话懒散的可能就是今后你要特别注意的对象了!

其实,与孩子的初步接触,还有另外一个目的:组建班委会——有了初步的接触,相信你也会对班干部的人选有点想法了。

在这两步工作之后,你可能就会发现,总是有些孩子属于弱势群体,他们是最需要帮助的对象。开学时可以特意为他们设立档案:单亲、离异的;低保、特困的;下岗、无业的;家在外地的……不管什么样的孩子,你都应该用心接纳,先为孩子找优点,再找教育的突破口。

为了更快、更好地了解孩子,我一般事先都会设计一份调查表,在报到时让孩子们填写:

姓名		性别		家庭地址		出生年月	
家庭主要成员称呼、姓名				工作单位		手机	
家庭主要成员称呼、姓名				工作单位		手机	
你最喜欢的老师是什么样的?				你为什么要到学校学习?			
你当过班干部吗?为什么能当上(没当上)?				你最喜欢的同学是谁?			
想不想当班干部?想当什么班干部?				你有什么爱好或者特长?			

2. 梳理班级事务

班级准备的另一个方面,是对事务性工作的梳理。在孩子开始上课前,你要完成的工作包括:

①教室、区域卫生的打扫:报到当天就要安排之前确定好的人员,对学习环境进行清洁。

②熟悉班级其他区域的位置:卫生责任区、就餐位置、自行车停放位置、集合位置等,报到当天要带孩子走一遍。

③教室座位的分配。

④各类制度表格的制作和张贴:作息时间表、课程表、座位表、值日表等,并张贴在教室布告栏中。

做好这些准备,能让孩子一开始就进入"秩序",初步保证学习生活的正常进行。

二、准备班级的组织机构

开始上课后,班主任会遇到另一个实际问题:在开学之初,怎样在最短的时间里建立班委会,从而更好地进行班级建设。同时,为了提升班委会开展班级工作的积极性,可以跟全班孩子说,开学初选定的这些班干部都是临时的,工作期为两个月,两个月后还要进行正式的选举。

1. 转变观念,定位"配角"

从孩子成长的需要出发,班主任应该转变观念,从传统的"主角"隐身为"配角"。这样做,一是可以减少班主任本身的工作量;二是可以培养和发展孩子的综合素养。由此,选配一套得力的临时班委对于班级的建设就显得尤为重要了。

2. 各司其职,唱响"主角"

选配班干部,可以由班主任内定,也可以由学生选举产生,还可以让科任教师推荐。选配好了班干部之后,就要让他们明确各自的职责,以便分工合作。

(1) 正班长。

①协助班主任开展班级各项活动,协同副班长全面负责班级各项工作的统筹,组织同学进行早自习和午自习;

②定期召开班委会会议,讨论落实班级活动,指导、督促班委会开展工作;

③督促班委会记好"班级日记",负责收发"家校联系册",协助班级整队参加学校或年级集体活动。

(2) 副班长。

①协助班长开展各项工作,班长不在班级时,代理班长职责;

②记录同学出勤情况;

③督促全班同学认真执行学校常规,及时了解学校各项评比量化情况,并通告全班同学和及时向班主任汇报。

(3) 学习委员。

①定期召开科代表会议,了解班级各学科学习情况,及时向科任教师反馈,

同时转达科任教师对同学的要求；

②注意发现同学中确实有效的学习方法，帮助同学总结并组织交流，不断提高全班同学的学习积极性；

③组织"学优生"，主动关心学习有困难的同学，开展互帮互助活动。

（4）劳动委员。

①制定班级值日表，比如：

	周一	周二	周三	周四	周五	注意事项
扫地						①擦黑板的同学必须每节课下课后把黑板擦干净；②扫地的同学每天及时把垃圾倒干净，不能有大量的垃圾留在教室垃圾桶内；③节约用电，及时关闭教室电器；④劳动委员负责对每天值日工作进行督促和考核，每月末为各值日生的工作做出评分。
黑板						
纸屑						
讲台						

②制定班级周大扫除分工表，比如：

前黑板		后黑板		窗户		墙壁		提水	
拖地		扫地		排桌子		讲台		其他	

（5）生活委员。

①关心同学生活，了解同学在生活方面的意见和要求，同时向老师转达同学的要求；

②每天检查眼保健操情况、个人卫生和文明礼仪；

③协助文娱委员，组织同学开展经常性的文娱活动，丰富同学的课余生活。

（6）文娱委员。

①组织同学开展经常性的文娱活动，丰富同学的课余生活，负责保管班级的文娱活动用具；

②组织同学排演文艺节目，排好重大节日的庆祝、联欢活动；

③组织同学参加每年一次的学校艺术节及学校其他各种文艺活动。

（7）体育委员。

①督促同学按时参加早操，负责点名考勤、集合、保管班级的体育活动用品；

②带领同学上好体育课，积极参加体育锻炼活动，不断提高班级体育水平；

③开展小型体育活动，组织班级体育比赛，丰富同学的课余生活。

（8）宣传委员（墙报委员）。

①定期出好学校、班级黑板报、墙报和其他专栏；

②发动同学布置、美化教室环境；

③组织同学定期写稿，向学校广播台反映班级情况。

（9）科代表。

①负责本学科教师委派的任务，例如，收发作业、收发试卷等，并记录缺交情况；

②督促每个同学都必须单独完成作业，不抄袭，不缺交；

③协助教师调查、了解、分析本学科学习困难的同学存在的问题，并主动协同学习委员组织"学优生"尽力给予帮助。

3. 展开竞争，评定"主角"

有了以上分工明确的管理职责，班干部就可以各司其职，更好地促使班级工作有序进行，慢慢形成良好的班风和学风。

与此同时，根据学期初的约定，班干部预备工作期两个月（期中考试之前），预备期限届满，进行民意测评。根据同学意见和建议对班委会进行调整，组建正式的班委会。

姓名	班内职务	意见			建议（若原班干部不合格，你认为此职位最合适的人选是谁，理由是什么？）
		积极、负责	较认真	不合格	
	班长				
	副班长				
	……				……

三、准备班规

"没有规矩不成方圆"。除了上面的"班干部职责"以外,为保证班级生活有序进行,你还必须根据孩子的实际情况,及时制定班级的其他各种规章制度,并且严格执行,同时从"需"出发,定期协商调整。

1. 制定班规的原则

在制定班规时,我以为必须遵守以下几个原则:

①要以学校规章制度为基础,不能另搞一套。

②要具有合理性、人文性——在制定班级制度和课堂规则时,不合理或不必要的规则要去除。比如,"课上要坐端正,两手要放在背后""上课期间禁止上厕所"等。

③师生共同制定。

④不仅规定义务,还应规定权利。比如,孩子在课堂上有提问的权利、质疑的权利、要求教师说明理由的权利等。

例如,我上学期制定的班规如下:

①上课有问题可以直接站起来质疑,提问后可以不用老师说,直接坐下。

②上课要专心、用心,有重点地做好笔记。

③课间要使用"文明用语",不做危险游戏。

④带着问题到学校,进入教室,与同学交流,及时记录自己的发现和收获。

⑤周一升国旗时要佩戴红领巾,服装整洁。

⑥值日生每天早、中、晚各扫地一次。及时发现地面的碎纸,谁的座位底下谁负责。

2. 执行班规的方法

在工作实践中,要使班规真正发挥应有的作用,你还必须讲究一定的方法,灵活执行:

①抓好开头;

②师生合作；

③坚持执行；

④公平公正；

⑤及时评价。

比如，下面这则实施班规的案例。

爱的"惩罚"

在班级中，最令人头痛的是那些"问题孩子"。他们自觉性差，隔三岔五就整出点事来。怎么办？最近半年多来，我在班上大力推行这样一种惩戒方式：

①对违反纪律、情节比较轻的孩子，我让他上讲台讲一个动听的故事；②对于违反纪律、情节比较严重的孩子，我让他用正楷字写一份规定字数的违纪心理报告（说明书），描述他当时的违纪心理。

注意，这是"心理报告书"而不是保证书，更不是检讨书。经过一段时间的实践后，我发现这种惩戒方式比以前使用的惩戒方式的效果明显好了很多。

附：小艺的违纪心理说明书（有改动）

刚开学，我有些不能适应班级上的一些规定，上课时忍不住和同桌说话，早自习时也说话，不服从班干部的管理。由于我的这些行动影响了他人也影响了自己，在这里，我郑重地给同学、集体道歉，并保证以后会尽量克制，不乱说话，服从管理，努力不影响他人和集体。

对于这些违纪行为，我深感愧疚。由于我自身的原因影响了他人的学习。在以前，我从来就不喜欢和老师交流，不喜欢老师，甚至从心里抵触老师，总是对老师抱着一种戒备心态，所以养成了散漫自由、不受管理的性格。今后我会尽量改正这种心态，服从班干部的管理，不再顶撞班干部，服从命令。另外，上课的时候，我也不会再同别人说话，不会再打扰同学的学习，但我同时也希望老师和同学能够尊重我，对于一些我不想参加的活动，不要视我为违纪，谢谢。

四、准备班级奋斗目标

开学后,为了让班级朝着同一个方向行走,你还得为班级制定一个切实可行的奋斗目标。正如苏联教育家马卡连柯所说:"真正的集体,并不是单单聚集起来的一群人……而是在自己面前具有一定共同目标的那种集体。"不过,确定好班级目标也不是一件容易的事,需要注意以下几点。

1. 明确班级目标类型

班级目标可分为:远期目标、中期目标和近期目标。远期目标,可以理解为班级六个学年度的努力方向,也就是培养德、智、体、美、劳全面发展的合格的小学毕业生;中期目标,可以理解为一个学年度或一个学期的班级努力方向;近期目标,可以理解为每阶段教育(两至三周内)所要达到的目标,它体现在每次精心设计的教育活动之中。

比如,当接到一个学习成绩较差的新班时,一般可以这样制定班级目标:

近期目标:在班上培养一批积极分子,"以点带面"。

中期目标:分层评价,促使每个孩子都能体会到学习的成就感,在学校的各项评比中努力争取优胜。

远期目标:不以分数论成败,培养孩子在学习上的兴趣,养成好的学习、阅读习惯,使他们具备上进、自信、自尊的品质等。

《道德经》中说:"其安易持,其未兆易谋。"说的是在事情发展的初期是容易掌控的。如果刚接到一个新班级就有一个合理的教育方法,力求使孩子爱学习,有一个好的心理、性格,会更容易建设好新班级。但是,如果开始选择了不合理的方法,问题已经形成,那么后期改变就困难多了。像本章开头的案例,我的失败就在于从一开始就没有用广阔全面的视野来考虑孩子的学习,没有定好孩子的长远学习目标,眼中只是紧紧盯着孩子的作业、成绩,盲目延长学习时间,结果伤害了孩子对学习的兴趣,学习的习惯、心理等,最终得不偿失。

2. 明确制定班级目标的原则

在确定班级目标时,还要注意所制定的目标是否符合以下原则:

①服务于教育教学——服务性原则；

②激励班级的孩子为之奋斗——激励性原则；

③根据中期目标、长期目标提出近期目标，前后衔接，循序渐进，不断提高——渐进性原则。

比如，我制定的班级目标——让他人因我的存在而感到幸福：

做一个"让他人因我的存在而感到幸福"的人，往往是举手之劳：在公共汽车上，你为一位老人让座，这位老人就会因为你的行为，感到生活在这样一个文明和谐的社会里是一种幸福；在街头，你热情耐心地回答一位外地的问路人，他就会因为你的行为，感到能够得到一位素不相识的人的真诚帮助是一种幸福；在学校楼道，你主动上前帮老师抱作业本，老师会因为有你这样的孩子而感到幸福；同学生病了，哪怕你只是送上一句亲切的问候，他也会感到，有你这样的同学是一种幸福……总之，做一个让他人感到幸福的人是很容易的——做一个好孩子，让家长幸福；做一个好学生，让老师幸福；做一个好伙伴，让同学幸福；做一个好少年，让社会幸福；做一个好公民，让祖国幸福。

五、建设班级舆论

最后，我给小林老师介绍的是班级舆论的建设。作为班主任，应主导班级进行正确的舆论建设——及时传达国家的重大信息；组织全班孩子进行讨论，不断提出班级前进的目标，形成班级发展的导向性舆论；利用网页、板报等方法，为孩子们搭建舆论平台；也可以专门开辟园地，让孩子们发表意见。

以下是我为孩子们创设的舆论平台：

每周星期一早上到学校后，我都安排10分钟时间让孩子们畅所欲言。可以谈一谈上个星期的生活，也可以谈学习，孩子们想说什么就可以说什么，以此调动孩子们对现实生活、学校生活、集体生活参与的积极性。我在旁边听着，及时肯定积极的、健康的言论，纠正不健康、不积极的言论。在这个平台上，孩子们自己沟通，慢慢地就会形成良好的意识、良好的班风和各种良好的习惯。

班主任的日常工作虽然点点滴滴，细碎、烦琐，但教育者总是在发现与解决问题中，收获教育经验、智慧和快乐。

我的一系列介绍，让小林老师的眉头舒展开来：原来，在开学之初还有那么多准备工作要做。看得出来，她对自己将要接手的班级已经开始有筹划了。期望看到她创设一个与众不同的班级，同时发出愉悦自己的独有的声音。

好班运转的灵魂是"合作"

小林老师听了我的介绍后，组建了班委会，建立了班级制度，保证了班级工作的有序进行。在教育教学中，她不论遇到什么问题，都会找我交流。前不久，她又遇到了一个大难题。

她说，她知道高效班级的运转方式是"合作"，而"合作学习"是当前"课改"的重中之重，但是，她在组织开展"合作学习"时却遇到了许多问题。比如，早自习时，她发现两个小组 12 个孩子的一道计算题都犯了同样的错误——15 乘 15 都得 235。

"这是'合作学习'的结果吗？"她生气地问我。

当前的合作学习的确存在这样的问题：一些基础比较弱的学生，对于错题或者难题，总是不独立思考、认真分析，盲目跟从"优秀学生"的答案，习惯依赖比较优秀的同学。要解决这样的问题，达到真正的合作学习——让学生无法"跟从"，害怕"跟从"，养成"争议"的合作习惯，正是每个用心的教育者正在探究的问题。近几年来，我的实践探究体会如下。

一、组建学习小组

要在班级顺利开展合作学习，第一件事是组建合作学习小组；第二件事是制定合作学习小组公约。

1. 组建合作学习小组

组建合作学习小组要注意三方面问题：

（1）**人员搭配**。一般来讲，小组由4人或6人组成。目前，大多数教师采取的是异质分组的办法（教师依据小组成员的学习能力、学习兴趣、个性等方面的不同，让小组成员合理搭配，努力做到优势互补）。

（2）**职责分工**。每个成员在小组中都被赋予特定的职责。比如，"组长"要掌握小组学习的进程，安排发言顺序；"记录员"要记录小组学习的过程和结果；"检查员"要检查小组成员的学习情况……为了培养孩子多方面的能力，可以让小组成员定期交换分工。

（3）**其他内容**。比如，确定小组称号、小组目标、挑战目标、学习榜样、帮扶对象等。

像我们学校的许多老师都是这样组建他们班的合作学习小组的。比如：

小组称号：活力小组

组号阐释：充满活力，天天快乐！

常务组长：吴小芳

小组目标：我们要用实力证明自己，用勤奋改变自己，争取第一

挑战目标：让进取心感染大家，让爱心散播每个小组，让温馨温暖你我心扉！

合作学习：

成员列表	吴小芳	郑天明	吴丽琴	吴一德	陈丽敏	吴志丽
学习榜样	吴小芳					
帮扶对象	吴志丽					
学习宣言	只有登上山顶，才能看到那边的风光。					
帮扶宣言	一分辛苦，一分收获；一分汗水，满分奖励。					

2. 制定合作学习小组公约

比如,我们班的合作学习小组公约如下:

①尊重组长,服从组长管理;

②团结一心,维护小组荣誉;

③发扬民主,少数服从多数;

④尊重教师,坚决与欺侮教师的行为做斗争;

⑤按时、认真值日;

⑥早自习、午自习不窜组、不吵闹;

⑦不迟到,提前两分钟准备好书本,安静地坐在座位上等待教师上课;

⑧上课认真听讲,积极回答问题,及时做笔记,不做小动作,不影响他人学习;

⑨互帮互学,珍惜时间,做好预习,独立完成作业。

二、建构评价体系

组建了合作学习小组,制定了合作学习小组公约,才是合作学习的第一步。要使孩子们养成良好的合作习惯,还要建构高效运转的评价体系,使孩子明确应该做什么、怎样做,并且要常抓不懈,奖惩分明。

1. 确定评价内容

为了让孩子们养成良好的合作习惯,我还在教室墙壁上醒目地列出了以下专栏:

(1) 课堂评比栏。每节课各任课教师针对提问、展示、竞赛、习题反馈、习惯养成等各个方面对各个小组进行综合评价,给各个小组加分或扣分。比如:

①听:听同学发言要专心,边听边想,记住值得肯定的要点,并努力听出彼此不一致的地方,以待表述自己(或小组)的看法或理由。

要耐心。无论是听老师讲课,还是听同学发言,特别是当同学的发言有错时,不要随便打断;有不同意见,要等待同学表述完后,再用恰当的方式指出不足。

要虚心。当别人提出与自己不同的意见时,要虚心接受,边听边修正自己的观点。

要学会尊重他人。当同学回答有误时,也不要嘲笑、攻击他人。

要用心。在听取他人意见时不能盲从,要有选择地接受。

②说:先独立思考或小组讨论后再发言,不要信口开河。

发言要围绕中心问题,言简意赅,有条理,不要东拉西扯,不着边际;别人对自己的发言有疑问时,要针对问题耐心解释,摆事实、讲道理,以理服人。

当遇到有多位同学与自己一起抢答时,要学会谦让,给别人一次展示的机会。

③评:先肯定对方意见正确的一面,再批评错误的一面,然后做更正或补充。

评价自己时,要评出自己的错误所在,并指出努力方向。

评价他人时,态度要诚恳,不嘲笑、攻击他人。

④议:小组交流时,要善于根据学习任务引发话题,敢于提出自己的大胆设想。

对同一问题,要善于提出不同的解决方法。

全班合作交流时,对于"自己不理解的问题"能追问为什么。

讨论中,要善于汇总自己和别人的看法及理由,及时进行提炼概括。

仔细听取别人的意见,找出彼此一致的地方,认真分析少数人的见解,最终达成一致的意见。

⑤帮:需要请教同学时,要表述明白自己不懂不会的地方,接受帮助后,应肯定对方对自己的帮助并表示感谢。

当自己主动帮助别人时,要向同学说清他产生困难的原因和解决的办法。

对被帮助的同学不讽刺、嘲笑、挖苦,不伤害同学的自尊心。

⑥管:小组长负责维持小组纪律,有权点名批评或制止破坏纪律的同学。

根据组员的学习实际,分配学习任务,各得其所。

关注每一个组员的活动,有责任帮助学习有困难的同学,积极鼓励较少发言的同学参与发言。

负责汇总好组员的讨论意见,得出结论,并与其他组进行交流,及时展示学习成果。

这样的评价引领，促使孩子们养成了良好的学习习惯，提升了合作学习的积极性和有效性。

（2）**各科作业栏**。语文、数学、英语等学科的作业由科代表每天公布优秀、质劣、作业名单和欠交情况，进行加、扣分。

（3）**综合评比栏**。课前准备、单元测试、当堂检测、自习课、集会、体操、眼保健操、校服、拾金不昧、争做好事、各级比赛获奖者等，优胜者加分，违纪者扣分。

（4）**卫生值日栏**。能拿A级者加分，马虎或逃避者扣分。

附：小组合作学习评价表

小组名称	听	说	评	议	帮	管	各科作业	综合评比	卫生值日	总分
第一组										
第二组										
……										

2. 开展评比

以上四项栏目均有负责人，负责人工作出色者，给予加分。由于加、扣分工作量大，所以，我每天都会安排一位值日班长负责。同时，我会提前培训值日班长和小组长，动员组员们热心帮助"扣分大户"，对他们有所偏爱，把他们作为重点扶持对象，带动班委和各小组伸出援助之手，随时随地关心他们，支持他们，帮助他们，充分挖掘他们的"闪光点"，增强他们的自豪感和自信心，让他们"改过自新"，并鼓励其他组员奋力从各方面赢得加分。对这些弱势学生要坚持经常谈心，关注他们的点滴进步，以提高班委和小组长的管理能力。

3. 完善奖罚制度

合作小组学习有时也不是万能的，可以针对班级现状完善一些奖罚制度。比如：

①对作业不按时交或在大型集体活动中犯错的同学，实施"一拖三"办法：一人扣分，三人连带，陪扣分。

②对特别不受欢迎的同学,由其他成员申请,将其"雪藏",调离本组,独自反思3～5天(反思时间不能过长),然后根据其改变的情况,由小组成员同意方可归位。

③对于"错题或难题"只"对答案"不分析、盲目跟从"优生"答案的同学,开展当堂检测活动:检测内容是当天练习的一些基本类型题,检测后对达标与不达标的同学进行加分或扣分。

评价截止时间是当天下午放学后10分钟。汇总时间分为短期(一天)、中期(一周)和长期(一月或一学期)。根据上述加扣分规则,当天下午放学前,小组总分前三名者可以马上自由活动,其余学生交流分析小组失败的原因约5分钟;一周累计,总分前三名的小组可以得到教师的书面表扬;一月累计,总分前三名的小组可得到发给家长的喜报;一学期累计,总分前三名的小组可得到一本书的奖励和一张奖状。

三、实现合作的策略

当班级组建了合作学习小组,建构了评价小组的体系后,如果教师在教学过程中,再注意渗透合作意识,讲究合作技巧,灵活安排合作座位,选择适合的内容和把握合作时机……这样就可以促使课堂合作学习走向"高效运行"了。

1. 渗透合作意识

开学初,在实行小组合作学习时,我告诉学生:

每个人只是社会中千千万万个人中间的小小一员,不可能孤立地在社会上生存,必须依赖与他人的交往和合作。与他人交往是一件非常愉快的事,比自己好的,能从他们身上学到许多东西;比自己差的,就帮助他们。每个人都是自己的学习者和合作者。

孩子们只要建立了这种意识,便会在小组中自发地进行合作、交流,慢慢养成合作学习的习惯。

2. 转换教师角色

教师，作为合作学习的组织者和促进者，在实施这种学习方式时，要掌握一定的技巧，做一个成功的引导者、促进者。比如：

①具备对"异质性小组"（把个性、成绩、气质等各不相同的学生组成一个学习小组）调控、促进等组织技能，及时诊断与处理问题。当学生和小组面临问题时，能进行辨别、分析，并对学生进行帮助，对学生的学习进行有效的调控和促进。

②通过新课导言设计、问题情境创设，唤起学生的学习兴趣和欲望，让学生产生合作学习的冲动和愿望。

③在合作学习过程中，要巧妙地把你对学生个人和小组行为的期望传递给学生，从而激活学生的互动技能和社会技能。

④在合作学习过程中，要尽量多走动和观察、倾听，必要时可进行干预。教给学生一些探索、发现的方法，让学生会探索、会发现，不断引发学生的思维碰撞，把学生的探索引向深处。

3. 讲究合作技巧

在小组合作学习过程中，教师一般是安排一定的合作程序，要求学生彼此合作，保证小组成员进行高效的学习。学生只有具备了一定的合作技能，才能顺利地开展合作学习。对此，教师在教学过程中一定要注重指导。比如：

①预习时，小组内各成员都要提出自己的疑问，然后逐一商讨，把不能解决的问题汇总，以便在课堂上交流。

②针对课堂上的问题和任务，小组各个成员应该先在内部互相交流，再派代表陈述。发言要轮流，不能由少数人垄断。

③完成课外集体作业时，要先独立试做，遇到疑难之处再互相讨论解决。无力解决的，派代表询问老师，并为小组成员讲解。在听完讲解之后，小组各成员对于存在的问题，要选择1～3题写在错题分析本上，并且由小组长（或小组成员）编1～3道类型题，让小组各成员独立尝试完成，达到"举一反三"、学以致用的目的。

④教师要创设情境，促使学生在小组合作中学会如何与他人共同完成学习任务。比如，在开始运用小组合作学习技巧时，多布置集体性作业，使学生不得不学习运用合作技巧来解决问题。

⑤小组内的组长、记录员、监督员等各种角色应定期调换，使学生在形成一定的合作习惯的基础上培养全面技能。

4．选择适合的内容

小组合作学习作为一种组织形式，要真正发挥作用，需要教师在课前做大量的准备工作，包括对学生的认知水平、学生的学习特点、教学目标、教学环境和教学资源做深入细致的分析，对上课要解决的问题要有一个估测：为什么这节课（这个环节）要用小组合作学习？不用可以吗？如果要用，要解决哪些问题？什么时候进行？哪些内容适合班级集体教学，哪些内容适合小组合作学习，哪些内容适合个人自学？要根据学生的情况和教学内容有所选择，实现学习方式的多样化，避免"把所有鸡蛋放入合作学习的篮子"，真正提高学习效率。我主要在以下几方面的教学内容上让学生展开小组合作学习：

（1）容易出现分歧的内容。比如，教学"零能不能当除数"时，当我出示"$5÷0=？\ 0÷0=？$"后，许多学生都不知道该怎么解答，做思考或沉默状。过了一会儿，个别学生才开始不那么自信地举起了小手，有的认为"$5÷0$应该得0"，还拿起理论"武器"来展示："你想：零乘任何数都得零，5除以0当然得0。"有的说："不对，5除以0应该得5，因为零表示没有，5没有被平均分，5除以0当然得5。"有的说："得数不是0，也不是5。因为0乘5与0都得0，不能得到被除数5。"我抓住思维疑点问道："你们看这里的商到底应该写什么？大家小组讨论一下。"教室马上热闹了起来。

（2）解题方法不唯一的开放性内容。比如，对于这道题："三年级（2）班有30人，平均分成3个实践小组，每组有多少人？"孩子在列出算式"$30÷3$"后，说出了不同的计算方法。

生1：我用分小棒的方法，三捆小棒，分成三份，每份是1捆，就是10根。

生2：把30缩小10倍看成3，$3÷3=1$，1再扩大10倍，就是10。

生3：30就是3个十，分成3份，每份就是一个十（10）。

生4：3乘10等于30，所以30÷3就等于10。

生5：根据乘法口诀得到30÷6=5，6÷3=2，所以5×2=10。

（3）**个人无法独立操作的复杂内容**。比如，教学《统计》一课时，教师可创设这样的情境："动物王国举行拍球比赛，小猴、小马、小熊、小狗、小白兔分在一组进行比赛。请小朋友们来做裁判，看看这些小动物在1分钟时间里各拍了多少个球。"在个人无法准确地数出所有动物各自拍了多少个球时，会自觉地想到采用小组合作的办法，每人负责数一种小动物的拍球情况，然后再汇总起来。

可见，选择合适的合作内容，是指导学生有效开展小组合作学习的关键。

5.把握恰当时机

我以为，下面两处就是比较合适的合作时机。

（1）**在重难点处开展合作学习**。比如，在教学《圆的面积》时：

师：同学们，刚才我们聊到了"吃人的陷阱"（课前谈话时师生聊到了窨井盖）。这些"吃人的陷阱"有什么共同的特征？

生1：这些井口的面都是圆的！

师：我们怎样才能阻止它再"吃人"呢？

生2：盖上盖子。

师：如果要你重新配上一个井盖，你会怎样去做呢？（先独立思考解决，然后四人小组讨论）

（2）**在结论开放处开展合作学习**。比如，在教学《分数的初步认识》第一课时，为了让学生深刻地理解"平均分"，我设计了这样一个环节：

师：把一个圆分成两份，每份一定是这个圆的二分之一。对吗？

话音刚落，全班学生已经分成两个阵营，有的举"√"，有的举"×"。教师没有裁决，而是让持不同意见的双方合作学习，商量后再发表意见。正反两方学生各自聚在一起，商量对策。讨论后，各队推选出代表，小小辩论会开始了。正方代表把手中的圆平均分成两份问道："我是不是把圆分成了两份？"

反方代表点头:"是。"

正方当仁不让:"既然是二分之一,为什么不同意这种说法?"

只见反方同学顺手从圆形纸片上撕下一片纸,指着其中的一份问:"这是圆的二分之一吗?"

正方同学这才恍然大悟——原来少了"平均",要让每份都是圆的二分之一,不是"分成"两份,而是"平均分成"两份。

6. 树立合作榜样

在教学实践中,我经常发现和树立"合作学习的榜样"。这学期期中考试卷改完后,我又发现了一个合作学习的榜样——小艺。他的问题解决能力原来在班里是倒数的,可是,在这次期中考试中,他的问题解决能力有了较大的提升,是孩子们学习的榜样。所以,我写了一篇短文《小艺态度端正,思维能力不断提升》:

……数学高手锦东和明炎对于试卷中的最后一道问题都解错了,小艺却能够正确解答,为什么?因为小艺在合作学习过程中,态度端正,不懂的问题会问清楚解题思路,合作不能仅仅是"对答案"。这样,他的思维能力不断提升,正确率越来越高……通过试卷,我发现,在平时的学习过程中,有个别同学存在"假合作学习"的现象——对于平时的练习中出现的问题,不理解的,不清楚的,没有及时问清楚,一知半解。交流的时候,也仅仅是对一下答案。发现答案跟同学不一样的,也不认真思考,不分析。这正是我们合作学习的大敌……

这篇文章我打印了两份,一份送给小艺,另一份贴在班级学习栏上。全班一片哗然。

7. 巧用合作"座位"

进行合作学习,"座位"也是重点探究内容之一。像前面提到的"孩子盲目跟从""出现偷抄作业答案"等假合作的现象,我在实践中是通过改变"合作的座位"来克服这个问题的。

(1) 合作不"合坐"。"合作学习不'合坐',照样可以进行……比如请一个同学回答问题，其他同学认真倾听，向他学习，这本身就是一个很好的合作学习。"（余文森语）一般的学习还是按照过去的"秧田式"的座位。我们可以根据教学实际，建立"移动式合作学习小组"。需要合作时，可以随时移动座位，组成合作小组。移动组合时要有规则，不能乱。移动是根据合作学习的需要，而不是形式需要。我们要善于利用"座位"来促进合作学习。

（2）**让座位"动起来"**。孩子在一个位置坐久了，对孩子的眼睛不好——有时会出现斜视、歪着头看东西等不良习惯。为了保护孩子的视力，可以用流动式座位——从第一组退后到第二组，再到第三组……而坐在最后一组的孩子则返回第一组。轮流进行，每周一变。这样，每一个孩子都可以"流动"着，从第一组"流"到最后一组。教室的每一个位置，每一个孩子都可以坐到。

（3）**巧用座位转化弱势学生**。在安排合作小组的座位时，一些弱势学生常常受到一些"功利心"比较重的同学的排斥。教师要注意进行分层评价，弱化矛盾，采用"因生设座"的方式解决问题。

某年，我们学校附近一所人数较少的学校合并到我们学校时，我班来了一个什么都不怕、总是不完成作业的孩子明。我想尽了办法，也没有"治服"他。最后，我把他调到最会辅导人的"阳光小组"，让小组长凯负责，结果，明为了感谢小组长、不拖累小组，他做了最大的努力，达到了我为他量身定做的"30分"分层评价学习目标。

8. 关注弱势学生

组建合作学习小组的目的在于让每个成员有更多的机会参与学习的过程，体会成功的喜悦，使学生学得主动，形成深刻的体验。但在课堂教学中，我们常常看见这样的现象：一些优生频频发表自己的意见，其他学生只有旁听的份——"少数学生争台面，多数学生做陪客"。所以，除了前面所说，在开展评比时要强调班委和小组长对弱势学生的关注外，教师在小组合作学习的过程中，还要特别关注弱势学生。比如：

（1）**以小组为单位开展评比**。即小组成员不仅要努力争取个人目标的实现，还要帮助小组同伴实现目标，通过相互合作，小组成员共同达到预期目标。而教师的评价不仅面向个体，更注重对小组集体成就的肯定，让小组成员在激励中感受集体智慧，增强集体荣誉感。

（2）**小组"代言人"要轮换**。学生每次的合作学习都由小组选出一名代表（通常由"学优生"担任），作为本组的代言人向全班展示他们的学习成果。对于这类学生来说，能获得同伴的信任，心中自然充满自豪感和使命感，必然会做得好些。然而，对于小组内其他学生，特别是弱势学生，他们也有一种获得尊重、获得表现的需要。因此，小组代言人不应固定，要进行角色轮换，尤其要关注学习主动性、积极性不够的、有些自卑感的弱势学生。

（3）**从纵向发展的角度关注弱势学生**。教师要用"放大镜"去寻找弱势学生的长处并加以表扬，使其能扬起自信的风帆，从而主动参与小组学习，大胆提出自己的想法和疑问。对"学优生"要进行教育，鼓励他们主动帮助弱势学生，在小组内形成良好的协作关系，感受学习的乐趣。

（4）**缩小弱势学生与"学优生"的差距**。小组合作学习不允许任何学生游离于集体活动之外，这是小组合作学习的宗旨。但是，各学习小组为了集体荣誉往往会出现优势学生主动讲、弱势学生被动听的"合作"学习。并且还会出现优势学生包办弱势学生学习任务的弄虚作假行为。

要避免这种情况出现，一开始教师就要对小组施加一定的"压力"——加强小组的整体评价，同时，给学生布置独立完成的任务和作业，提供一定的独立思考的时间和机会，也可以通过检测考评，鼓励弱势学生独立思考，不人云亦云。否则，弱势学生在小组中始终处于被动地位，没有表现的机会，结果会越来越差。

小林老师非常专注地听着我的介绍，不时地点头、微笑。

我接着往下说。除了上面所讲的内容之外，合作时还需要注意：通过评价，促使学生养成合作、表达、倾听、深入讨论、独立思考、质疑、争辩等各种良好的习惯。小组合作学习是一种高效的学习方式，虽然能够提升学生的各种能力，充分体现学习的主体性，但同时也是一种比较复杂、较难操作的学习方式，所以，在实践中遇到各种各样的问题是正常的。作为一名新课程改革的实践者，希望你能够用心实践，细心观察，尽心思考。

总之，小组合作学习的良好学习品质不是一朝一夕就能形成的，要通过不断的指导、长期的熏陶，通过相互探讨，不断反思、校正，才能逐步走向成熟。

我想，如果我们的心中有学生，是真正地为学生的终身学习服务，一切的教育教学都从学生的内在需要出发，那么，我们的班级就一定能够慢慢地变得有序、快乐、幸福、光亮、灵动、高效。

我想，这就是我不断思考的课题，我愿意与你一起交流合作，结伴前行，在"不断行走和探究"中一起成长。正如爱尔兰剧作家萧伯纳所言："我不是你的教师，只是你的一个旅伴而已。你向我问路，我指向我们俩的前方。"

本章作者简介

张华东，福建省东山县前楼中心小学教师。福建省漳州市学科带头人，全国优秀教师。从教22年来，一直任职于偏远的农村小学，始终用心研究教学，尽心转化"学困生"。近年来有教育随笔、论文等30多篇发表在各级刊物，其中《"2分学生"：一个波澜不惊的故事》被《中国教育报》专版转载。建立的两个教育博客点击率达130多万人次。先后在县内外做专题讲座20余场。

第二章
生命,在激励中绽放
——激励机制建设之道

当教师最大的快乐，或许就是每天面对丰富鲜活的生命，与他们一起感受生命的成长；当教师的最大挑战，或许就是学会善待这些生命，帮助他们发展到可能的、不确定的高度。每个生命都是唯一的，每个生命都必须得到足够的尊重，教育者的使命就是帮助每个生命按自己的方式走向最好的成长——成为他自己。教育者必须去了解这些生命的需求，了解这些生命在每一个成长节点的需要，从内心深处走向他们，从灵魂深处悦纳他们，根据他们的需要，做教育者自己该做的事：让生命在激励中绽放。

班级在情感激励中诞生

一、"唐妈"的温情

"妈妈,我好喜欢我们班的唐老师……"

"为什么?"

"唐老师笑眯眯的,今天她还拍着我的脑袋,表扬我真能干!"

"她只对你一个人这样吗?"

"不是,昨天李凤摔跤了,唐老师还抱着她到校医室……那天帮赵梅梳公主头……还给张刚擦鼻涕、洗脸……她就像妈妈一样!"

"你们唐老师会生气吗?"

"会啊!昨天李凤被调皮鬼张刚弄摔倒了,碰破了鼻子,唐老师气得大声说话:'张刚,你闯祸了,你知道李凤有多痛吗?还不赶快把李凤带到校医室去。'后来,唐老师一把抱起李凤就到校医室去了……张刚哭着跟着唐老师一起去了。"

"后来呢?"

"下课了,他们三个人才进了教室。我们围着李凤,可李凤说一点都不疼,她肯定骗人——那次我鼻子碰了,真疼!张刚坐在座位上很害羞,还偷偷地看李凤的鼻子。唐老师对大家说,不要把捉弄人当成游戏,每个人都要注意安全,保护好自己,希望这种事少发生……"

听着母子俩的对话,作为校长,我心里暖暖的——爱的教育是最能感动人的,我相信班上的每个孩子都会是暖暖的——因为爱在这个班级流淌。

唐——简洁大方的装束,温柔大度的性格,充满笑意的眼神,善于在关键时用情感调动学生。

开学了，小学一年级是最热闹的：说的，笑的，闹的，哭的，拿错东西的，走错教室的，迷恋操场的……班主任是我最关注的：他们怎样贯彻学校将班级建成爱心乐园的阶段目标。尽管事先年级已有充分规划：教育教学内容活动化——让学生在体验活动中形成爱学校、爱老师、爱班级、爱同学的意识，但如何落实，还需要老师们努力。

1. 校园之旅，发现孩子

唐老师拉着孩子们的手出了教室。循着校园的绿荫小道，孩子们兴奋快乐，校园第一次被唐老师完整地展现在孩子们面前："小朋友，你猜这是什么……那儿的楼是干什么的……校医室门口有什么标志……图书室里有什么……校旗在什么地方……"七嘴八舌，过节般的激动："老师，这还有……老师，那是什么……老师，我也可以来这儿玩吗……老师，樱花道的樱花什么时候开花……老师，我的画也可以挂在这儿吗……""孩子，你真能干……你真棒……你讲得真清楚……老师太喜欢爱提问的孩子了……你记得真清楚……你听得真仔细，等会儿能告诉大家吗……"

看着这些刚报名 2 小时的孩子，紧紧拽着老师，跟着老师，围着老师，看着老师的每一个动作，留意老师的每一个表情，听着老师的每一句话，试探着回答老师的每一个问题，脸上满是快乐，笑容可掬，我知道他们已经对学校、对老师有了感觉，我更知道，唐老师已经在这半小时的校园之旅中初次认识了大多数孩子，更对几个一直安静的孩子有了深刻的印象……

2. 自由活动，关注个体

"小朋友，刚才我们认识了校园，可还有些地方没有走进，现在老师给你们些时间，你们可以自己去或几个小朋友一起去参观、去发现。等会儿铃声响起的时候回到教室，你们再告诉老师和同学，比比看谁的收获大……"孩子们就像鸟儿一样在一阵叽叽喳喳后飞向了那些自己想去的校园角落。唐老师走近一个特别安静的小男孩，摸着他的头："孩子，你怎么不和其他小朋友一起……你喜欢学校吗……哦，你喜欢画画，来，老师带你到美术走廊去看看……""孩子，你歌唱得真好，但在楼道大声唱歌会影响教室内的哥哥、姐姐上课……""孩子，你这样踩进去，花园的小草会疼的……"

唐老师如一只蜜蜂般，在校园里那些需要他关注的孩子身旁停留，短短几句，谆谆细语，孩子们都迅速做出了回应。

3. 班级分享，启迪孩子

"现在，请小朋友说说你刚才还发现了什么……大家都说谁能听得见……我们要学会认真听同学说话，这是对别人的尊重……还有哪位小朋友能举手给大家补充一下……你真棒，老师要给你一个拥抱……是吗，老师天天从那儿过都没有发现，看来我也要向你学习，做个仔细观察的人……哦，他去敲别人的门，影响别人，那你能告诉老师我们应该怎样做呢……我们的校园这样美丽，我们可以做些什么，让它更美丽……"

唐老师的班级出奇地安静。唐老师的点评很短，唐老师的情感自然，但总能抓住孩子们情感的兴奋点，一一强化，在每一次强化中都开启着孩子们的校园、班级生活习惯的大门。

二、情感激励的思考与策略

没有大声训斥，没有简单粗暴，没有处罚威胁，孩子们静静地发生着变化：爱学校，爱班级，爱老师，爱同学……这一切，都因为班主任润物细无声的"爱"——关爱的眼神、亲切的话语、幽默的语言、真诚的行动等情感信息，而更加真实感人。

"感人心者，莫先乎情"。教师的爱本身就是对学生最大的激励。尤其是那些刚刚入学的孩子，他们必须在相对短暂的时间里，爱上这所学校、这个班级、这些老师、这些同学，至少要不讨厌。他们从幼儿园里，带着老师的爱抚、拥抱、糖果、小红花……相对自由宽松地走进小学，开始另一段学习之旅，这对每个孩子来说都是全新的、陌生的。怎样让他们尽快走进学校，接受班级，爱上老师，交上朋友，体验规则，开始学习，这是每个学校、每个班级首先要思考的问题。

唐老师的两小时给我留下极为深刻的印象：班主任的情感激励，对学生来说无疑是最好的钥匙——没有爱，就请远离学生。班级管理的出发点应该源自内心深处对生命的关爱，班主任要悦纳所有孩子，善待每个孩子，静静地守望每个孩子的独特个性。

据调查，刚入学的小学生，他们最在意的是得到老师的认同（表扬、鼓励、赞赏……）；其次是看到老师对自己好（微笑、眨眼、点头、爱抚……）；再次是与老师一起活动（做游戏、讲故事、帮老师做事）……

班主任如果从强化这些已有的体验开始，无疑会给班级的组建带来事半功倍的效果。

根据这些，我们设计出了情感激励的强化手段与具体操作方法。

情感激励	正强化	负强化
表扬赞赏	大声、深情、场景……	批评、训斥
态势语言	微笑、抚摸、拥抱……	冷漠、惩罚
师生交往	故事、游戏、做事……	排斥、拒绝

【操作建议】

（1）**情感激励的强化方式要变化多样**。不要总是没有声调变化地重复相同的话语，小学生更喜欢富于变化和充满新意的鼓励和赞赏。

（2）**情感激励一定要有的放矢**。教师要关注孩子的具体言行，教师情感的释放一定要结合学生的具体表现，尤其是表扬用语少些笼统含混，多些针对性和生长性。

（3）**情感激励要适时适度**。根据强化理论的观点，教师必须在学生表现出好习惯或者符合教师班级管理期待的行为时及时给予情感激励，尤其是表扬与批评。

（4）**慎用或者尽量不用负强化**。在小学低年级，教育者一定要慎用甚至尽量不用负强化，尤其是在班级组建之初。

在班级管理中，班主任要适时运用得体的情感激励，强化学生的言行规范，满足学生被认可、被尊重的心理需求，激发学生向上、向前的欲望，让学生明确学校、班级、教师、同学的期望和要求，引导学生体验规则，承担责任，明白是非观念，辨析善恶行为，逐步形成适应学校、班级生活的良好习惯，为班集体的建设奠定良好的情感基础。

班级在评价激励中走向有序

一、老师的"苹果"怎么了

我提前3分钟来到一年级二班的教室，准备听一堂语文课。教师正在教室准备上课；教室里、讲台上，学生自由活动，有学生在看我……

上课铃声响起，教师组织教学，学生静息，师生问好；教师在黑板上写下——一组；二组；三组；四组……

教师：这节课我们看哪个小组表现好，就送给那个小组一个苹果……教师话音未落……

学生（多数）：哎呀，又是苹果……

教师：那你们喜欢什么？

学生（大多数）：西瓜、香蕉、草莓、橘子……

教师（环顾教室）：好，那送你们一个梨。

教室下面传来一阵嘈杂声……教师让学生齐声读复韵母……

在整节课的教学中，教师按照预设用白色的粉笔在不同的小组下画上一个个小小的梨……（课堂观察发现，多数学生对于本组是否得到梨并不很在乎）下课了，教师用黑板擦擦去了黑板上的梨……

【疑惑】

"哎呀"是什么语气?"又"陈述了一种什么意味?"苹果"是什么,为什么不能是"苹果",那么学生需要什么?

【反思】

对于学生而言,"哎呀"这个语气词所表达的,无非是不满意、不感兴趣、不舒服、不需要……"又",可见教师经常重复、今天又继续使用这个"苹果"策略,学生语气中带着强调,他们要强调什么意味?是(多数)学生都不喜欢吃苹果,还是老师画的"苹果"有问题?

对教师而言,这个"苹果"无疑是对小组进行奖励的一种方式,想通过送"苹果"激励小组参与竞争,遵守课堂纪律,积极投身学习。但学生为什么会有这种表现呢?是小学一年级学生不喜欢被鼓励、被表扬,还是教师的操作策略存在瑕疵?

现在的一年级学生,基本上都是独生子女,存在着浓厚的以自我为中心的意识,他们能大胆说出自己喜欢什么,不喜欢什么;但他们经历了学前教育,又普遍对教师有一种特殊的信任和依恋,这个心理特征是儿童能自觉地、认真地接受教师教育、指导和要求的内在心理因素,因此他们能主动接受并配合教师的某种鼓励方式;对于小学一年级的学生,直接动机起主导作用,有兴趣、好玩就喜欢,并表现出极大的兴趣,易于得意忘形,甚至偏离事件本身,而对不感兴趣的活动,就不乐意参加,思想极易抛锚,在整堂课中,一半孩子并没有关注黑板上的"梨",因为这个"梨"不是他们感兴趣的,他们反而玩起了手中的拼音卡、文具盒、直尺……当然,这也是因为他们注意力易于分散,"无意注意"占优势,任何新奇有趣的外界刺激都可以引起他们注意的分散,他们只对有兴趣的对象和活动,可以较长时间地进行注意……

由此看来,是教师的"苹果"出了问题,是教师的"苹果激励"不符合学生的需求,没有引起学生的注意。那么,怎样才能建立一套符合学生需求,引起学生高度注意的评价激励系统呢?

美国心理学家詹姆斯曾经说:"人类本质中最殷切的需要是渴望被肯定。"每个学生都具有自我肯定、争取荣誉的需要,尤其是在一个新环境中。德国教育家第斯多惠说："教学的艺术，不在于传授的本领，而在于激励、唤醒和鼓舞。"由此可见，班主任在进行班级管理以及教育教学时，建立序列化的，具有生长性、多样性的评价激励系统是多么重要：用评价激励来让学生的言行获得认可，得到鼓舞，最大限度地激发学生的思想、丰富学生向善的情感和向上的动力；让班集体（小组）进取向上，团结进步，同时巧妙地给集体（学生）造成一种兴奋的心态和强烈的竞争氛围，从而诱发其内部"能源"，最大限度地调动和发挥学生的积极性、主动性和创造性，激发学生在自我成长、班级成长中的责任感、使命感、认同感，逐步诱发学生、班级形成一种自觉的精神力量，从而达到学生自我教育、提高班级管理效果的目的。

二、个人评价激励的思考与策略

个人评价激励的有效方式很多，我们通常可以采用由具有象征意味的物件开始，反复强化，引起学生在言行思维上向好的方向进行正迁移，引领、促进学生自我管理意识的迅速形成。

从幼儿园开始，教师通常以具体实物作为评价激励方式，达到期望的班级管理目的：做得好的，就发放教师事先准备好的"东西"。但随着社会的发展，学生年龄的增加，这种实物激励的作用会逐渐减弱。

尽管在小学一年级刚开始的幼小衔接期，我们依然可以适当运用食物（水果、糖）、学习用具（铅笔、直尺、橡皮、作业本等）、小玩具等作为激励措施，但是，教师应逐步虚化实物，而且在实施物质评价激励之前，要对班级学生对物质的需求做整体分析、调查，做到因人而"激"，因情而"励"，并且必须要加强对激励效果的观察与反思，及时调整。千万不能因过度的物质评价激励，让学生产生为物质而物质的条件反射。

在班级管理中，我们也常常采用另一类具有象征意味的物件。比如"小红花"，这种激励物件在很大范围内都起着不小的作用：认可、信任、成功、快乐……也许在孩子们眼中还会有更多、更直接的意味。当然，循着这样的思路，我们还会发现，这种激励物通常还包括老师制作的各种纸贴（红花、五星、笑脸、太阳等）、掌声、兑奖券、操行分、奖状、徽章……

个人评价激励举例

	类别	实施效用	具体内容
象征意味的物件	贴纸	及时激励，吸引注意	红花、五星、笑脸、太阳……
	兑奖券	积少成多，阶段兑现	根据奖券数量，获得不同奖级
	操行分	正负强化，终极价值	基准分（加、减激励）
	奖状	目标鼓励，进步达成	针对阶段目标达成，因人激励
		阶段考核，信息强化	激励优胜者，班级公开强化导向
	徽章	固化效果，培养意识	环保先锋、安全卫士、文明天使 学习标兵、运动健将、劳动能手
	……	……	……

班主任要尝试建立评价激励系统，尽可能让孩子随时处于被激励、被关注的状态。要让孩子感受到，只要付出努力就会接近成功，不断让孩子在评价中体验到成功的快乐，这样，他们就会主动地积极约束自己，形成自我管理意识。

在实际工作中，很多教师都会运用评价激励方式，但在操作过程中，教师要特别关注：

（1）**评价激励不要过于随意，要有目标设计与统一要求**。教师在评价激励中要始终关注整体设计以及评价的层级，尽量避免凭自己的喜好和情绪，打破评价的公平、公正，让评价失去公信力，挫伤学生的积极性。

（2）**评价激励的形式不宜单调，要灵活创新**。教师要关注评价激励的多样性，采用口头与书面、语言和非语言、定期和随机相结合的形式，让整个评价在统一标准、力求公平公正的前提下实施，让课堂上千篇一律的"掌声"和枯燥乏味的"棒，棒，棒，你真棒"的表扬渐渐远去。

（3）**评价激励要立足学生，具有个体针对性**。教师在评价中要随时关注学生的变化和心理需求，始终站在促进学生整体成长的基础上，针对不同个体的特殊差异，采用不同的评价方式，强化教育教学效果和导向。

（4）**评价激励要有情感参与，具备时效性**。教师在评价中不要太显理性，针对不同个性的学生，要有针对性地充分调动自己的态势语，让学生感受到信任、尊重、表扬的温度，体会成功的快乐；评价应该具体生动，不能满足于等级式的抽象而枯燥的评价。评价激励作为一种强化刺激，只有及时给予才有激励效能。

（5）**加强对激励效果的强化与反馈**。在实施评价激励后，教师必须要加强对激励效果的强化与反馈，关注动态调整与运行。尤其要注意这些评价激励措施不要让学生失去关注，感到没有意义，失去兴趣（尤其是掌声形式化）。

①要研究怎样将象征意味的物件具象化：得到一次激励（红花、五星、笑脸、太阳等）有什么对应的措施、活动，能满足什么？得到 N 次又有什么不同？得到的孩子能否享有更高层次的奖励或获得某种物质奖励？

②要研究评价激励的层级动态规则：让精神激励具有生长性、发展性，尝试将各层级的激励获得与活动激励、情感激励挂钩，让其成为一个整体。

③要研究评价激励的强化系统，可尝试的操作包括：

A. 建立班级竞赛榜（光荣墙），及时张贴、标注，每天小结，每周升级，每月表彰……关注示范激励作用；

B. 建立班级家校 QQ 群、微信，向家长告知近期班级管理内容，并反馈孩子的表现，让家长协助强化；

C. 建立家校联系卡，随时沟通（还可以通过校讯通平台及时发布），让家长参与强化工作，针对与规范有差距的学生，提出合理化建议；

D. 对与规范有差距的学生，尽量使用生长性激励用语："如果你能……就更好了！"

（6）**关注个体差异，因材施教**。教师在评价激励的整个系统中要始终尊重个体差异，关注学生发展；以爱为出发点，因材施"激"，因人而"励"。

三、团队评价激励的思考与策略

个人评价激励做得好，学生个体精神面貌、个体学习行为都能得到极大的发展，但同时班集体也容易呈现另一种形式的松散：学生容易只关注个人发展，以自我为中心，功利看问题，缺乏班集体荣誉感，班集体缺少凝聚力。因此，班主任在实施评价激励的过程中，应该"既见树木，更见森林"，既关注激励评价的每一个学生个体，更关注评价激励的对象是一个整体，让学生学会生活在不同的团队中，在参与不同团队的评价激励中，既学会竞争，又有团队合作意识，从而使班级管理有更高的效能，班级运行更加有序；促进各个团队间的相互作用、相互竞争，更加全面地激发学生个体的积极性，从整体上激发班集体（团队）的积极性和战斗力。

班主任在组建班集体时，既要有关注班级整体运行的班委会团队，又要有关注学科活动的学科服务团队，还要有立足于学生兴趣爱好的兴趣小组，更要有关注学生经验的综合性服务团队……总之，班主任要充分组建能让每个孩子都参与、都愿意参与的不同团队，创造条件让孩子们在不同的团队中体验角色意识，树立规则意识，强化服务意识，并基于团队活动开展由点（个人）到面（小团队）最终关注整体（班级）的评价激励，尤其要注意各团队的竞争与合作的强化，让学生真切感受到团队的力量，形成团队意识，找到团队归宿。

在团队评价激励中，班主任尤其要关注：

（1）团队组建的意义和目的——始终将发展学生能力，形成发展型团队，培养学生合作意识与服务意识放在第一位，而将竞争放在第二位。否则团队之间容易出现相互不支持的状态。

（2）团队成员的选拔激励——自由组合与竞争岗位相结合，让组内成员彼此了解，增强岗位意识与服务意识，定期开展评价激励，让干得好的学生成为团队榜样，开展组内榜样激励，带动岗位服务不力的同学，还可以吸收新成员加强竞争。

（3）团队评价激励应注意公平性——团队评价激励既要关注每个团队成员之间的配合协调性，又要关注每个团队目标的达成度，更要关注全体学生对团队的认可度。班主任要特别注意不要让个人的情绪干扰评价的公正性，将对各团队的评价权利下放给全员，让每个学生参与到评价激励活动中来，体会作为集体一分子的存在感。

（4）团队评价激励要注意生长性原则——通过评价活动的开展，要让不同程度的学生在活动中体会到不同层次上的竞争，让每个学生都看到自己的进步与不足，让每个学生的身心都得到发展，因此尤其应注意评价激励的面要大，让多数学生都得到团队鼓励。

班级在行为激励中走向规范

一、"3分钟"的启示

"老师，是上课了吗？"

"老师，是上语文课吗？"

"老师，这节课要用什么东西？"

"老师，我去喊大家进教室……"

一大群孩子围着提前3分钟进教室的教师，问东问西，忙前忙后。教师一边亲切地回应孩子们，一边整理着讲台……有的孩子回到座位，学着教师的样子做着课前准备。

上课铃声响起。

同层楼同年级的6个班的孩子，从校园各个方向，以各自的节奏跑向教室……

只有这个班安静下来的速度最快：后进来的学生忙着和同桌交流、做准备，迅速坐好，并看着教师的屏幕提示"上课铃声响，快步进课堂，摆好书文具，全班要静息"。教师在教室门口高兴地看着最后一个孩子做好准备……

"上课！""起立！""老师好！""同学们好，请坐下。"

隔壁班吵闹声不绝于耳：说话声、掉东西声、动课桌声、关门声……"老师来了!""老师的裙子真漂亮……""老师,××还在操场上……"

从走廊慢慢走过,感觉真的很不一样,是"3分钟"的时间差别吗?绝对不是!教师的行为就像一面管理的镜子:学生的表现就是教师的影子!教育孩子,教师请从自己做起!

作为班级的组织者、引导者,班主任本身就是一面旗帜,班主任的举手投足、一颦一笑、服饰打扮,都对学生产生着潜移默化的感染、熏陶,尤其是对于小学低年段的孩子。班主任在班级管理中,应注意发挥自身的表率作用,不仅要言传,更要"身教":守时、诚信、认真、倾听、文明……经常要反思:"我提出的要求,我能完成吗?今天我做到了吗?"

从这个意义上说,教师的榜样角色是任何人都无法取代的。

下面摘录的是我曾经教过的学生给我的来信——

三年的故事可能会成为我学生时代最美好的回忆:你冬天穿衬衣,我们跟着疯,哪怕发烧打点滴;你办事雷厉风行,直到现在我想厨师都没想清楚3班的学生吃饭为什么那么快;你来去匆匆,直到现在我走路都像一阵风;你说一不二,所以我最看不惯那些死缠烂打的同学……

其实,教师的行动就是学生无形的榜样,示范、引导着学生向上,又能对学生的行为提供有力的支持,修正、规范着学生向善。尤其重要的是,教师如果能组织起与学生有意义的互动,师生就能相互照镜子,共同完成有意义的行动,这反过来会更加鼓舞学生,使学生在行为激励中得到心理素质的强化,快速进入、适应班级(团队)氛围,完成行为意识的升华。

从这个意义上说,教师的行动是无声的命令,它能极大地鼓舞、教育和鞭策学生,激起学生的关注和模仿。

二、行为激励的思考与策略

苏联教育家苏霍姆林斯基说:"只有能够激发学生去进行自我教育的教育,才是真正的教育。"很显然，在班级管理中，班主任只有把学生置于班级管理的主体地位，学生才会主动地参与。班主任要善于在班级管理中针对学生的实际行为（习惯），采取有效的手段或措施，利用行动来导向、规范、激励、修正学生的行为习惯、心理意识，及时调动学生自己教育自己，自己管理自己的主动性、积极性、创造性，并不断强化，使其最终内化为班级（团队）的行为准则。

小学低年段的学生，年龄小，注意力不能持久，容易分散，普遍缺乏自我约束力，自制力较差，群体松散；但喜好表现，模仿能力强，可塑性强，他们主要凭借具体形象的材料进行思维……针对这样的特点，我以"培养习惯，建立规则"为班级建设的核心内容，设计出行为激励的强化手段与具体操作。

这类激励措施主要适用于个体和小组，对学生的日常行为习惯的养成尤为有效。

小学低年段日常习惯养成分解举例

生活习惯	文明礼貌、热爱劳动、遵守秩序、卫生习惯、集会习惯、饮食习惯……
学习习惯	课前准备、端正坐姿、书写工整、认真倾听、敢于发问、发言举手、与人合作、独立思考、乐于表达、主动阅读、作业质量……

【操作建议】

（1）**整体规划**。班主任在实施行为激励之前，要对班级行为激励做出整体规划：每种习惯的指标分解，激励标准，激励措施，激励强化；激励动态管理（发展）要充分体现预设性。

（2）**做出示范**。班主任在实施行为激励之前，要对班级行为激励的各项分解指标（动作、语言等），按标准示范到位（语言讲解，教师示范，学生模仿，习惯固化），告知激励措施及动态管理方式。班主任可采取师生共同编制口令、打油诗、顺口溜等方式帮助学生记忆规范。

"培养习惯，建立规则"举例

对象	具体指标	明确标准（建立规则）强化操作
生活习惯	文明礼貌	爱祖国，升国旗、奏唱国歌要肃立；见师长，问声好，十字用语讲礼貌；不打架，别骂人，公共场所不大声；好朋友，真友好，不给同学起绰号；不起哄，不吵闹，同学错误别取笑。
	热爱劳动	自己事，自己做；家里事，别推脱；别人事，帮助做；同劳动，互保护；有成果，要爱护。
	安全秩序	交通规则要遵守，公共秩序莫乱吼；右行礼让莫追跑，危险动作最不好；玩刀玩火真害怕，打赌逞能有危险；离家离校需请假，自我保护最安全。
	卫生习惯	勤洗澡，勤换衣，勤剪指甲笑眯眯；不乱吐，不乱扔，见到垃圾要拾起；课桌椅，要整理，爱护书包要干净；爱清洁，不坐地，饭前便后手要洗。不乱写，不乱画，爱护环境有决心。
	集会习惯	上下楼梯靠右行，轻声慢步要谨记；集体外出要排队，千万别离指定位；公共场合要安静，大声说话听不清；集合做到"快、静、齐"，倾听鼓掌讲文明。
	饮食习惯	爱惜粮食莫挑食，三无食品我不吃；少喝饮料少零食，边说边吃礼仪失；安静就餐显文明，科学饮食长身体。
学习习惯	课前准备	上课铃声响，快步回课堂，摆好书文具，全班齐静息。
	端正坐姿	眼睛离书本一尺，胸离桌子一拳，执笔处离笔尖一寸。
	书写工整	横平竖直心要静，看准慢写笔画清；卷面洁净不乱画，书写端正人人夸。
	认真倾听	不说话，不乱摸，上课别做小动作；认真听，认真记，不玩物品好记忆。
	发言交流	要发言，先举手，得允许，再起立；普通话，声音大，口齿清，表达明。
	与人合作	有问题，自己想；不明白，请同学；勤讨论，共成长；大疑难，问师长；同学成功要鼓掌，共同进步喜洋洋。
	主动阅读	边读边想写笔记，圈点勾画强记忆；快乐阅读长知识，增长智慧争第一。
	作业质量	仔细看题要求明，认真书写卷面清；发现错误及时改，动手动脑最聪明。
	……	……

（3）**分散强化**。班主任在实施行为激励时要分散强化，不要想一劳永逸，抓

个体，讲示范，分阶段，抓重点，抓反复，求固化。要充分体现低起点，小台阶，适当、适度、及时的原则。

（4）*形式多样*。班主任在实施行为激励时要采用正强化与负强化相结合（奖励为主，惩罚为辅）、由点（个体—同桌）到面（小组）、由粗（感觉）到细（言行）的方式。同时，班主任的行为激励，不能只停留在表层的简单肯定上，而应该指出错在哪里，好在何处。评价要与管理意图紧密结合，充分体现激励的准确性，培养学生实事求是的心态。

班级在活动激励中走向卓越

一、都是玩具点的火

上课中途，"啪"的一声，一个玩具跳跳熊掉在了地上……

"老师，张林上课也玩玩具……"

"张刚书包里也有奥特曼玩具……"

"刘鑫把我的玩具弄坏了……"

几个本来关系比较好的孩子，面对老师开始了彼此揭发，孩子们个个面红耳赤。

这样的场景，在小学一年级的班级中可能并不少见。我深深知道，玩具伴随人的终生，不同时代，不同年龄阶段，玩具各不相同，它在促进人们身心健康成长、丰富人们的生活内容、增长知识、陶冶品德、勇于追求和创造方面起着积极的作用，成为人们文化娱乐生活中不可或缺的重要内容之一。

但在此时，玩具不但影响上课，还影响到孩子们的情感变化，甚至个性养成。面对此情此景，要引导孩子们体验学习规则，明白上课纪律，规范上课行为，养成良好习惯，更不要养成相互"揭短"似的互相伤害习惯，我该怎么办？严厉禁止，大声批评，还是当众没收？想想自己的童年，看看孩子们护着的玩具，尤其是那几双忽闪忽闪的眼睛，冷静，理智。从孩子的角度着想：为什么不让孩子们自己说说上课能不能带玩具，为什么要带这些玩具？为什么不利用这些玩具开展活动，引导孩子们在活动中学习知识，体验童趣，感受快乐，尝试控制自己呢？

"上课不能玩玩具……上课玩玩具就不能听老师讲课了……玩具掉在地上会摔坏的……上课玩玩具就不能做事了……"

孩子们七嘴八舌，道理都懂！

"这是我最喜欢的跳跳熊，昨天奶奶给买的生日礼物……"

"奥特曼是英雄，能打怪兽，很勇敢……"

"昨天晚上玩忘记放在家里了……"

原来是这样！幸亏刚才这样想！

"孩子们，明天下午老师允许大家把自己最喜欢的玩具带到教室里来，我还要让表现最好的孩子来给大家讲讲他的玩具，看谁讲得最好。"

"耶！我要带吊车……我要带恐龙……我要带飞机……我要带芭比公主……我要带钢铁侠……我要带轨道车……"

晚上，我给家长们布置了一道作业，提醒孩子整理玩具，让孩子讲讲自己的玩具故事……第二天，我们专门开展了班会课"分享玩具"。班级变成了玩具超市，孩子们都成了玩具推销员，尤其是有不同颜色同类玩具的几个小玩家简直就像在开家庭会议，相互交换把玩，还推荐一个同学向集体介绍奥特曼家族，每位同学都还配了台词。

"同桌讲解""小组交流""请听我讲""最佳讲解""人气玩具"……一组活动下来，孩子们关系更近了，对玩具的了解也更多了。

班级设立玩具展台，允许表现最好的同学或者小组将自己的玩具带来展示交流。全班一致通过。此后很长一段时间，班上的玩具事件很少发生，大家更多的是关注每天哪些同学又可以带玩具,甚至放学时还有学生要求明天带来新玩具——因为今天自己表现很好。

二、活动激励的思考与策略

面对孩子感兴趣的事、喜欢干的事,班主任能否冷静思考,理性组织活动,抓住契机,利用活动激励学生,对学生的言行思想加以正面引导、规范和强化,通过活动体验使班集体更加规范、有序,甚至充满竞争,这是班主任的一门重要功课。

玩是孩子的天性,娱乐、游戏是孩子成长过程中不可缺少的一部分。班主任要学会正确看待孩子们参与自己喜欢的活动、游戏,并且将游戏的精神、活动的规则与教育教学紧密联系起来,在师生、家校互动中营造一个"真诚""自由""开放"的教学氛围,让他们在活动中、游戏里"体验""移情""理解""对话"和"反思",逐步自觉形成良好的习惯和意志品质。

从这个意义上说,这样的班主任凝聚力更强,学生在自主体验中获得的感受经验更为持久、有意义,尤其是对规则的理解和遵守更为实际。

当然,班主任组织的各种活动、游戏,必须经过精心设计,能体现游戏精神和游戏规则所蕴含的教育教学意义,而且这些活动和游戏本身要能满足学生的心理需求,让学生乐于参与。

要运用活动、游戏设计来激励学生,班主任必须真正走进学生的心灵,换位思考,精心设计,充分关注不同个体和群体,针对不同时段和具体环境,尤其要对学生各个年龄段的心理特点及需求有深入的了解。例如,根据低年段小学生处于幼小衔接期、以自我为中心、同学间缺少谦让、喜好表现、模仿能力强等特点,我们立足学生个体发展,兼顾小组意识形成,着眼班级整体规范,尝试从学生个人行为习惯引导、小组团队意识形成、班级群体意识强化三方面,开展系列活动,分层级、按序列推进,收到了良好的效果。

小学低年段活动激励的强化手段与具体操作举例

活动实施对象	活动创生	活动内容
个人 （活动激励）	分享玩具	允许学生带自己喜欢的玩具到校并展示一天
	教做游戏	学生推荐并带领游戏，体会成功的快乐
	展示特长	唱歌、跳舞、弹琴、画画、作业
	干部值日	教师根据学生的具体表现突出其所长
	做小老师	我是小老师、小助手；协助老师工作
	……	……
小组 （活动激励）	明星团队	座牌、红旗、明星照、奖励墙……
	户外游戏	小组自定在规定时间进行户外活动……
	活动承包	班级邮差、养花、喂鱼、领奖……
	特色作业	新闻调查、热点追踪、亮点展示……
	监督执勤	学生路队、课前管理、课间活动……
	……	……
班级 （活动激励）	趣味运动	集体游戏、趣味竞技、学习游戏……
	观看影视	集体观影、新片推荐、动漫展示……
	主题班会	教师根据阶段目标设计，家校协作参与……
	户外游学	户外探究、考察学习、参观访问……
	免除作业	当堂作业、周末作业、假期作业……
	……	……

【操作建议】

（1）活动激励要关注、尊重个体差异，关注学生发展，因材施"激"，因人而"励"，适度、适当、有激励性。

（2）活动激励要体现趣味性，在活动中让学生尝到成功的喜悦（满足感、成就感），这样才能随时唤起他们学习的激情，让他们产生成长的动力和投入的兴趣。

（3）活动激励要具有引导性，促进集体向善，并引导学生在活动中体会规则的重要性。

（4）实施活动激励一定要做好活动前的铺垫——"为什么开展活动激励"，强化导向；活动后的总结感悟——"我怎么样"，强化获得，激发向上，鼓励进步。

班级激励从信任开始

一、"就让我们自己管自己吧！"

当我把自己将要出差几天的消息告诉学生的时候，教室里顿时沸腾了。

我问："有愿意帮老师上语文课的吗？""有愿意当班主任的吗？"

几分钟后，一个平常非常调皮的男孩给了我答案："雷老师，我们不要班主任，就让我们自己管自己吧！"

多天真的想法！多大胆的思维！

一个狂热的念头迅速占据了我的大脑："好！这次我们就来自己管理自己！"

我的话刚出口，教室里一片哗然！就连我自己也觉得荒唐！住宿制学校哪一天离得开班主任？

望望孩子们：平时表现较差的孩子吐着舌头，给周围的人扮鬼脸；平时循规蹈矩的孩子，一副无所谓的样子；平时协助我管理的班委会成员怀疑地望着我，很多人摇着脑袋，就连最有威信的班主任助理也急得直摆手……

"孩子们，就让我们一起来创造奇迹吧！"

教室里响起了雷鸣般的掌声……

"你放心，雷老师！我们支持你！"当我安排好每个孩子的工作后，我给他们加了一个条件："一旦有大事情发生或你们不能决定时，就到我办公室给我打电话。"我将手机号码写在黑板上。下课铃响了，我也踏上了出差的道路（当然，我暗地里也请任课老师帮我留意班里的情况)。

十天，受煎熬的十天！十天里，我无时不在惶恐、担心中等待手机的响起！一天、两天……第五天，电话终于响起来了："雷老师，你过得好不好？你什么时候回来？我们可不可以利用星期天的两节晚自习搞一个晚会？"当我正想问一下班上情况时，电话已经挂断了。我发现孩子们不需要我了！我既失落，又高兴！

十天工作一结束，我迫不及待地赶回学校准备收拾残局。但当我出现在学校时，我惊讶于评比栏上的表扬，我惊讶于十天里孩子们夺得的流动红旗，我惊讶于住宿部老师的夸奖，我惊讶于黑板上"欢迎雷老师回家"的板报，我更惊讶于班主任助理给我交来的十天的班级日志，以及每个学生的十天收获总结……

我流泪了！孩子们长大了！

十天，漫长的十天，无价的十天！我深深意识到，良好的班级激励对一个班集体的决定作用。班干部告诉我，他们在管理中说得最多的话是："你是不是五班的优秀学生？""你是不是想让五班蒙羞？""难道你想让我们的奇迹毁灭在你的手里？"我没有想到，自己在讲台上说的"孩子们，就让我们一起来创造奇迹吧"这句话，居然会让孩子们如此心动，如此看重！教师的激励是多么重要！

那我们为什么还么吝惜几句表扬、激励的话呢？

这十天的经历，也使我意识到，学生的独立意识在逐步增强，他们需要一个空间，一个相对独立的心灵空间，去放飞自己，去实现理想的自我，他们不想永远生活在教师的阴影里。每位教师都应该重视孩子这个特殊的心理发展阶段。当我问他们为什么不给我打电话时，他们总自豪地说："我觉得我能行！""我觉得我可以管下来。""我自己想办法一定可以解决。"教师应该尊重学生的这种心理，善加引导，让学生成长得更快，也把自己从烦琐的班务工作中解放出来。

同时，这十天的经历也使我意识到，作为一个教育者，应该善于把握教育契机，了解学生的心理需求，尊重学生，相信学生，与学生建立起相互信任的关系，构建一种科学、民主、和谐的师生关系。当几个以往表现不太好的孩子获得十天进步奖时，他们说："感谢雷老师的信任！""感谢同学们的帮助！""我觉得自己应该实现自己的诺言。"……再差的孩子都有进步的愿望，关键在于老师是否关心他们、尊重他们，是否愿意给他们机会，在他们需要成长鼓励的时候，班集体是否有强大的激励机制，去鼓舞、去唤醒、去规范、去激励他们。

二、班级激励的原则与操作

1. 目标突出原则

在班级管理中，教师要进行有效的激励教育，必须要关注激励对象的针对性——具体到团队、个人、言行。

"请还没有完成任务的……"

"打扫清洁的小组表现真好……"

"本周我们将围绕文明礼仪开展群星闪耀活动……"

"你的声音真好听，如果再大声些……"

在班级激励系统中，教师必须结合班级管理目标——长远的整体设计和短期的调整推进，学生团队意识培养和个体行为养成，以及学生的身心特点——年龄阶段、学段特点，分层次设置激励目标与方法，目标设置必须同时体现班级发展目标和管理需要以及学生需要。简言之，激励要突出"因时、因地、因事、因人"目标，要求明确，解析到位，让学生有所适从，看到方向，才能引起关注，强化良性动机的生成。

2. 引导性原则

教师在激励过程中必须要能对学生进行向善、向上的引导。任何激励措施只有从学生的自我体验开始，逐步转化为学生的自觉意愿，才可能取得激励效果。

"老师期待你下一次的表现……"

"孩子，作为班长，我们应该时时处处做好榜样，学会关心身边的同学，我相信你也不想让同学觉得你高高在上，自己在班上感到孤单……"

"你喜欢自己的东西被别人弄坏吗？如果你的东西被别人弄坏了，你会怎么想？你觉得今天这件事谁表现得最好？你觉得自己应该受到什么处罚？"

"如果本周老师要颁发一枚班级荣誉勋章,你们觉得应该颁给谁呢,为什么……"

在班级管理中,教师无论采用什么样的激励方法,或建立什么激励机制,都应立足激励对学生的引导性原则,即使是采用"负激励"的手段,也是为了引导学生体验班集体规则,学会合作与生活,而不是让学生抬不起头,产生挫败感,抑或是产生心理阴影。倘能如此,师生关系敌对,甚至恶意相向的事件也就可以避免了。

3. 合理性原则

在实施班级激励时,教师要始终站在学生的角度去思考自己的激励方式可能会对不同的激励对象产生什么影响,而不是任性地觉得自己这样做是对学生一视同仁,是为班集体好,进而忽略那些需要特别关照的孩子。

(学生来信)幸运的是,我三年前遇到了你,遇到了你的语文课堂,遇到了你的德育课,遇到了你的数学课,遇到了你的科学课……你让我这个背井离乡的女孩体会到什么是快乐——你没有偏见,从不因我的成绩差而嫌弃我,反而总是鼓励我:"把你认为能学好的先学好,其他慢慢来……"

我永远忘不了你的日记批语:"女孩儿,只要你面对阳光,就可以不去理会阴影!"你的语文课直到现在都让我神往。自从离开了你,我也就离快乐越来越远,离辅导资料、作业越来越近。直到现在,我都把你当成一个传奇告诉给我的老师、我的同学——不补课,不定资料,不轻易布置作业,讨厌考试(因为你说自己怕批改试卷,其实只有我知道,你是怕我们知道自己有多差,怕成绩好的同学打击到我们),我只有在语文课上经常受到表扬。

激励的合理性原则包括两层含义:其一,激励的措施要适度。要根据所实现目标本身的价值大小确定适当的激励。其二,奖惩要公平。要在统一的基础上有因人而异的考虑。

4. 明确性原则

教师的激励语言、行动、内容、方式对于学生来说都应该是清清楚楚、明明白白的,而不要让学生认为教师偏心。教师的表扬和批评太随意,会对学生的心理和情绪产生负面影响，影响班集体凝聚力和向心力的形成。

"明天，我们要开展'文明伴我行'春季远足活动，本次活动的主题是'文明、安全、友谊、成长'。请大家畅所欲言，针对这四个关键词展开讨论：'我该干什么，我能做什么……'"

……

"根据大家的讨论，我们形成本次远足公约……"

"远足结束后，我们将根据小组和个人的表现，由大家投票，评出'文明之花''安全卫士''和谐之队''成长之星'等，请大家带着我们的承诺，带上我们发现美的眼睛上路，希望每一位同学都能在活动中展示自己……"

激励的明确性原则包括三层含义：其一，明确。激励的目的是需要做什么和必须怎么做。其二，公开。要让每一个学生都明白奖惩的意义。其三，直观。实施物质奖励和精神奖励时都需要直观地表达它们的指标，以及总结授予奖励和惩罚的方式。直观性原则与激励产生的心理效应成正比。

5. 时效性原则

激励的时间点非常重要，激励的最佳时机是与活动随行的，与活动相伴，贯穿活动始终。教师要不断强化，让被激励者得到最大程度的心理熏染，不要在学生都已开始淡忘、甚至遗忘时才试图用激励唤醒学生。

下午六时，"文明伴我行"春季远足活动拉上了帷幕，全体学生、全部小队都已经安全返校。

晚自修时间，参与远足的全体师生围绕本次主题"文明、安全、友谊、成长"开展了两节课的分享、交流、评选活动……气氛热烈。

"我最大的收获是……我最高兴的事是……我最难忘的是……我……"

"我觉得我们组最团结……在我最需要……"

"我觉得××可以被评为'文明之花'。在整个远足活动中，他除了把自己小组的垃圾整理好外，还主动捡拾垃圾……"

"我认为××组在安全上没有做好，你看×××同学掉队了……"

"我觉得×××可以被评为'成长之星'。他在活动中的变化很大，主动帮本组同学背包，还帮助其他小队调解矛盾……"

在交流、分享、评选之后，每个学生用一张卡片，写下一句对同学、自己或老师最想说的话，张贴在班级公示栏。

评选的各先进小组、个人，由班委会迅速通过微信向家长公示，并在第二天在班上出一期"荣誉之窗"板报……

班主任、随队教师适时点评，充分肯定学生在远足活动中的成长，并指出需要继续努力的方向……师生在活动中、活动后的及时沟通交流，让每个参与者都得到不同的体验。班集体的凝聚力增强了，班集体的向真、向善、向上的氛围越来越浓烈。

教育者要把握激励的时机。正强化和负强化越及时，越有利于强化学生的行为和情感。所谓正强化，就是对学生符合组织目标的期望行为进行奖励；所谓负强化，就是对学生违背组织目标的非期望行为进行惩罚。很多时候，教师要学会在教育教学活动中、突发事件后及时打激励组合拳，关注对不同学生群体的激励效果，力求激励效益最大化。

6. 生长性原则

教师的激励要注意关注对象的具体行为习惯的养成以及心理的熏染。教师在进行语言文字激励时，最好不要采用结果性判断，要更多地采用过程性引导，让学生在引导中求真、向善、唯美。

孩子，过一个充实的寒假吧！你长大了，有思想了！我想，你一定会非常后悔那些无知的寒假回忆——无节制地东游西荡，无限度地乱按遥控器，无休止地敲键盘、点鼠标甚至通宵达旦，无顾忌地睡得昏天黑地。今年，就让自己浸润于书香吧——你的情感，定会在唐诗宋词、美文名著的铿锵韵律中丰富；重拾自己将要荒废的兴趣特长吧——你智慧的火花定会在琴棋书画中绽放；城市乡村到处走走吧——春的气息、节的韵味定会在你的胸中流淌……

孩子，过一个多味的寒假吧！陪父母上一天班，感受他们的辛苦，你会明白责任是什么；坚持学做一件家务，在每天的重复中，你会明白感恩的重要；发展自己的一项特长、兴趣，你会理解成功的背后是什么……

教师要着眼于学生言行的具体内容，激励力争落实到点，而少采取笼统、含混的激励，关注言行发展趋势的激励，而且一定要将激励进行成果强化：示范、交流、展示、评比……

7. 层级渐变原则

班级管理激励必须根据学生的不同年龄段、不同性别、不同性格特点，在班级中采取层级渐变原则，让学生始终处于有效激励中。

在小学低年段，关注幼小衔接，可以从物质激励开始，尤其是那些已经在孩子心目中产生了积极影响的、与学习密切相关的实物，再逐步过渡到具有象征性意义的事物，例如，普遍采用的班级竞赛榜——"小红花"奖励（达成一次目标奖励一朵"小红花"，五朵"小红花"换一朵"大红花"，五朵"大红花"换一个"笑脸"，五个"笑脸"换一个"太阳"……）；在小学中年段，逐步过渡到以活动激励为主，开展学生的相互竞争，自我激励；在小学高年段，逐步过渡到适时开展精神激励，让学生关注自己的理想信念，观照自己的精神层面……但情感激励必须贯穿始终。

在班级管理激励系统中，物质激励（具体的、抽象的）是基础，情感激励是核心，精神激励是根本。教育者必须始终关注每个激励的层级性、序列性、系统性，让整个班级激励不断完善，不断走向深层次的精神激励，最终帮助学生实现自我激励目标。

8. 正强化与负强化相结合原则

在班级管理中，我们提倡正强化，但也不排除负强化，关键是采用负强化时要注意导向和效度以及学生的承受力：

在班级管理实践中，有教师总是让犯错误的学生参加劳动。久而久之，学生就会认为劳动是犯错误的惩罚，是可耻的行为，而不愿意参加劳动。这种导向对于学生的成长和生活极为不利。我们为什么不换一种思路，奖励学生参与劳动——独自干、与朋友合干、与教师一同干、与父母一道干……也有教师在学生做错题、写错字后，让学生重写、重做多少遍。可看看学生书写的质量，却一遍不如一遍，对学科、对老师的态度也一天不如一天，甚至产生厌学情绪。这样的负强化就起到了相反的作用。当然，我们极力反对教师采用各种粗暴的体罚、变相体罚让学生受到伤害，影响学生身心的健康成长。

正、负强化都是必要而有效的，不仅作用于当事人，而且会间接地影响周围的其他人。正、负强化都必须认真考虑"度"，并且始终坚持以发展教育学生为根本，杜绝对学生带来不必要的伤害。

9. 按需激励原则

激励要关注对象的心理需求与变化，才会有的放矢，产生积极的影响。

开学了，小男孩一来到我的班上，就显得与众不同：左手习惯性地藏到身后，处处小心，用一种怀疑的眼光看每个同学。"你是不是看不起我？""你是不是又在说我坏话？"……这些是他的口头禅。才三天时间，他已经与同寝室的大多数同学发生过矛盾了；他的同桌主动找我要求调座位……看来，我该找他谈谈了。

"我是残疾人，我是差生，你看不起我就明说，我已经习惯了……"我还没有开口，他就先抽泣了。"我左手受了伤，伸不直，还有我头上有块钛板……"

"如果这样就是残疾，那老师也是残疾。你看我这双眼睛，1500度的近视，去掉眼镜，我什么也看不见，更不要说我额头还有一块大疤呢！"

小男孩的抽泣声明显减弱了，陌生的眼光也似乎有了些变化，那分明是一双审视的眸子。

"谁说你是差生？你差在什么地方？"

"我就是差生，连我家里人都这样说我，还经常打我……"

"那你能给我说说你都差在哪里吗？你都有什么缺点？或者你就给我找5个缺点看看。"

小男孩迟疑地盯着我，神色有了些改变。他慢慢地说道："我学习差……"

"那是昨天，并不代表今天，更别说还有明天，况且你现在是在绵阳七中（小学部），而且是在雷老师的班上，我的学生没有一个会是差生！"

"真的？"他怀疑的眼光看得我反而有些不自然起来。

"当然！"

"我记性不好!"

"有谁敢说自己的记性就好得很?你看,你刚才给我说了那么多事,我觉得你的记忆力很好!至少比老师好,只是你没有把记性用在该记的事上。"

小男孩腼腆的脸上多了些笑容。他说:"真的啊?"

我看着他,真诚地拍拍他的肩膀说:"当然!"

他的脸上有了些颜色。

"我语文很差!"

"哎呀!简单!你知道我就是教语文的,我的学生可没有哪个语文差哦!你上学期考了多少分?"

他不好意思地小声说道:"65分。"

这成绩真有些差!可我不能放弃这样一个教育的绝佳机会,我又用力拍了拍他的肩膀。

"老师觉得你太了不起了!你看你认为自己的手有问题,耳朵也有问题,头上还有块钛板没有取,你还考了65分,你知不知道我们班还有很多同学,手没有问题,耳朵也没有问题,脑袋也好好的,还没考及格呢!你看,他们比你差多了!"

"嘿嘿……"小男孩分明笑出了声,不知不觉地从兜里拿出左手,摸着上衣的拉链。

"老师,还有我的行动慢。原来的老师经常批评我,同学也嘲笑我,这总算缺点吧!"

没等他喘过气来,我就说:"这算什么缺点。常言道,慢工出细活。只要你保证做得对,况且你已经知道了,我想你只要想改,我们一起努力,应该没问题!"

……

当我将他搜肠刮肚找到的所谓5大缺点一一从他眼前抹去后,眼前的小男孩已经喜笑颜开,眼中充满了感激与喜悦。我见最佳的教育时机到来,于是拍着他的肩膀笑着说:"老师告诉你,人无完人,其实你在生活上再自信些、遇事再冷静些、与同学交往再宽容些,就更好了!有信心吗?"

小男孩不假思索地点头:"有!"

我挥挥手:"回教室去吧!"

小男孩居然迟疑地说:"真的?那我走了哦。"(我知道他在迟疑什么)他跑出了办公室,我正在为自己刚才的教育得意时,他又跑进了办公室,深深地对着我鞠了一躬:"雷老师,谢谢你,你是第一个这样鼓励我的老师!我为今天的事向你道歉……"

激励的起点是满足班级良性调控,促进学生的进步,需要因人而异,因时而异,并且只有满足最迫切需要(主导需要)的措施,其效能才高,其激励强度才大。因此,教师必须深入地进行调查研究,不断了解学生的需要层次和需要结构的变化趋势,有针对性地采取激励措施,才能收到实效。

10. 自我内化原则

教育激励不经过学生内心的揣度、思想的碰撞,就会显得苍白无力,甚至事倍功半。教师的激励能不能通过活动转化成学生内在的认识,是激励活动成败的关键。

小男孩主动跑来向我告状:"老师,我们室长老是针对我,说我这,说我那,还罚我,说我们寝室没被评为'文明寝室'都是我的责任,他当不来室长……"

其实,这些情况我早就清楚了:他行动拖拉;自控能力不强;总喜欢争强好胜;每次放学回寝室都先玩,不做就寝准备,待熄灯铃声响起,其他同学上床就寝,他才开始慢慢洗漱……

"那你觉得当室长该干些什么,谁能当好室长?"

"当室长应该带头做好,他不准我熄灯后在寝室里走动,他却经常走动;还应该主动帮助同学做清洁、整理内务……"

"说得真好。你觉得你能做到这些吗?你想不想当室长?老师期待你们寝室迅速获得'文明寝室'的称号。"

"真让我干啊,我可从来没干过室长啊!"

"干吧,先干一周,老师相信你,我会让同学们配合你的……"

一周后,寝室乱套了:全体同学集体要求罢免室长,寝室成为楼层扣分最多的寝室……

当他带着辞职信来到我的办公室时，一直埋着头："雷老师，我不干了，这个室长不好当……我自己都被扣了3分——熄灯后动作迟缓被生活老师点名了3次，扣1分；晚上熄灯后听MP3声音大，被生活老师发现通报批评，扣1分；和寝室同学吵架，没有安排做内务，扣1分……"

"你觉得谁当最合适？你准备怎么办？"

"还是原来的室长好……我要改正我回寝室不做准备的坏习惯，今后睡觉也不听MP3了，要和同学搞好关系，这样同学才会喜欢我，才愿意和我交往……"

事后，我到他们寝室，跟孩子们开了一个讨论会——"我为文明寝室做什么"。

后来，这个寝室常常被评为"文明寝室"，小男孩与同学的关系得到了极大的改善。

教师要善于引导学生进行观察、讨论成功与滞后的原因，在反省、检讨中引导学生逐步形成自我肯定激励系统，真正实现以"学生自我学习能力、自我教育能力、自我管理能力"为特点的"学生自主"班级管理模式。

本章作者简介

雷震，四川省绵阳市实验中学教育集团城北校区（九年一贯制学校）执行校长，中学高级教师，省骨干教师，市骨干教师培训专家。先后多次获省市赛课一等奖；被授予"师德标兵""绵阳市优秀班主任""绵阳市优秀教师""绵阳市榜样教师"等称号；公开发表论文数十篇，参加高等师范院校中文专业教材《语文教学概论》编写；多次应邀作为省市"国培"专家，就现代教育技术变革、翻转课堂研究、微课研究与制作等内容做专题教师培训讲座。

第三章
从"心"出发，构建"关系"
——师生关系建设之道

看着那些急于求成的教育行为，我内心总是茫然：教育可以这样吗？简单、粗暴到忽视生命的存在？该如何建设师生关系？是用很多的约法三章、下马威去约束并征服孩子，还是在日常陪伴中以温润的教育、和谐的师生关系潜移默化地吸引，不知不觉地掳获孩子们的心，从而日渐趋向美好？

读到《小王子》中王子与狐狸关于"驯养"的对话，我才有了自己的选择。行一日走一程，我选择带领学生活泼泼地生长，眼中有光，脸上有笑，让彼此的生命澄澈美好，自由舒展。在彼此"驯养"的过程中，我的生命也多了那抹暖、那道光。

这，就是我为人师的意义。

葆有一颗童心，拥有一颗爱心，带着一颗恒心，始终不忘初心，我和孩子们建立起的是赤诚的亲密关系，是理想的师生关系。在这一过程中，教学相长，精神亦同生共长。

爱心引路,做孩子的"点灯人"

什么是爱?心理学家弗洛姆认为,爱是一种"积极的活动",是人内心生长的东西,而不是消极的情感;它是主动的"投入"活动,而不是盲目"沉迷"的情感。爱,是给予而不是接受。

师生关系建设,必须以"爱"为本,以"爱心"引路。

一、班级命名,融化坚冰

1. 冷冷的、酷酷的他们

这是个发生过"非常事件"的特殊群体。敏感的孩子,在与我接触的第一天就感受到了我的不同:"沈老师是个特别活泼开朗的人。报到时,沈老师就很友好地向家长打招呼。我们以前的老师对家长可是置之不理、一声不吭的。"

但,更多的孩子在观望。冷冷地、远远地、漠然地看着我,没有期待,更没有信任。也难怪,他们的空间曾一度被畸形的爱笼罩着,他们的心被麻木统治着。年少的孩子,没有舒展的灿烂笑容;任凭老师语言多么幽默,他们都不敢流露真挚的感情;任凭老师再怎么真诚鼓励,也唤不醒他们心中沉睡的巨人。

没有夸张,没有危言耸听,有的只是真切的体悟,感同身受的怜惜。对于这群孩子敏感的心,我又怎敢触碰,怎忍触碰?就如苏霍姆林斯基说的那样,像呵护早晨的露珠那样去呵护他们的心田。只希望给自己些时间,给他们些时间,就让他们在洋溢着友爱与温情的气氛中慢慢觉醒,能够感受到尊重与信任的魅力,享受到快乐幸福的感觉。

2. 量身定制的"幸福草"中队

对于班级命名，我之前只采用过"书韵中队"，希望孩子们的生命因为书而增加一些灵动与美好。从这届学生起，我把班级易名为"幸福草"。这是为他们量身定制的。我希望他们能够发现世界的美好，找到自己的坐标，更坚韧、从容地行走，不断发现生活的甜蜜，创造成长的快乐。

为此，我特地上了一节班会课。学生年纪小，我减少了要他们为中队命名的环节，直截了当地告诉他们："这学期开始，我们'幸福草'中队成立了！"随后跟他们聊命名缘故及我们的幸福追求，既是普及幸福理念，也是唤醒，更是召唤。后来我带的班一直沿用这个命名，但每接一个班，我都会上这样一堂课，尽管形式有差别，但大同小异。

接下来，师生合作逐一把草的特点找出来，也期待把草的秉性栽种在学生的心田。课上，我们明确了我们的幸福追求——"幸福生活，快乐成长"，也确定了我们的幸福宣言——懂得用嘴角微笑、知道用耳朵聆听、学会用大脑思考、习惯用心灵阅读。

我们一起拍全家福，布置在定做的班牌上，附上这样的介绍：

40株幸福草，或许最普通，但寒风吹不折，冰雪压不垮。春风一吹，又使出浑身解数蓬蓬勃勃地生长起来，释放自己的能量，绿满山野，葱茏世界。幸福草，坚持草的秉性，幸福生活，快乐成长。

平时，我也不断给他们渗入这样的思想：生活中，我们总会遇到困难与挫折，提醒自己，微笑面对，找出生活的那丝甜蜜。我们也要像"知心姐姐"卢勤说的那样做——遇到困难，经常对自己说："太好了，我又得到了一次锻炼机会！"

渐渐地，他们形成了积极的话语模式，眼眸里有了阳光的味道。

3."草儿"，成了最爱的昵称

"'草儿'们，新学期开始了，春天也来啦！还在犹豫什么？赶紧使出浑身解数努力生长吧！"开学第一天，这样的文字在黑板上无声地迎接孩子们的到来。

沈老师，"草儿"承想对您说，为班级这个大家庭尽绵薄之力是每株"草儿"应尽的责任。老师您手腕受伤了还和同学们一起打扫卫生，让我们十分感动，您用行动感染着现场的每一个人，您是我们的榜样！我们一定努力学习，用好的学习成绩来回报您！

最让人操心的承，现在也懂得传递温暖了。

在不知不觉的日常编织中，"草儿"成了孩子最爱的昵称，亲近的同事甚至直接唤我"草儿妈妈"。草，随遇而安，生命力顽强，多值得礼赞的生命。我也希望我的孩子们生命坚韧，能够装点缤纷世界。

羡慕着，羡慕着，长大后我真成了你；羡慕着，羡慕着，我只有欣赏美景的份，却是怎么都写不出这样美的文字来。沈老师，对您的崇拜一如既往。

远在他乡的薇薇在我的博文后留言。她声声唤我老师，事实上我并没有做过她一天的老师，她告诉我：

我转学过来时，本想进您的班，却因您的班满员才到了隔壁班，成为老沈老师的学生；我心中一直停留着您站在讲台上滔滔不绝的自信的样子，那时候我超崇拜您，因此更加下定了长大后做老师的决心……

播种希望，点燃梦想，还有比这更令人欣喜的吗？教育的本质是人的成长，而梦想让人由内而外散发出迷人的成长气息。人，越开放，接纳得越多，成长得越快，越能够超越自我，从而最终与最美的自己相遇。

二、学写班歌，凝聚力量

如何让班级更具凝聚力？开展活动是好办法。放风筝、挑马齿苋卖给食堂等在我们的班级生活里能够找到注脚，周末探望生病的孩子、相约一起去小伙伴家家访是我们课余的幸福所在。随着安全警钟不断敲响，再没有校外活动的机会了，我们就因地制宜把校内活动搞到极致，如扫墓时亲手制作花圈等。

我们还尝试自己写班歌。有人会疑惑：农村孩子，哪懂得什么作词、谱曲？你半路出家，懂得这些玩意儿吗？

无知者无畏，完全不会瞻前顾后。从模仿开始，我们挑自己会唱的歌曲换词填写新歌词。至今，我还保存着第一届孩子写的歌词：

团结友爱，六一中队，我们集体有荣誉，我们怀着渴望心情，走向知识的殿堂。你用知识指导我们茁壮成长成栋梁，我帮你来你帮我来，大家团结成兄弟。

这首稚嫩的歌是用《欢乐颂》的曲调来唱的，没有合辙押韵，也不懂讲究章法，有的只是朗朗上口。

这样的歌有许多首，有的我已经不记得用什么曲子唱的了，但歌词中包含的情愫却不难体会。

班歌是如何产生的呢？全班分成若干小组，每组发挥集体的智慧，集思广益创作歌词、选定曲子唱响组歌。组内成员人人会唱之后，班会课上集体授课，教会全班同学演唱。在集体展示的基础上，投票选出最中意的班歌（一度也轮流演唱各组独一无二的班歌）。

这时，歌词是老练或稚嫩，曲调是《欢乐颂》《大中国》或者其他，一点都不重要。重要的是，师生的心在这样的行走中凝聚在一起，我渐渐成了那个重要的磁场，大家在各自的轨道上有序运行，但始终没有远离我这个陪伴者、引领者期待的目光，没有停止追求"幸福草"的幸福生活。

三、博客互动，铸就真情

1. 班级管理的宝葫芦

班级博客，是展示学生风采的一个舞台，是营造良好师生关系的一个平台，是家长了解学校教育的一扇窗口，也是班级管理的一个宝葫芦。

"稚子学步"里有他们的精彩文字，"缤纷生活"里有他们的多彩生活，"幸福草明星"里有"草儿"的风采展示，"书香飘逸"里有他们书海泛舟的惬意。色彩斑斓的图画，遒劲有力的书法，幸福成长的视频……班级生活有多斑斓，这里的世界便有多丰富。

班级博客也是展示孩子聪明才智和主人翁精神的舞台，师生心灵在这里共鸣，自主建设的热情在这里点燃。建立班级论坛，讨论班级活动，就即将实施的规则等进行广泛交流，集思广益，出谋划策。

运动会在即，有学生借助这个平台沟通互动，决定制作宣传语，为运动员呐喊助威。在论坛里一提议，其他学生立马响应，自制的牌子形状各异，撰写的祝福个性鲜明，彰显的都是班级小主人的形象。运动会那天阳光火辣，阳仔在论坛里隔空喊话，家长立刻送来了降温物资：四箱矿泉水、若干袋水果、冷饮，甚至还有两顶遮阳棚。

我们也在班级论坛里进行问卷调查，如课外阅读、看电视等状况调查。我提前设计问卷，家长、孩子一同参与调查，数据基本真实、可信。随后，根据调查情况予以统计，通过书信方式在博客沟通、建设与指导，传递祝福与期待。

渐渐地，学生的能力在提高，定期的话题讨论成了大家感兴趣的事情，班级论坛也成了大家各抒己见的平台，班级的民主氛围逐渐形成，班集体的战斗力和凝聚力倍增。

2. 沟通情感的心灵驿站

看着每天更新的班级日志，我的心中涌起无数感动。你们知道吗？班干部成长进步，才会有班级的成长进步；班干部的境界高远，才会有班级的长足发展。一直期待着你们的长大，期待着你们发挥火车头的作用，带着我们这列幸福列车飞速前进。我看到了，你们都成了生活的有心人，学着发现，学着欣赏，学着鼓励，也学着宽容。每每读着你们从心底流淌出来的文字，我总能感受到你们那颗殷殷爱班心……这样的你们，真的很棒！

留心着每天一点点的小进步，我的心里涌起无数感动。你们知道吗？班干部的进步让人欣喜，但大家的进步，才是我最大的欣慰。看着大家互相提醒，互相督促，互相点拨，互相帮助，教室里开始弥漫那种宁静之美，大课间跑步时的队形整齐又寂然无声，看着这一点一点悄然发生着的变化，我心中的欣喜丝毫不亚于你们。因为我始终坚信，懂得自律的孩子，才会有更加美好的未来……这样的你们，真的很棒！

我的孩子们，心中的感动很多很多，这样的你们，真的很棒！谢谢你们，让我感受这无处不在的幸福！

《这样的你们，真棒！》这篇博文，传递的是欣赏与赞叹，凝聚的是师生丝丝缕缕的情谊。我始终相信，除了那些策略与方法，班集体更需要的是它的温度及由此延伸的美好，唯有心灵温暖的教师才能培养出有温度的学生。

3. 联结家校的"空中课堂"

博客，是联结家校的"空中课堂"。在坦诚的互动与交流中，家长和老师成为同一战壕的战友，彼此间建立起了亦师亦友的良好关系。众多家长中，我最敬佩君的阿姨。

这位年轻的继母，她愿意花时间去读懂孩子，理解孩子，这是很多家长缺失的，也是最打动我的。我从君的随笔中，读出了她的用心与智慧。

君的随笔记叙了他假期的三个第一次：学做菜、学洗车、学钓鱼。他花了比较多的笔墨写了自己第一次洗车的经历：阿姨提议由他洗车给他十元钱作为报酬，如果洗得不干净则没有。为此，他认真地冲洗、擦拭，炎炎烈日下晒得满头大汗。洗完之后，他迫不及待地请阿姨来验车。阿姨说："虽然不是很干净，但看在你这么认真的份上，钱还是给你了！"通过这件事，他也有了新的认识："洗车真不容易，赚钱更不容易。"

教师节前收到君的阿姨的邮件，我更佩服不已，以她的故事为素材写了信。上传博客前征求她的意见，她说："没有关系的，我们所有的付出都是因为孩子！"信的大意是这样的——

教育需要契机，需要时机。君阿姨就特别善于抓住教育的最佳时机。在君写的暑假生活中，我读到了他的阿姨先进的教育理念、独特的教育方法，真棒！

有人说，这世上除了阳光、空气之外，所有的东西都必须是通过劳动来获取的。在国外，让孩子通过劳动来取得自己的生活费用，更是教育的常态，是很小就开始培养的一种习惯和能力。

此外，我们还能够从中获得许多启示：

①生活无小事，事事皆教育。生活中许多事都可作为教育资源有效利用，期待你的发现。

②多创造机会和孩子交流，遇事多与孩子商量。君的阿姨提议让他洗车，既达到了沟通的目的，又培养了孩子的劳动能力。

③让孩子获得成就感。车子洗干净了，多有成就感；获得承诺的酬劳，多有成就感；当说虽然他洗得不干净，但看在认真的份上给他报酬时，这种肯定又是多么及时。

④让孩子获得教益。教育可以是很温情的，不一定非得板着面孔进行。对君而言，洗车不仅仅是洗车，不仅仅是获得酬劳，还有他明白的道理。

每一个孩子都是独特的，都需要独有的那一把钥匙才能打开他们的心灵之门。但教育的理念、方法等是相通的。但愿，君的阿姨的这些故事能够给我们带来一些思考。

在班级博客里，君的阿姨给我留言：

沈老师，谢谢你的这些文字，它们对于我的意义真的很大。我很真实地感受到自己的付出是有收获的，我也可以很真实地感受到君最近的变化，他是认真的，是要求上进的。我非常非常希望他的这些变化不是昙花一现，我想这也是需要我的努力的。孩子毕竟是孩子，是缺乏自律的，相对于棍棒教育，我更愿意选择理解他，和他成为朋友，让他告诉我他缺少什么，不管是物质上或是精神上的，然后去满足他、开导他，让他成长……

这天，她的微博更新为：

我很感动，真的，当看到那些文字的时候，忍不住哭了，原来……当所有的付出得到肯定的时候……真的是……什么都值得了……

肯定如此重要，对于每个人都一样，何况是孩子呢？

遗憾的是，一年之后，君的爸爸又离婚了，君的阿姨接连给我写了好几封邮件，告诉我分手迫不得已，拜托我多关心孩子，孩子有什么情况请继续告诉她。

写作这些文字时，我又联系了君的阿姨，她回复道：

谢谢沈老师！一晃这么多年过去了！曾经的那段时光永远都会珍藏在我的记忆中！现在的我很幸福，孩子也很好，偶尔我们还是会有联系！孩子长大了，成熟了，已经不是那个青涩的小男孩了，长成小伙子了，但他还是那么单纯、善良、贪玩！

总梦想能够给孩子的生命打上一些底色，希望他们的生命能再丰沛些，无论是道德、情感、智力上，都能有看得见的进步。这学期，是君人生的一个重要节点。尽管常有反复，但我们都能正确看待，慢慢等待，陪着他一起走。尽管一路有欢笑，有泪水，也有太多成长的痛，但孩子终于长大了。

恒心依旧，擦亮蒙尘的星星

真正美好的教育，应该是唤醒人的自信，让生命由内而外地透亮。一间教室，决定其品味的是课桌之间流淌的气息，这是教师理念和情怀的直接呈现。有真情的地方，才会有不虚伪、不矫饰的爱。

一、抓住契机，撬开心门

1. 撬开心门，唤你苏醒

这个班级学生的特殊性，激发了我的母性，让我想呵护他们，保护他们，修复他们的心灵之创。很多时候，我不是把他们当作我的学生，而是当作我的孩子，当作曾经年幼的自己一般在怜爱着，信任着，鼓励着，也指导着。这届学生是真正地与我同生共长，相互成全着的。从他们身上，我第一次真正地认识了自我，和"草儿"们在一起，我如同和自己相处一样舒展、敞亮。

在亦师亦友的陪伴中，我的德育帮教对象芳，一个渴望肯定却很难与人建立起信赖关系的孩子率先向我抛出了橄榄枝。中秋节前夕，她给我发来短信：

我不是您最出色的学生，而您却是我崇敬的老师。在您的节日，您的学生愿您永远年轻!

珍惜这可贵的示好，珍惜这珍贵的沟通机会，我第一时间给她回复：

宝贝，谢谢你的祝福。

你们每一个都是独一无二的生命个体，每个人有每个人的精彩。像你时常记得在节日的时候给老师发来短信，是这样的懂事、体贴与细腻。就这而言，你就是最出色的，因为你知道把自己的爱告诉别人。爱要大声说出来，你深谙此理。不管是现在，还是将来，你会把这份温暖传递，这是很难能可贵的。

另外，你发现没有，你已经学会反思，学会成长了。在你新学期的文字中有这么一句话："我一直有很强的依赖性，总是为自己撇开错误，没有真正认识到自己的不足之处。"你不知道，读到这句话，我的内心是多么欣喜啊！人最难的是反观自己，而你却能够这么做。在反思中学会成长，学会超越。这又是多棒的一件事情啊！

一句话，你也是最出色的那位！记得啊，只做更好的自己！

我就这样和她快速建立起了信赖关系。教育有时候千难万难，怎么使劲也扭转不了乾坤，但有时候真没有那么复杂，只要你能拨动孩子心底的那根弦。何况是这样一个内心渴望被认可的孩子，她努力改变着自己。

今天，沈老师利用一节语文课跟我们讲了一些道理（观影后的交流）。让我印象最深的就是，不要在别人背后说坏话（原话：不可能每个人都理解你，要学会包容他人）。其实，我以前就这样，一直在别人背后说别人的坏话。现在听了老师的一番话，我感觉到深深的愧疚，觉得以前真的做错了。我在别人背后说别人的坏话，别人不也会在我背后说我坏话吗？

芳的这篇随笔，每一句都是心声。她的成长真真切切看得见。诚如孩子说的，她喜欢你才会格外专注地听你的课，格外认真地完成你的作业，格外积极地与你互动。如果不是这样，对那些困难学生或者问题学生，"端正态度"之类的提醒，都如隔靴搔痒，不可能在孩子心底激起涟漪，效果也是可想而知。

2. 日常编织，反复中前行

真正的成长来自心灵的触动和变化，文字记录的正是芳生命的蜕变与成长。但教育怎么可能一蹴而就，何况是这样特别的孩子：细腻、敏感且患得患失，爱察言观色，猜度他人心思，也时常会如刺猬般扎煞起浑身的刺来保护自己。

怀着一颗悲悯之心，我会时刻关注她的一颦一笑，会思索其内因，会探究解决之道，会努力选择合适的方式，予以回应——倾听、建议或者读书，调侃、幽默或者同情，甚至沉默。

有一次，怡写了篇特别动情的文字，记叙自己撒娇和妈妈一起洗澡，回忆起儿时往事，想起妈妈的辛劳，不由自主向妈妈表达自己的爱与感激之情。她的视角独一无二，布局别具一格。其间流淌的感情、适时的铺垫让人感叹。大家都夸赞怡，芳却说，怡的习作好多都是废话，很恶心……

怡跟单亲妈妈生活，爸爸从未在她的生活里出现过，也从不曾探望过她，她对此一直耿耿于怀。沉重与失落伴随着她的成长，她成了一个心理有些阴暗，表达中常常多了失意等特别滋味的孩子。而今芳怀疑她和母亲之间的情感，质疑她的真情表达，她的失落与惆怅难以言表。怡失落地说："没有一个人欣赏我！"

"老师不欣赏你吗？即便没有一个人欣赏，也要为自己喝彩。"鼓励之余，我的思绪也翻江倒海，为芳的冷漠和嫉妒而不安，为怡的失落与惆怅而心疼，真怕她从此更加自卑、自怜自叹。我问自己：我能够做什么？难道当这件事从来不曾发生吗？

那天，我把怡叫到办公室，吩咐她帮我算单元练习成绩，然后在教室里为孩子们读她的考场作文，跟孩子们聊天时也坦诚我的感受：

看到怡这样的文字，心里沉甸甸的。即便不欣赏，也希望不打击。因为受伤害的滋味，比打骂还要厉害千百倍。这种感觉，我们都懂。

记得《一百条裙子》吗？我们都喜欢美丽、善良、坚强的旺达！她教会我们与人相处，要体察他人的感受，感知他人的内心……

有时候，个人的力量真的很微弱。芳或者怡的命运不是我或者我班上的孩子们能够改变的，但我们起码要做个仁慈的人，懂得关爱他人，体恤他人。我相信，真善美的种子能够播撒进他们的心田，起码是那些眼睛湿润的孩子的心田。我希望他们的心灵之树能够枝繁叶茂。

3. 打开心锁，轻松前行

上初中后，我曾两次去小学，每次都怀着激动而又伤心的心情。看着这扇曾经出入六年的大门，我仿佛又回到了小学，心中不断感慨。以一名初中生的身份再次进入这个心心念念的地方，感觉真的是既熟悉又陌生。这个我生活了六年的地方，每一件东西都给我留下了深刻的印记。曾经想挥挥手潇洒地离开，但现在却那么留恋。或许有些东西要失去以后才会懂得珍惜吧。环顾四周，似乎每处都可见小学时的那个"我"。我激动地走在楼梯上，这个楼梯真是让人又爱又恨，怎么眨眼就到三楼了？来到办公室，第一次来时，沈老师身边没有"草儿"在陪伴；第二次来时，就看到沈老师身边有一株株"幸福草"。我感觉他们身上都有我们的影子，但又是那么羡慕他们，多希望能天天站在老师身边的是我呀！又恨自己当时怎么就没珍惜呢？看着老师，千言万语涌到嘴边，但又不知从何说起，每次将要离开时才想起还有那么多话要说。北小，老师，同学，我要什么时候才能不再想你们呢？

婷，阳光、大度，懂感恩，也自律。这篇文字里所展示的，与我刚接触到的她几乎判若两人。只有我知道，她能长成如今的模样是多不容易。

三年级时，婷的妈妈因难产去世。母亲的角色无可替代，婷貌似坚强的外表下藏着难以言表的隐忍的伤痛。她像最胸无城府的孩子，一味地甚至是霸道地索取着旁人的爱，却回避着成长与担当，那些言行让把她视若己出的舅妈都无法理解与接受。

疼痛真实地发生着，也感同身受着。如果可以选择，我真希望能替她筛选、过滤掉这些让人纠结痛苦的记忆。但如何可以？

教育，是唤醒，是成全，是期待。唯有理解，才会以开放的心态期待绽放，才能在教育过程中找到准确定位。循着婷的舅妈在试卷上大信息量的反馈，我开始了与婷和她舅妈漫长的沟通与交流。

一次次郑重的交流、无意的指点，如同春风化雨，润物无声，婷悄然地发生着变化。她比父母健全的孩子都要健康、阳光，而阳光对于一个人来说又是那么难能可贵！

她是一株名副其实的"幸福草"，平凡普通，但生命坚韧。事实上，她发表、获奖的文章名列班级之首，无人可以超越，但她却依然低调，不张扬。还有什么比这样的生命更值得敬畏与赞叹呢？

这样的孩子重情，她说自己"无法忘怀上一段旅程"。我告诉她：

任何时候都需要适应、需要习惯，何况像大换血一样，老师、伙伴、环境、课程、人际关系等统统不一样了呢！做自己，别去掺和别人的事情，一心一意学做事、潜心向学。惦记是最长情的陪伴，走好每一段路程，享受每一段岁月，把爱藏在心里、化在行动中。祝福宝贝！

她乖巧地答应着，但终是无法释放心中的块垒。我常会与她联系，她也会跑来与我见面，与我诉说她遇到的人际交往问题、对学习方式的一时无法适应及林林总总的小女孩情愫。我依然鼓励、唤醒、呵护她，一如她是我永远的孩子。

二、头脑风暴，领悟规则

沈老师，吕是个调皮王。从一年级到三年级，老师也没少操心。随着年龄的增长，他的调皮有所收敛，可上课注意力不能集中、喜欢做些小动作，这些问题还是改不了，这也是以前老师们经常反映的、让老师们觉得头疼的问题，我也和他沟通过。他对我说："妈妈，我不是故意的，可上着上着课就坐不住，想动动。"沈老师，以后就麻烦你了。

吕妈妈这样说道。

要说吕这孩子的调皮事，简直是"罄竹难书"，让每个任课老师都头疼。而且，他在课堂上经常口无遮拦，想以此达到轰动效应，成为注目的焦点。

孩子成为今日的模样，家庭的宠溺"功不可没"，要改变的绝非只是他，也非轻而易举。与他成为师生后，我从不告状，遇到情况通常只与他沟通交流，提醒他自律，行事要注意分寸。偶尔严重影响到班级正常教学秩序，我才会告知其家长，同时反馈的一定是我的处理办法，但依然会给予他肯定与鼓励。家长很欣慰，觉得我让他们看到了教育的希望，总说："沈老师，让你费心了，你的教育方式让我们获益匪浅，我们也会加油的。"

"人是人的塑造者。"我们必须理解与接纳孩子，才可能让教育发生，雕琢与打磨、丰富与唤醒也才可能。这天，吕在体育课上爬操场边的围栏被校长逮着了。我在第一时间给校长留言说明情况，告诉他我会利用晨会请学生进行"头脑风暴"予以处理，以绝后患。

第二天，我按预设开始晨会课，请大家分析貌似英雄的行为背后隐藏着什么。始终不批评，不训斥；倾听学生的感受和需求；总结他们的观点；表达自己的感受和需求；"头脑风暴"，共同寻找解决办法；写下全部意见和建议，不做任何评价；共同决定和保留或剔除某些意见和建议，并商定如何付诸行动……遇到问题，偶尔示弱，通过集体智慧来解决问题，将有利于师生关系的巩固与发展，并能教会学生审视自己。

那天，浏览学生的随笔时，我发现他们或写信规劝，或记录自己的思绪，或完整还原事件，体裁不一但都认识深刻，情动而辞发，劝诫委婉，建议得体，语言有特色，表达亦温暖，能设身处地地想，恰如其分地说，有的更是一针见血——

吕，你总爱逞强做英雄，想让自己变成大家关注的焦点。其实，你想成为焦点，爱学习也可以。你想成为英雄，乐于助人，关爱弱者，也是我们心目中的英雄。就这件事，沈老师已经帮你承担责任了，你可以更加乖一点、表现好一点了吧？我们相信你会学会承担错误，也会学会自我约束，加油！

最难认识的就是自我，平时吕少的就是对自己的清醒认识。在他的世界里，向来以征服他人获得成就感，在家里任性而为，在学校也带着鲜明的个性。当那些不同个性的文字通过伙伴们的朗读在教室里响起时，也一定撞击着包括吕在内的孩子们的心扉。

这次的集体"头脑风暴"，充分唤醒了"草儿"们的主人翁意识，提高了他们的自主管理能力,也使教育获得最大化,真是物超所值。

三、"心语本",对话心灵

1. "心语本",让心贴得前所未有的近

沈老师,对不起,我们让你失望了。我们保证,下次再也不会让你流泪了。我们已经一起走过两年多了,你就像我们的母亲一样,关心、呵护我们。你快乐,我们也快乐;你伤心,我们也会心痛。千言万语已说不完对你的愧疚,深知一句"对不起",又怎能说得尽我们的内疚,但仍要说一声"对不起"!(这里是如同联名上书一般长长地罗列着的孩子们的名字)

沈老师,你要坚强!

这是孩子们在我们共同的心灵家园——"心语本"上为我写下的文字。他们在自责的同时,也劝慰着我。二十多年的教育生涯,不免泪花泛起时,但在孩子面前泪流满面,这是第一次。我并不想以眼泪绑架孩子,只是情之所至——被科任老师叫到教室和"草儿"们一起挨训,起先还陪着笑脸解释、安慰乃至帮腔,离开教室来到走廊的刹那,我的泪如决堤洪水般倾泻。

特级教师吴非老师说:"面对青少年的冷漠,你能够悲伤地哭出来,说明你有真诚的情感……把你的爱,你的悲伤和失望,甚至你的恨,都真实地袒露在学生面前吧。"只是,时常冷漠的不是学生,而是为人师者。

我越来越明晰,对于孩子来说,我们要他们成为什么样的人,自己先得成为那样的人。

短信安慰、电话聊天、晨会决心,这次意外让"心语本"的作用发挥到了极致,也让我们的心贴得前所未有的近。"草儿"们的行为擦亮了我这颗蒙尘的星星:保持我的本色,保持我的节奏,从容地演绎,静静地书写,才可能获得自己的幸福人生,也才可能让学生成为那一株株平凡的"幸福草"!

第二天,我对自己的失态行为表示歉意,也跟孩子们分享了故事《不同,是为了相爱》。我告诉孩子们:接受一个人,便能学会一种新的人生态度;接受一件事,

便能丰富自我的人生。试着去接受不同，所有的不同都是在教我们如何相爱。

2. "心语本"，沟通师生的心灵

成长的烦恼不可避免，我所能做的，就是为孩子们疏通一条心理诉求的渠道，适时地为他们解疑答难，将困扰他们的问题一一消解。这是我准备"心语本"的初衷。

"心语本"平时就放在教室里。孩子们可以在这里写下任何困惑，如学习、同学间相处和心理等各个方面的问题，包括父母矛盾、社会问题及自我认识等。为保护个人隐私，我特地选用了活页本，可以自行选择公开或者私下交流。谁想倾诉了，写好后就交给我，我给予解答后，再放到教室里。

这里有孩子们的心理困惑：

沈老师，我每次下决心做一件事时，都信心满满的，想一定要把这件事坚持到底，可每次必须在妈妈的唠叨下才会坚持。不然，没有几天，就会不干了。我知道自己是没有决心，而且有时会忘了这件事，如何才会不忘记自己的决心呢？

我回复：

你能分析自己性格上的缺点，这是好事，说明你正在成长。人都是在不断的反思中提高和成长的。至于如何才能让自己变得有恒心、有毅力，我想，你可以向我们本学期书中所学的海伦·凯勒和司马迁等人学习。滴水穿石、持之以恒、坚持不懈、锲而不舍等词语都是讲毅力的，你可以尝试给自己写一句关于毅力的座右铭，贴在房间里，每当想要放弃的时候，就大声地读一读你的座右铭，好吗？

这里有孩子们学习方面的苦恼：

我爸爸妈妈额外给我买了卷子，还整天叫我背诵词语解释、近反义词、英语单词等，好难背。沈老师，你有快速背书的妙招吗？

我回复：

最好的背书方法就是理解。理解了，就变成自己的了，不背也行。学习语文除了课堂学习，还讲究日积月累，讲究博览群书。这两个方面你可能做得还不

够，基本功不够扎实，父母才着急了吧。如果你能够在平时注重积累，多看看课外书打开视野，自然就不一样了。家长让你背这些，可能是他们读书的时候提倡背这些东西。而对于英语单词，这的确是要花功夫好好记忆的。今天回家的时候，你可以把老师的答复拿给你的父母看一看，不过，你要体会到父母的良苦用心哦！

此后不久，这个孩子就喜滋滋地告诉我，他父母已经不再逼他背那些额外的东西了。

这里记录最多的是孩子之间相处的问题。一般情况下，问题和解答都是公开的，孩子们经常在课间围在一起翻看，从中获得教化。"心语本"，教会了孩子关爱与体贴，让孩子学会了以"好"为标准，有了自我要求与约束，这是发自肺腑的自我需要。

耐心经营，创造不一样的自我

真正的教育，必是建立于彼此的理解、信任、尊重之上，必是伴随着关爱、温情、润泽之意味。只有在这样的氛围里，才会有真正的"教学勇气"，师生才会有"无止境的相遇"，才会有共同朝向"伟大事物"的可能。

一、创新小报，助力飞翔

北京大学资深教授钱理群先生说："不去做，永远不知道它有多好；照着做，永远不知道它还可以更好。"的确，很多时候，只有我们努力行动，有所创造地做，才能看到更多的风景。

语文课上，我们"玩"语文，我们"聊"语文：时而是演员，表演课本剧；时而是导游，介绍迪拜风情；时而变身记者，采访讨论热点问题；时而是心理疏导师，鼓励、安慰遇到班级管理难题的我和需要帮助的同学……就在这些实践活动中，我们快乐地学语文，用语文。

语文特级教师管建刚老师编辑的作文小报点燃了学生表达的欲望，引导学生爱上了语文。创新小报，则是我们"幸福草"中队语文学习的又一载体，是课堂教学的有效延伸。

两周一期的创新小报，是孩子们雷打不动的作业。农村学校条件不成熟，自身也不擅长，没有出班报的条件，我们就删繁就简制作手抄报，用这种方式继续"玩"语文。

设计一份手抄报，是对语文学习的一种拓展，是对综合能力的一种考量，是对学生素养的一种浸润。整体的设计要大方，图案的搭配要协调，字体的用色要得体，文字的书写要端庄……一份报纸的诞生，如一项伟大的工程，不断历练的是学生各方面的能力。

批阅着每两周一份的创新小报，我的心中涌起无数感动。你们知道吗？每每这时，我的心就开始轻歌曼舞，我为你们自豪，为你们骄傲！语文天生浪漫，天生诗意，需要好好品味，好好把玩。我们通过这样的方式学语文，玩语文，是在把语文镌刻进我们的生命里！看着那些诗情画意、图文并茂的创新小报，尤其是出色的男子汉越来越多，我的心里怎么可能不喜不自禁呢……这样的你们，真的很棒！

这段文字忠实记录了用小报把玩语文的幸福。如同一个孩童的成长，从蹒跚学步，到渐渐学会独立行走，到有个性地奔跑，记录着每个学生独特的成长历程。起先有些无措，继而形成自己的特色，"尤氏小报""我的生命之歌"等成了孩子的风格。

岁月从不辜负一颗认真的心，努力朝向"伟大的第三事物"（帕尔默语），成绩成了"额外的奖赏"。无论是现场作文竞赛，还是图文大赛，或者童谣创作大赛、电子小报比赛，几乎都是我们独霸天下。2013年，我们创新小报的报道出现在《苏州日报》上，走进了苏州教育人的视野。

"关注运用，关注实践，关注学科知识"，我就这样撞了一下新"课标"核心精神的"小蛮腰"。事实证明，只有激发内驱力，唤醒自我心中沉睡的巨人，教育教学才会有事半功倍的效果，才可能激发学生自主学习、自我探究的兴致与潜能，才可能建立相互欣赏的师生关系。

二、经典品味，吻醒心灵

1. 共读，一盏惬意的午后茶

每个生命都是一粒神奇的种子，蕴藏着不为人知的神秘，而阅读，则能唤醒这蕴藏着的美好与神奇，为孩子插上自由飞翔的翅膀。

我们"幸福草"中队一以贯之的目标是把阅读编织进每天的生活，享受阅读带来的幸福与快乐：建立班级图书角，实现资源共享；午读时静心阅读，享受书香世界；每周共读共写，切磋阅读收获；开辟板报一角设立"幸福草书屋"，定期推荐优秀读物；进行古诗词诵读；设立"阅读排行榜"，评选"阅读之星""班级之星"；制作创新小报……丰富多彩的读书活动，无不引领着"草儿"们亲近阅读，喜爱阅读，学会阅读，培养阅读习惯，提高阅读能力。固定的共读时间，我们准时开读。一学期下来，我们阅读的书目不下二三十本。

即便毕业考试在即，我们也依然以自己的节奏坚持共读。我认为，小学阶段只是"草儿"们生命旅程的一段路程、一个驿站。小学毕业，只是他们学习生活的一个总结、一个稍息。怎样在学习的每个阶段，获得"服务当下、着眼未来"的知识、能力，显得尤其重要。

"在《一百条裙子》中，你最像谁？"沈老师提出了一个问题。这时，"佩琪"这个名字立刻浮现在我的脑海。

为什么会是她呢？因为我认为我有太多的地方像她，如她的傲慢与不屑。记得前一星期，龙做完作业，兴致勃勃地问我长大后的理想。当时，我正津津有味地读着课外书，听到龙的问题，我也不予理会。龙笑着等待我的回答，可我依然紧闭金口。龙以为我没听见，敲了敲我的桌子。看着他脏脏的胖手，我厌恶地说：

"拿开你的脏手，弄脏我的桌子了！"龙一愣，随后又亲切地问我长大后的理想。我很不耐烦地反问了他一句："那你的理想呢？"龙马上露出了自信的笑容，说："我长大后要当作家或漫画家！"我惊呆了，眼前这个连作文都要重写的家伙，居然要当作家？真是不知天高地厚！我冷冷地说了一句："遥不可及的梦想，不是梦想，那只是愚人白日做的梦罢了。"他的笑容没了，取而代之的，是如同寒冰般的神情。而对于这一切，我当时都满不在乎。

佩琪一次一次地打击旺达，让我感到厌恶，而我的所做作为呢？不是也像佩琪那样吗？用最冰冷的语言，打击他人最脆弱的内心。我是比一部分人优秀，可是当我打击他人时，为什么不多审视一下自己呢？反而还因此有了快感。这样的我，很恐怖！

这本书，让我学会审视自己。或许，我还不了解真正的自己吧。你呢？真的理解自己吗？

上完《一百条裙子》的导读课后，金子写下了《真的了解自己吗》。我评论如下：

阅读，就是要读出自己，读出共鸣，读出收获。与其批评别人，不如反思自己，这更有意义，更有价值。我们并不是为批评别人而存在的，而是为让自己变得更加美好而思考与阅读的。

这是阅读带来的成长与进步，需要不断地追问，不断地探寻。

有人说，阅读是飞翔，是远航，是用另一双眼睛看世界。我认为，阅读还是认识自己、把握自己、拥有幸福生活的途径。不管你是谁，只要能够阅读，那么你就是幸福的。每天享受着阅读这道下午茶，绿茶的芬芳伴随着道道精美的点心，让我们幸福地走着。

2. 一起走，昂首阔步不回头

每个生命的相遇都需要缘分，每份成长的背后都需要持久的浸润与引领。共读是不可多得的相互成全，取得家长的支持与配合，一起走，昂首阔步不回头，这更是不二选择。

四年级时，我这样向家长推荐书目：

如果不知道购买什么书，向大家推荐《特别的女生撒哈拉》。这是一本非常棒的童书，能教会孩子坚持爱好、实现梦想，获得共同的语言密码。《一百条裙子》也是本值得共读探讨的书，将引导孩子如何尊重他人，与人相处。还有《夏洛的网》《窗边的小豆豆》等都是孩子成长过程中不能错过的好书。孩子还没有养成阅读习惯时，这些故事性、趣味性强的图书都很好上手。

孩子快毕业了，我向家长推荐《怎样上好初中一年级》。家长发短信告诉我：

自上次家长会听从了你的建议后就拜读了这本书，谢谢老师。沟通真的需要技巧，每次看见这么多的孩子愿意和你敞开心扉，打心底敬佩你，而我面对一个孩子却仍然会觉得很无助，所以就像老师说的，还得下功夫。真心的感谢一路以来老师对孩子的付出和帮助，一路陪伴，直到孩子毕业依然不离不弃。

也有家长跟我及其他家长如此互动：

学习的关键在兴趣，家长给孩子增加很多负担，搞得他一点学习兴趣也没有，觉得学习痛苦不堪，这样做适得其反。如果可以，请大家给孩子买课外读物，每天和他一起阅读，或者督促他读书。"越是成绩不理想的孩子越是要进行课外阅读"，我赞同老师的观点。学习成了孩子的兴趣，那他会越学越好。阅读需要培养，要给他阅读的环境。从女儿一岁开始，我每天晚上都给她读故事，直到上一年级，之后她就自己看书。现在最大的好处就是，女儿写作文时，我从未听见她说过写不出来。

"阅读，让苏州更美丽"阅读节已经走进第十个年头了。每年这时，我市都会开展无数跟阅读相关的活动。我曾多年负责校经典诵读社团的活动，多次的原创诵读节目参加比赛获奖。我们以优秀诗词和《夏洛的网》等经典作品为纽带，开始向着明亮那方的心灵旅程。这样的浸润，给"幸福草"们心灵的滋润是丰厚的。我的学生坏坏出版了她的半本书，其他孩子也勤于涂鸦，敢于表达，获得了别样的幸福。

三、电影启智，拓展视野

1. 电影，一场心灵的盛宴

顺应学生的需要，注意开发课程资源，我们的"幸福草电影院"应运而生。这是课堂的一种延伸，是阅读的另一种方式，也是思想互动的另一个平台。平时，我根据实际教学情况，有弹性地安排观影时间，每月至少一部。

共读《小王子》后，我们一起观看《狐狸和孩子》。禧写下了这样的影评：

夕阳慵懒地倚着群山，放射出万丈光芒，染得天空一片血色，好似喝醉了酒。群山连绵起伏，山坡层层叠叠，或高或低，或浓或淡，犹如一幅天然的画卷。忽然，一只狐狸蹦跳着、奔跑着跃入镜头……一个女孩与一只狐狸之间爱与守候的故事就这样悄悄拉开了序幕。

……

影片画面唯美，给人强烈的视觉感受，这是美的熏陶与浸润。孩子追寻狐狸的执着与坚韧让人感动，她获得了狐狸的信赖，却起了贪念。当狐狸被关在家中，上蹿下跳，打碎了所有的东西，最终从窗户里跳出倒在血泊中时，女孩追悔莫及，也引起大家的惊叹与思索：什么是"驯养"？什么是"爱"？

庆幸的是，狐狸活了下来，它原谅了女孩，而女孩也明白了爱不是拥有，是守候，是看着狐狸自由自在地生活，无忧无虑地奔跑。

我相信女孩一定一直守候着狐狸，默默保护着它。女孩是狐狸的守护天使，我们每个人也都有自己的守护天使——父母，他们无私地守护着我们，看着我们一天天长大，最后目送我们远去。但他们不介意，因为他们的一生似乎只是为了看着儿女，守着儿女，护着儿女，爱着儿女，而后目送我们渐行渐远。这是父母无私的情怀，真切的惦念。

如果你问一千个人"爱"是什么，可能会得到一千种答案。但要是问我，我会毫不犹豫地回答："爱"是守候。春雨润物细无声，无私守候万物复苏；老师春蚕到死丝方尽，无私守候学生羽翼丰满；路灯倾吐一夜光明，无私守候路人平安归来……

2. 电影，一种温婉的救赎

借助电影，我们编织师生互动、共读共写的幸福生活，引领学生的思维往纵深发展。我们探讨"爱""责任""死亡""人性""自由""奔跑"之类的话题，把成长需要知道的，但课本上又学不到的那些东西，融入我们的教育教学生活中。在此期间，最让我感触的是倩发自内心的变化。邂逅电影，真是一种温婉的救赎。

倩，懂事，勤奋，但内向，不易流露感情。对我，她从不设防。我曾因她惧怕家庭矛盾不想回家，而与她家人坦诚交流，孩子也拥有了一个相对来说比较安全的生活空间。孰料，好事多磨。

2013年新年伊始，我接到她妈妈的电话，说孩子父亲的病复发了，已经住了两个多月的医院，新年也是在医院过的。她坦诚地告诉我，孩子父亲的病甚至比肝癌还凶险，上海等大城市也去过了，现在医生也拿不出好的方案，只能进行放化疗。他甚至已经叮嘱过妻子，以后好好把两个孩子带大……

这样的变故，成人都难以接受，何况这个心灵缺少安全感的孩子？在她心里，父亲可是她的一片天啊。为了她，我们一起看《海洋天堂》，咀嚼成长，品味收益，体味生活之无奈，生命之坚韧。这是倩观影后的随笔片段：

……人生就是如此无常。有学生从三楼纵身跳下，有人因为喝酒掉到河里溺亡，有人因不守交通规则家破人亡……生活处处有意外，命运就像一个爱搞恶作剧的人，常常在你不经意的时候，出来吓你一跳。

我希望每个人都能好好活着，就像老师所说：生命不仅是自己的，还是父母的，是爱我们的每个人的。生活中每个人都有压力，但要珍爱生命。要为自己而活，为爱你的人而活。

"死亡"之类敏感的话题，有时候很难以一种自然的方式来呈现与探讨，但在生命越来越不被珍视、许多不该发生的事情不断发生着的时候，我们又怎能置若罔闻？死亡，是每个人必须面对的课题。人生无常，也是我们无从选择的。关键是我们怎么面对死亡，是消极地选择，还是积极地面对？

这些影片不断唤醒孩子对生命、友情、尊严与梦想的理解，那些词或句成了我们共同的语言密码:"你愿意做我的夏洛吗?""谢谢你,我的夏洛。""请让我来驯养你吧。""奔跑是生命的姿态,今天你奔跑了吗?"

生命就像一种回声——你说出什么就送回什么,你播种什么就收获什么,你给予什么就得到什么。读孩子的心声,我更加坚定了继续这样的行走方式和探索之旅,像电影《死亡诗社》中的基丁老师那样做出"微环境"的改变,让学生慢慢敞亮起来,让花朵渐次生长起来。

初心永驻,于无痕处育人

印度著名诗人泰戈尔说:"不是槌的打击,乃是水的载歌载舞,使鹅卵石臻于完美。"喜爱这份与生命相遇的工作,我可以在自己的一方天地营造"局部的春天",营造属于自己的"润泽的教室",这里有姹紫嫣红,这里有鸟语花香,这里有莺歌燕舞。

一、晨会偶得:永不凋谢女人花

1. 量身定制故事晨会

短短晨会课,如何发挥它最大的教育功能?美味精神早餐,从"故事晨会"开启。根据班级实际,明确每周主题定时开讲,以故事的方式唤醒与激励。

"草儿"们很喜欢这种寓教于乐的方式,特别期待周三的到来。从最早的老师开讲,到跃跃欲试抢着上台分享:有的讲《一片树叶的价值》,鼓励伙伴不放弃,不抛弃,不断努力;有的讲《新龟兔赛跑》,启发大家具有创新思维;有的讲《脏小猪》,唤醒童心,自觉保护环境卫生……一个个故事走进孩子们的生活,在潜移默化中内化成了思想的珍宝、行动的指南。

吕爬围栏一事发生后，我给"草儿"们讲三木老师原创的童话故事《鹦鹉木铅笔》：王晓佳得到了一支用鹦鹉木做的会说话的铅笔。它们是树的时候就会说话，但从来不说废话，更不说错话。这支笔很漂亮，但奇怪的是，它写的错别字擦不掉，到十岁的时候就再也写不出来了。故事告诉我们"不是所有的错误都能够擦掉的"，我们不要轻易原谅自己犯错，要学会承担责任。

"我们犯下的错误有几次是自己承担的呢？即便是自己承担的，也大都是些鸡毛蒜皮、不值一提的小错误吧？""爱就像童话世界，永远守护着我们的成长。"孩子们的心是何等的细腻与敏感，这感受又是何等的深刻与可贵？这样的话语分明也唤醒着我的心。

2．别样晨会课，演绎别样精彩

教育家陶行知说："最好的教育是教学生自己做自己的先生。"在传统的班级管理中，"听命"和"顺从"成为学生的基本状态，他们的自主性和创造性无法充分表现，师生关系也显僵化，少灵动。

迈入高年级，我开始尝试别样的晨会课。课前，孩子们要认真选择感兴趣的话题，精心备课，形成书面文字。在选择材料、撰写文章的过程中，孩子们的观察、选材、构思、表达等诸方面的能力都得到了训练。好多孩子的晨会备课有理有据，竟写得洋洋洒洒！

晨会课上，孩子们落落大方地向大家展示才艺，慷慨激昂地向大家陈述自己的观点。还真不能小觑，他们选择话题能注重客观事实，又具有相当的现实意义，同时能注意发现身边同学身上的问题，如学会与人沟通、做名副其实的班干部、珍惜时间从今天开始、养成不挑食的好习惯等。他们不仅能反映发现的问题，还能交流自己的想法，提出自己的建议。在此基础上，我适当做些延伸或补充，引导他们进一步思考，效果特别好。

别样晨会课的熏陶，孩子们如春天的草儿般蓬蓬勃勃地生长着。一个骄横、任性的小干部，写下了这样的自我鞭策——

从前几个星期开始，我们在老师的指导下开始轮流主持晨会课。星期三，轮到劳动委员包勤斌主持，他讲的是"我们要从小心胸开阔，不斤斤计较"。的确，宽容是多么重要，能够帮助你找到知心朋友，能够让你不断收获生活的无穷快乐。假如你拥有一身倔脾气，别人不小心碰你一下，你就非得还他一下，这样爱斤斤计较的人，是不会有人愿意和你成为好朋友的。相反，你微笑着说一声"没关系"，那会是一个多么完美的结局。大家都会觉得你很容易接近，很讲道理，自然就喜欢与你在一起，你的朋友自然就多啦！同学们，待人宽容是一个人有素质的表现，让我们行动起来，脸上多些微笑，心里多些宽容！

别样晨会课，别样教育。它让每个学生都成了教育者，这样的自我教育贴近学生的心灵，没有隔靴搔痒的感觉，学生容易接受。同时，教师还可以穿插一些新闻交流、小品表演、辩论赛、好书分享等，使晨会课更加精彩纷呈，无痕教育让师生的心贴得更近。

3. 幸福偶得：永不凋谢女人花

有一天的心理卫生课上，说到自我保护时，我说："早开的花早谢，希望每个人都珍爱自己。"有个孩子的QQ签名改成了："早开的花早谢，有没有永不凋谢的花？"

借着妇女节，我聊起了这个话题：

"我们形容女人的时候，总会说女人花，貌美如花，如花似玉。的确，走在街头，女人花总是那道最美的风景。大家想想：早开的花早谢，有没有永不凋谢的花呢？"

他们不假思索地说："没有的。"

"一般来说，凡是生命，总会死亡，这就是凋谢。花开，不是为了花落，是为了绽放。尽情地绽放美丽，这是花的使命。但有的花开一季，有的花开四季，花期各不相同；有的悄悄开放，有的肆意吐蕊，生命状态各异。问题是：你准备如何绽放自己的美丽？"我说。

"我们需要绽放的不仅是外表，还有心灵。我们一起读《我们仨》，认识了杨绛。她，一个百岁老人，至今还在从事文字工作，或著书，或翻译，给我们留下最美的精神享受。一个百岁老人，她的容颜还美吗？但你能说她的生命不在开花吗？终有一日，她也会离我们而去。但我相信，她这朵女人花将会永远绽放在我们的心间。从这个意义上来说，还真有永不凋谢的花儿，是不是？"

"花开烂漫，你愿意是百花园中的哪一株？希望每个人都能够在最适宜的时节展现最美丽的姿态。"

随意的漫谈，如细细香风、淡淡烟，沁人心脾，又愉悦心灵。成长需要拽一把，但关键还得学生自己迈步走，不妨给教育留点白。

二、书信往来：请你相信

一个学年，十多封信，我用这样的方式为家校及家庭间良好的亲子关系做出了不懈的努力，赢得了家长的无限信赖。那些毕业了的孩子，上中学后，每到期中或期末考试成绩揭晓时，家长总不忘跟我分享，口头禅依然是"你对孩子的影响真的太大了"；有家长时不时地到我们的班级博客，查看更新情况；更有孩子上中学后，遇到情感问题，家长会找到我出面做工作。人散，心没散，只是以各自不同的方式关注着。

那年六一前夕，我收到一株"草儿"的一封邮件，短短两句话："老师，您说会有友谊天长地久吗？我好怕失去。"针对孩子的困惑，我给她写了一封信《请你相信》——

老师曾说过，改变不了环境，就改变自己的心境；改变不了天气，就改变自己的心情；改变不了别人的议论，就改变自己的心态……请做好自己，做更好的自己，让自己不断变得美好，让自己的内心不断变得强大，对自己所做的事情乐观且坚定，不被外界的干扰所迷惑，不为旁人的言论而轻易改变，发自内心地相信，并坚持下去，你，一定会得到生活的奖励。

相信伙伴的鼓励是发自肺腑的，相信朋友的友好和热情是表里如一的，那么你一定会热爱生活，也爱身边的人，你会很舒畅、很愉快地享受每一天的生活。

请相信，会有友谊天长地久！有所相信，有所秉持，有所期待，带着淡定的心去做该做的事，去喜欢自己该喜欢的人，这样的人生不但更光明，而且更有趣，也会拥有更多的朋友。

我把这封信发在了班级博客上，并添上了这样几句话——

在成长的过程中，孩子会遭遇很多问题。在我们成人看来，兴许这算不上什么，但对孩子来说，可能就是很大的问题，有时候可能会影响很深远。我帮助的只是这株"草儿"，但好为人师的我，希望给更多需要帮助的"草儿"以启迪。

教育学者林格说："教育是一种大爱，它的使命就是把精神能量传递给孩子。让孩子感受到精神能量，不仅是让孩子知道你在关心他，而是你真正地理解他，知道他的难处，了解他的希望和梦想，鼓励他……"

我与这位孩子就这样多了独特的情感纽带，越走越近，也借由这封信对这个不声不响的孩子有了更多的了解，也明白了她的个性中欠缺阳光的缘由：爸爸比妈妈年轻好几岁，妈妈缺少安全感，常常采用盯梢等方式来建立夫妻关系，不知不觉间影响了孩子。

后来，有其他班级的家长在博客里看到了，给我留言说：

我是贵校四年级的学生家长，今天刚好路过，看到沈老师的文章好感动。我也会让我的孩子看您的文章，能有您做自家孩子的老师是我们北小每一位学生家长的心愿，真的希望每一位老师能像您一样关心孩子，胜过妈妈呀！您的指点会让孩子们受益终生的，我会经常关注您，谢谢北小有您这样的好老师！

也有我们班级的孩子家长回信说：

沈老师，我看了你给一株"草儿"的回信，心里特别高兴。我觉得你对孩子的爱胜过我们做父母的。你不仅教会了他们知识，还教会了他们怎样做人。说句心里话，孩子都读五年级了，你是我孩子心目中最棒的老师，也是我们家长最敬佩的一位老师。我为我孩子有你这么一位出色的班主任而感到高兴。我期望在你的带领下，孩子的成绩能更上一层楼。

从没有想过要做像妈妈一样的老师，也从没有想过要成为哪一类老师，只是孩子的心中有一片内陆，有时候可能是最亲最爱的人也无法抵达。但孩子对我敞开了心扉，聆听他们，成了我工作中很重要的一个组成部分，进入他们的内心世界，也跟着承载相应的责任与使命。我也只是单纯地希望以自己的方式来经营每一个日子，给孩子们打开一扇窗，让童年多一些温情，让生活多一些美好。

三、细节捡拾：孩子，你生活在人们中间

1. 分享思想：孩子，你生活在人们中间

看看周围，哪个孩子不是家庭的中心？哪个不是家人呵护、疼爱，伴随着他成长的？生活上，悉心照料；学习上，认真监督。可一个个在爱的怀抱中长大的孩子，却感受不到爱的存在！为什么？

为什么他们享受着家人的爱却不珍惜？为什么什么都不能引起他们的兴趣？为什么什么都不能打动他们的心？为什么他们那么麻木不仁？为什么？某天，我发起了这样一个话题讨论。在家长们充分交流的基础上，我在班级博客贴出了我的想法——

我们要告诉孩子，你生活在人们中间！无论是家庭，还是班集体，抑或是将来踏上社会，我们都生活在一个群体中。如果孩子能够意识到自己的身边有别人，意识到自己的行为可以为他带来愉悦，那么他会从幼年起就学着使自己的愿望符合人们的利益。长大了，他也不会自私自利。在家里，他会是个惹人喜爱的孩子；在群体中，他会是个受欢迎的人。因为，他善良而又仁爱。

要让孩子的心中有他人。从许多生活的细节入手，从学会关爱家人开始，培养孩子细腻的情感。吃饭前拿拿碗筷，吃饭时分享美味，适时地交流、夸赞，让他感受自己的点滴付出带给家人的无穷的快乐与幸福。

要教孩子体察情绪。越是会体察别人的情绪，孩子就越会关心别人，越会体贴别人，越会理解别人。否则，孩子就将是个利己主义者，对别人的事情都不闻不问，包括对父母也一样。

任何讲解都不能够代替生活的经验。当发现孩子的问题时，别忙着指责、批评与数落，还是闭上我们的嘴，迈开我们的腿，用我们的行动演绎给他看。很多时候，说教获得的远不如孩子亲身感受的来得有说服力。

德国教育家第斯多惠说："一个拙劣的教师把真理送到人面前，一个优秀的

教师教人寻找真理。"父母是孩子的第一任老师,孩子是我们唯一的永久的学生,我们怎么来胜任我们的这份工作?应该深思。

衡量教育的成败,不在于其他,而在于孩子是否心底柔软,拥有悲悯的情怀;是否心态阳光,拥有豁达的心胸;是否懂得自律,拥有高度的责任。

2. 互动起舞,成就这样一种思想

自2008年9月起,开学的卫生工作成了我的恐惧!那年,搬进曾作为仓库的教室,100多套课桌椅由我独自搬出,手腕严重受伤落下了病根。现在,凡是需要动手的事情,我都得小心谨慎,否则酸疼难受几天是免不了的。

又是一年开学时,怎么办?我灵机一动,向"草儿"们求助:"现特向全班征集志愿者,如果离学校不远,如果你愿意、爸爸妈妈也不反对,请明早八点带块抹布到校做小小志愿者。如果可以,万分感谢!在此先谢过!路上注意安全。"

消息发出后,立刻得到了回复:"战报名。"我赶紧发消息表示感谢:"谢谢帅小伙!该出手时就出手,让人心里暖融融的!"后来得知,战的妈妈在深圳培训,看到我的短信第一时间电话告知了儿子,还特地发短信给战的爸爸,请他负责接送孩子。随后,又接到其他家长的回复。我知道,这次的劳动我不会再唱独角戏了,心里充满了踏实感。

这天,"草儿"们到得比我还早,像迎接英雄一样迎接我的到来,亲热地打招呼,围着我嘘寒问暖。"草儿"们一下子竟来了15人,5个女孩,10个男孩!这样的比例也是我喜欢的!更让我吃惊的是,教室里的课桌椅全部擦拭过了,还泛着亮晶晶的水的光泽。"课桌擦过了,瓷砖擦过了,高低柜也擦过了……就是没有干抹布,窗户擦不了!"

已粗线条打扫过,细节处还要打磨。我们不亦乐乎地干着,叽叽喳喳地聊着。每个插座、开关都擦过了,每个柜子里都清理过了,每个桌椅里都检查过了,每扇窗户都擦拭过了,每块小黑板也都抹了一遍又一遍了……重新审视教室,它已是我们同心协力经营的爱的家园!

晚间,发短信感谢家长的支持,逐一唤出15株"草儿"的名字。报到日,大家一起深情唤出这些"草儿"的名字也是一个环节,而后声情并茂诵读汪国真的《感谢》。

良好的师生关系,它不来自于仰望与俯瞰,而来自平视里由衷的尊重、倾心的交流、真诚的唤醒与适切的提醒,来自每一个日常生活的编织。借助生活的熔炉,适时播种,适时浇水,不断点燃与唤醒,期待"幸福草"枝繁叶茂,一树葱茏,我们一直在路上。

本章作者简介

沈兰,小学语文教师,任教于苏州市相城区北桥中心小学。一个需要用文字喂养的37℃女人,一个心灵觉醒的乡村教师,一个始终走在路上的行者。她曾是半道出家的合同制教师,原始学历只有初中文凭,但不断修炼到本科,且至今仍保持着童心,与孩子们和谐相处、同生共长。她所带的"幸福草中队"多次被评为苏州市先进集体及书香班级。"幸福草中队的幸福生活"曾入选"感动苏州故事",刊于纸媒,又搬上荧屏。四五十篇文字发表散见于《中国教师报》《中国西部教育》《苏州德育》等刊物,曾在《教育观察》开辟个人专栏"课堂拾贝"。获得过"苏州市先进工作者""优秀班主任""相城区首届师德模范"等荣誉。

第四章

文化，静悄悄地生长
——班级文化建设之道

班级文化，包含着班级成员共同尊奉的信仰和精神，共同形成的规则与习惯，共同营造的环境与氛围。在我看来，简而言之，班级文化就是教师和孩子们"曾经的足迹，现在的步伐，未来的方向"。无论你是否愿意，也无论你是否努力，作为班主任，在你的班级里，你的言行都在主导和构建一种班级文化。

但很多时候，因为社会环境、学校制度的影响，班主任的价值取向，往往不是出自内心，而是源于评价的杠杆，围绕着评价的准则疲于奔命，最终沦为制度的奴隶。其所在的教室里，班级文化多半也是虚有其表，做给别人看的，仅为停留在墙壁上的标语而已，甚至全权交由广告公司代劳，教师不解其意，学生不知其详。我理想中的班级文化，应当是如同春雨中的一枚种子，带着生命的渴求，在教师与孩子们成长的过程里，静悄悄地生发。

让每一粒种子都热爱生命

美国教育家杜威说:"教育即生长,生长就是目的,在生长之外别无目的。"生长,便是对未知领域的探求,对未解之谜的敬畏,对未达之境的向往与追寻。说到底,教师要做的事,教育应做的事,便是激发起孩子对生命的热爱。没有爱就没有教育,不仅仅是教育的过程应包含对学生的爱,也应该是唤醒孩子对知识的热爱、对生命的热爱。

一、班级文化,最适合"零敲碎打"

何谓班级文化?从显性的角度来讲,班级文化应该是承载着一个班级所有成员的目标、追求与信念的文字、图画、音乐等。既然是文化,就不能被设计出来,因为它承载的是一个群体共同的价值观。

还记得到这所新学校后,刚接手新成立的四年级一班时,除了课桌椅、黑板、书柜等必备之物外,教室里几乎一无所有。抬头便见雪白的墙壁,甚是刺眼。一个大家庭里,应该有一些自己的东西,才能有"家"的味道。可是,如果把我所认可的一些东西,诸如名人名言、奋斗格言之类,生硬地搬上墙壁,一定不能在孩子们心底生根。

新成立的学校,新建的班级,许多领域都是未开垦的处女地。教室走廊外的花坛,还仅仅是坛,只有土,还没来得及种上花。课间的时候,还是有孩子忍不住手抓泥土,甚至四处扬撒。然后,便有人来"告状"——告状,小孩子正常的通病:或是希望得到老师的表扬,或是为了看一看不服从老师"命令"的同伴被老师批评而获得一种满足,或是出于一种正义之心,或是出于对是非的认识……

总之，是一种值得研究、治疗的症状——上课铃响，我让这几个孩子来说说自己该不该这样做。都说不该。

"为什么不该？"

"因为老师讲过不能玩花坛里的泥土。"

"为什么老师要这样讲？"

"因为不卫生，而且会把泥土弄得到处都是。"

"弄得到处都是有什么影响？"

"扫地的阿姨打扫起来很麻烦。"

"这样做对吗？"

"不对。"

这就是我所希望的结果。我突然记起《第56号教室的奇迹》中的一句话来，于是转身工整地在黑板上写上"不给别人添麻烦"。我一边写，孩子们便逐字逐字地读起来。

"谁来说说，哪些行为可能会给别人添麻烦？"

别人写字时你碰到了别人的桌子啊，水杯不小心倒在别人桌子上打湿了本子啊，洗漱的时候把地面弄湿绊倒了别人啊……

孩子们一边说着，我一边请几个孩子把大家的发言整理出来，于是形成了我们的第一条班——"不给别人添麻烦"，具体包括：

①经过别人课桌时，尽量不要触碰；

②不喝水时，拧紧盖子放在课桌内；

③洗漱时，尽量不要将水溅到地上；

④移动桌椅时，小心轻挪；

⑤在走廊上活动时，尽量靠近两边；

……

和刚刚参加工作的时候不同，我没有一股脑儿将一堆规章制度打印出来贴在墙上，而是与孩子们探讨一条，颁布一条。捷克教育家夸美纽斯说："犯了过错的人应当受到惩罚。但是他们之所以应受惩罚，并非因为他们犯了错……而是为的日后不去再犯。"在多年的班主任工作中，我慢慢地知道，班训也罢，班规也好，应是孩子们都认可（最好是孩子们自己提出）的理念，都愿意努力遵守的规则。如果仅仅是老师一时的"头脑风暴"，又怎能被孩子们接受呢？一切被执行的规则，都应当是自下而上形成的，否则，便没有生命力。

所以，我们四一班的班规，总是这样"零敲碎打"出来的，总是处于"未完成"的状态。

二、爱与阳光，我们共同的脉搏

"教育是农业而不是工业"，叶圣陶老先生的话，让我对自己的教育言行有了更多的审视。农业，是根与叶的事业，是花与果的期待。如同根、叶、花、果离不开阳光，教育必然离不了爱。

9月的第一周里，走廊外的花坛一直空着。看着别班的花团锦簇，临时家长委员会（以下简称"家委会"）的几位代表沉不住气了："张老师，我们花坛里种些什么好呢？你安排一下，我们召集家长，马上就可以种。"他们一定是看着邻家的家委会忙得不亦乐乎，有些着急了。

我笑而不答。我想，一定要等到孩子们来问我。果然，第二日，便有孩子跑到我跟前一脸惊喜地说："老师，隔壁班的三角梅好漂亮哦！"

"是谁种的呢？"我明知故问。

"好像是他们班家长。"

"他们班的花坛，为什么要他们家长种呢？"

孩子一脸茫然地望着我。我继续说道："自己家的地自己种，自己家的花自己养，知道吗？"他若有所思地点点头。

"那种些什么呢？"他似乎有些迫不及待了。

"这得看你们想种些什么啊！"我没有给出参考答案。我想，这应该是孩子们自己做主、主动求知的过程，而我，只需要做一个旁观者，必要的时候指点一下。

一会儿，几个孩子便又来到我跟前。三角梅、菊花、万年青、文竹……他们七嘴八舌，我却默不作声地望着他们。

"老师，我觉得可以种一些蔬菜。"先前的那个孩子说道。

"有点意思，可是为什么要种蔬菜呢？"

"刚才大家说的花，其他班都有了，如果我们再种，就没有一点新意了。再说，蔬菜长大了还可以吃呢。"

其他孩子跟着点头，不停地附和着。我看时机成熟了，于是对这个小家伙说道："我提议你来做'花坛管理员'，你查阅一下资料，再和同学们商量一下，看看这个季节适合种些什么蔬菜。"

两周之后，泥土中开始冒出小嫩芽了。孩子们围在旁边，叽叽喳喳开了。

"这是我种的白菜。"

"不对，应该是我种的青菜。"

……

看着他们喋喋不休地争论，我心底涌过一丝欣慰。教育，需要爱；爱，需要时机。教育之爱，既要像缕缕阳光，在合适的时候拂过孩子的心灵，也要像丝丝雨露，滋养出孩子们心底爱的种子——对世界的爱，对知识的爱，对生命的爱。

泰戈尔说："让我的爱像阳光一样包围着你，而又给你光辉灿烂的自由。"当这样的爱与阳光成为共同的脉搏，就是一种有生命力的班级文化。

三、"晒"出自己，成长足迹要炫耀

国庆节后返校，孩子们在班会中开始展示自己的成果——旅游照片、见闻游记、绘画作品、手抄报……活动结束后，许多孩子仍然意犹未尽，教室里依然交头接耳。我示意大家停下来，可还是有几个小家伙忍不住把自己的"作品"拿出来自娱自乐。

这是好事。其一，至少可以说明孩子们很重视自己的成果；其二，也可以看出大家做得很用心；其三，能够感觉到孩子们有很强的表现欲望，希望得到别人的认可。

于是，我说："看来大家还想展示，老师再给一个机会，想不想要？"

孩子们当然都很快乐，嚷着说"想"。我说："那好，不过因为时间有限，咱们得改变一个形式，既可以让别人看得到你的作品，你也可以随时欣赏到自己的杰作。"

孩子们面面相觑。我说："你们看，教室后黑板下面的瓷砖上，那么大的一块位置，什么也没有，岂不浪费？"孩子们恍然大悟。于是，几个美术方面有特长的孩子便主动承担起策划的任务。第二天，"佳作大展台"便大功告成。

如今，那一处墙壁已成为班里的一道风景，每个周末，都有一些孩子会带来新的作品，替换下原有的。故而，常常可以欣慰地看到，孩子们喜欢在那里驻足，喜欢在那里交流。

我必须每年落一些叶，我必须不断地脱一些皮。我必须每年生长一些新东西，日日夜夜，我都渴求着血液的更替。

文学家、教育家李广田先生的这几句诗，虽然说的是教师，但也包含着教育的意味。班级文化，应该是一种促进生长的力量。孩子们愿意拿出来展示，可以感受到其自信的心态；愿意接受别人的评价，不难发现其阳光的心态。自信与阳光，不正是教育所需要追求的吗？

让每一个孩子都找到归宿

如果失去了内在的凝聚，人数再多的团队也是一盘散沙。一个班级文化的好与不好，不能只盯着显而易见的成绩，不能仅以获得的荣誉来衡量。一个班，应如一个家。离"家"太久会思念，身处其中有温暖。班级，能够给身处其中的每一个孩子找到自己的存在感。作为教师，需要做的，就是努力让"家"里的每一个人都包容自己，也接纳别人。

一、角落里的哭泣，讲台上的自信

脑海里时常浮现一个叫小军的孩子的模样。在学生中，他个子不高，圆滚滚的身子，圆滚滚的脑袋，略卷的头发粘在头皮上；眼睛不小，却总是没有完全睁开，笑起来，眉宇、嘴角也似乎被粘着，展不开。

"在这个班里，他应该是最差的吧？"和数学、英语老师交流，大家都是这样的感受。的确很差，姑且不说对与错，从语文的书写便能明显看出来，字迹潦草，笔顺混乱，笔画挤在一块。课堂上，他很难将一段课文读得流畅，很难将一个意思表达得条理清楚。这样的孩子，几乎每个班都有，几乎都是"差生"。

他的父母是农村人。他们办了一个很小的企业，赚了些钱，就想方设法为孩子创造更好的学习环境，让他享受更优质的教育。开始，孩子转到城里一所不太好的公立学校，上学期才转到我们班里。"他应该是靠关系进来的吧？"几位老师都曾这样猜测。

从他的悟性、言谈能看出：他的父母文化程度很低，小学未毕业，朴实敦厚。他们与老师交往时，想要"彬彬有礼"，却又显得局促不安；想要"落落大方"，却总是神情慌张。后来，这个孩子与同学发生了一次冲突，他父母感觉孩子受到不公正的待遇，便在家长群里表示委屈。从那些不太通顺的文字中，能看得出，他父母有一些自卑。我一时没有想到合适的语言去回应，再加上事务繁忙，便逐渐忘了这事儿。

一天，这个孩子的妈妈发来一条短信："……我们是农村人，没法和城里的人比……我想老师也有孩子，应该理解我们做母亲的心情吧……"我细细读了两遍，有些气愤，这摆明是说老师"势利"嘛！冷静下来，又觉得可以理解。这样的家庭，把孩子送到收费不菲的私立学校来，作为家长，当然会有更多的期待，希望孩子遇到好老师，让孩子成为精英人才。而现在，她觉得自己的孩子不但没有得到比其他孩子更多的"照顾"，反而被"冷落""漠视"，却又不好"理直气壮"地跟老师计较，自然会觉得憋屈。

我拨通家长的电话，表明态度，将了解到的事情的前因后果以及我对孩子的教育行动——告知，并请她不要误解。她一再表示歉意，让我不要在意。

然而，孩子却成了我一时的心病。孩子上课回答问题时普通话说得不好，甚至有些口吃；课下与其他孩子交流的话题也不多，有时难免有些许被孤立的感觉。

有一次课后，他坐在座位上，眼圈红红的。我挨着他坐下来："怎么了？"

从他断断续续的话语里，我知道他是在为课堂上的那次朗读失败而伤心。我开始思量，要给他更多的关注。课堂上，读不通的句子，他有机会再读一遍；表达不清楚的话，他可以先坐下，想好了再来一次。课间的时候，有好些孩子爱挤在我身边揉胳膊按腿，看他怯生生地躲在后面，我会一把将他拉过来揽在怀里，让他享受一次特殊的待遇。

渐渐地，他与我有了更多的亲近。

一天书法课结束后，他高兴地跑来问我："老师，你的字练了多久才写得这样好？"

"从你还未出生的时候就开始了。"

"那是多久啊？"

"你猜！"

他笑笑跑开了。从那以后，课间，他常常一个人坐在座位上，埋头练字，到后来居然真的有模有样了。每次见他努力的样子，我都站在他旁边，跷起大拇指赞扬一番。慢慢地，他的笑容里增添了几分自信。

"你的书法进步这样神速，干脆来给大家讲讲吧！"

"讲什么呢？"

"随便你，讲练习心得可以，讲一些字的写法也可以。"

他很认真地准备了一份讲稿，流畅的演说中，透出从未有过的自信。讲完的时候，我看了看时间，刚好"3分钟"。从那以后，我在每天课前增加了一个环节——3分钟演讲。台上10分钟，台下10年功。为了展示自己最好的一面，孩子们总是孜孜不倦地准备着稿子。从动物寓言到励志故事，从校园见闻到家庭趣事，都一点一点地被孩子们搬上了讲台。

后来，我又规范了一下，将"3分钟演讲"分为"我为自己喝彩""我为班级增光""名人的力量""亲人的温暖""友情一二三"等栏目。这对孩子们来说，实在是一项福利。

我想，教育，不正是需要给自卑者以自信的力量、给自傲者以谦逊的警醒、给自强者以奋斗的激情吗？

二、你举起拳头，我们张开怀抱

集体，因为其中的每个人都具有鲜明的性格而显得丰富多彩，但有时也会因为性格的冲突而失去和谐。给那些不和谐的音符一个和谐的音阶，让他们也能奏出美妙的声音，让孩子们拥有接纳的胸怀、宽容的心态，这是班级文化应该营造的氛围。

班里有个男生，长得魁梧壮硕，在跟同学交往的时候，也懂得发挥自己的"优势"，遇到矛盾总是以武力解决。刚到班里不久，他便和同学打架。因为初犯，也没有闹出什么动静，我批评了一番，没有过多地重视。谁知过了不久，他又在厕所里把同学打得鼻血长流。我把他叫到办公室。刚开始的时候，他一脸不逊，觉得自己有理在先，动手在后，没什么地方有错。育人育心，如果不能让他真正意识到自己的问题，即使他口头上认错，心里却不服，便达不到教育的目的。

我本想示意他坐在旁边位置上再想想事情的前因后果，暂时冷处理一下，还没来得及开口，便又来了三五个孩子告状，说他何时何地打了某某。我火一下子窜上来了，冲他吼道："你干脆回家算了，好好反省一下这段时间的表现，知错了再来学校。"

没想到，刚才还桀骜不驯的他，立马换了一副模样。

"老师，求求你别让我回去，求求你了！"

"为什么不回去呢？"

"我爸会打死我的。"说出这句话后，眼泪已挂在脸上。

原来，这孩子的爸爸是军人出身，也是火爆脾气，且信奉"棍棒底下出孝子"的祖训。在家里，这样淘气的孩子，可想而知，一定没少吃过苦头。想到被我赶回家必有一顿苦果，他的心便止不住开始颤抖了。看着他泪汪汪的眼睛，我又气又觉得可怜，琢磨着下一步该怎么做。

"还记得我们的班训吗？"我问道。

"记得，'己所不欲，勿施于人'。"

"既然你害怕面对爸爸的痛打，为什么还让别人挨你拳头呢？"

孩子闷头不语，好像在等着我发落。

"这样吧，你先回教室去，想想自己到底有没有错？错在哪儿？然后再来告诉我怎么办。想清楚了，就暂时不回家。"

一整天，事情就这样搁着。课堂上，他时刻显得小心翼翼，一有机会发言，便高举小手。看来，他是想以良好的表现来换取我的原谅。我不动声色，当那件事没发生过一样。

第二天早上，我的办公桌上放着一个信封，拆开来，是他的字迹：

敬爱的张老师：

您好！

我知道您的气一定还没消，但是请您原谅我吧。我好好反思了一下，是我不对，我不该在班上打同学。以前，我爸爸每次打我之后，我都很难受，也很害怕。所以，我就对自己说，如果谁跟我过不去，我就揍谁，这样他才会害怕我。这次我想清楚了，这样解决不了问题，只会让班上的同学越来越讨厌我。所以，请张老师给我一个改正错误的机会。今后，我再也不打人了。我会牢记我们的班训，"己所不欲，勿施于人"。

您的学生：小安
×年×月×日

能够感觉到文字中的诚恳。我想，对他来说，不是怎样认错的问题，而是在这个班里，怎样让孩子们重新接纳他。

我把他叫到办公室："你的拳头给你带来了麻烦，后悔吗？"

他不停地点头，眼泪似乎又要下来了。

我打算帮帮他。我告诉他，下午的课前3分钟由他来演讲，内容就是这封信。至于怎样向受了伤害的同学道歉，让他自己看着办。

为了营造气氛，我特地选了一首抒情音乐来配合他的演讲。效果很好，他的话音刚落，教室里就响起了掌声。他分别走到几个孩子座位前，挨个儿深深鞠躬，口中说着"对不起"。这鞠躬，是为他自己，也是为全班的孩子们。宽容与接纳的胸怀，需要在这样的时候来打开。

三、为你的风采，我们掌声如潮

《周国平论教育》中有这样一句话："愿每个孩子都成为一个善良、丰富、高贵的人。"我想，这不仅仅是作为长者对下一代的寄语，也应该是每一个教育人的职业追求。

小雪在班里算得上特立独行的一个。吃饭的时候，总是先把菜吃完然后再吃饭；放学的时候，总要先到厕所待到队伍走了后再追上来；外出踏青，大伙都把一堆零食拿出来分享，她却一个人躲一边自己吃。这样的孩子，对他人、对集体无益但也无害，很容易被遗忘。但如果让其自由生长，便可能走上歧途——一个以自我为中心的人，总会被孤立；总被孤立的人，生活甚至生命就会变得危险。

一个午后，孩子们陆续来到教室。上课铃响了，一个座位还空着——小雪被生活老师留在了寝室。原来，她同寝室的小敏的梳子坏了，用了她的，她便扔掉了小敏的牙刷，俩人由此而引发了争执。下课后，我问她为什么这样做，她说："我不喜欢别人用我的东西。"

"朋友之间，你无我有，你有我无，就应该相互帮助啊！"我这样启发道。

"我没有朋友，我也不想有朋友！"她的话，着实让我震惊了一番，却无言以对。

虽然脾气古怪，但她心思也细腻，在美术方面表现得特别出色。学校的绘画节，她的一幅《雪乐》获得特等奖。我觉得机会来了，可以以此让她感受到集体的温暖，从而唤醒她的集体意识、他人意识。

当我在班上公布这个消息的时候，没想到大家没什么反应，只有几处稀稀拉拉的掌声。她站在讲台上，尴尬极了，红着脸接过奖状回到了座位上。后来，她竟趴在桌子上哭了。

看来，她已经被大家孤立了。下课后，我给她递过去一张纸条：

伤心，需要安慰来抚平；荣誉，需要掌声来点缀；我们，需要朋友来关爱！

这几行字触动了她。从那以后，能感觉到她和大家一起玩耍的时候多了，有时候她甚至会刻意去迎合同学，以求得好感。看到她的变化，我暗自高兴，但想到那天稀稀拉拉的掌声，心里却有一种说不出的滋味——同学有了进步而不愿祝贺的集体，能说有良好的班风吗？

机会很快就来了。班里的黑板报需要更换，我便向班委会提议，让小雪来承担策划和美术设计。她做得很好、很用心。但当她站在凳子上画画的时候，旁边总有人指指点点、窃窃私语。板报完成了，我得借此机会做一点文章。

"告诉大家一个好消息，我们班即将获得一项荣誉，大家高兴吗？"话音刚落，孩子们便鼓起掌来。有几个孩子大声嚷嚷，问是什么荣誉。

"你们看——"，我示意大家转头，"这次黑板报设计得很有新意，内容丰富，尤其是美工，堪称典范，在这次的学校评比中肯定会获奖！我们是不是应该对设计者表示感谢呢？"

教室里又开始响起不算热烈的掌声。我看着那些无动于衷的孩子，转身将那句话写在黑板上：

伤心，需要安慰来抚平；荣誉，需要掌声来点缀；我们，需要朋友来关爱！

我说："无论是谁，为班级争得了荣誉，为别人带来了快乐，都应该得到赞美。如果单纯以自己的喜好来评判一个人，我们的心胸便会变得狭隘。"

当我说完这句话后，教室里又是一阵掌声。这一次，比任何时候都热烈。

让每一次奋斗都收获幸福

苏霍姆林斯基说:"人的内心里有一种根深蒂固的需要——总想感到自己是发现者、研究者、探寻者。在儿童的精神世界中,这种需求特别强烈。但如果不向这种需求提供养料,即不积极接触事实和现象,缺乏认识的乐趣,这种需求就会逐渐消失,求知兴趣也与之一道熄灭。"

第一次读到这段话,很容易认为培养和满足儿童心里这种"根深蒂固的需要",就是教育的目的。事实上,这段话是针对儿童的求知欲心理而言的。当我再次品读它的时候,不由想到:教育的价值究竟在哪里?

我以为,教育归根结底是打开人的思维,培养人的精神。一个班集体,不仅需要为了同一个理想而奋斗,最为重要的是,在奋斗的过程中,应该引导孩子们树立一种正确的荣誉观、胜败观。一个只顾眼前得失的人,极容易走上利欲熏心的歧途。

而这,恰恰与教育的目的背道而驰。

一、当晋级遭遇质疑以后

下课后,我刚走出教室,几个参加"校园最美童声"的孩子就追了上来,拽着我的胳膊,把奖状举得高高的:"张老师,我们晋级了!"

我拿过来一看——特等奖,熠熠地闪着光芒。一番祝贺后,我便答应他们将奖状贴在我们班的"成长的足迹"荣誉栏。孩子们乐颠颠地跑开了。

第二节仍旧是我的课,我便打算好好表扬一下这些孩子。一上讲台,我就郑重地请参加比赛的孩子起立。话音刚落,那几个获奖的孩子便齐刷刷地站了起来。

"怎么只有这么几个人,参加比赛的不是有十来个人吗?"我一边询问一边扫视着全班。我看到了一张泪眼蒙眬的脸,又看到了一张、两张。

一定是因为比赛失利没有晋级!这些小家伙平时调皮得厉害,但是到了关键时刻,自尊心强得让人有些意外。尤其是那几个女生,平时课间就喜欢自编自导自演一些小节目,遭遇这样的挫败后,心里难受也是意料之中。

"失败并不可怕,没有晋级也不用伤心。只要我们努力了,就是超越了自己,就是一种成功。来,请你们擦干眼泪站起来!孩子们,请为这些勇敢的竞赛者鼓掌!"说完,我带头鼓起掌来。一瞬间,教室里也哗啦啦一片掌声。

掌声渐渐停下了,半晌,也不见流泪的孩子站起来。看来,他们还是过不了自己那一关。

"孩子们,人生得遇到多少竞争,得参加多少次比赛啊。如果我们每一次都抱着只能赢不许输的心态,可能吗?可以吗?所以我说,只要积极地参与了,只要真正努力了,就内心无愧,对于自己来说,就是胜利了。"

我激动地说着,自己似乎都感到一丝悲壮的情愫。此刻,教室里静极了。我望着一张张小脸,继续说道:"孩子们,我们应该怎样来对待一场比赛?比赛之前,应该怎么样?"

几个孩子举起了手。一个说,首先要积极地准备。我说,对啊,充足的准备就是敢于迎接挑战的一种表现。"那比赛的时候呢?"我又问道。

"应该全力以赴,把自己最好的水平发挥出来。"

"那么如果积极准备了,比赛也努力了,还是没有达到理想的目标,该怎么办呢?"

"也不要放在心上,因为毕竟自己努力过了,内心无愧就行了。因为我们一生还要经历很多很多的比赛。"

虽然是从孩子们口中说出来的,但我知道,"努力过了就无愧于心"这样的人生感悟,天真的他们是难以诠释的,可能因为经常听到这样的话,并且好像没有错,于是就接受这样的说法了。

"对啊,"我接过话头,"就像昨天的歌唱比赛,我们积极准备过,比赛的时候每个同学都努力展现了最好的一面,对于咱们班来说,无论怎样的结果,都是一种胜利。我为大家感到骄傲！同样，你们几位也是我们全班的骄傲！"我看着他们几个，又带头鼓起掌来。

他们站起来了，但并不是我希望的破涕为笑，反而哭得更厉害，抽抽搭搭地啜泣着。

这时候，一只小手举了起来。我示意让她说话。

"他们不是因为没有晋级，而是因为被别人顶替了……"

被顶替了？我一时感到不知所措。此刻，教室里开始叽叽喳喳起来。

"谁来说一下，是怎么回事？说得具体点。"我点了一个孩子站起来。

孩子说："比赛一结束，×老师就宣布了他们的分数，可后来另一个×老师宣布晋级的却是咱们班比他们分数低的×××。"

我愣了一下，说："哦，原来是这样啊，回头我再问问情况。不过，在我的心目中，所有参加比赛的孩子都是优秀的，跟晋级无关，所以，请代表我们班级出赛的孩子们上台，接受大家的祝贺！"

此刻，另一个小女孩泪流满面地站起来，一面摇头一面说："这奖状我不要了，我不要了……"

"现在到底是怎么回事还不知道呢。但无论情况是怎样的，你参加了，就值得表扬，大家说对吗？"我这样一说，班上的孩子立马有了回应。

她犹豫了一会儿，止住了泪水，在我的一再鼓励下，走上了讲台。

下课后，因为孩子们都要到另外的教室上课，也没有机会单独聊聊。但我知道，他们每个人心里都还有一个结，需要人去开解。尤其是最后那个女孩，对于她来说，晋级已经成了心灵的重负。

整个下午，我都挂念着这件事。听到下课铃响，我便冲向教室，找到她。提起这件事，她的眼泪又来了。"比赛之后，我的确找过老师，请求给我一次机会，但我没想到，我把他们给顶下来了……"

"你是想跟他们一起去参加比赛是吗？"

孩子不住地点头。我告诉她，这是好事。

"可是我现在不想去了，班上的同学都认为我走后门，作弊……"孩子摇着头，满眼泪水。

"我知道情况了,而且,老师也并没有在班上做出任何断言,后面我跟学校申请一下,看能不能让你们都参加,好不好?回去好好准备,等我的好消息!"

后来,学校经过研究决定再安排一场复赛。当我把这个消息告诉孩子们时,我分明看见了一张张比奖状更美的脸,眼里闪烁着熠熠的光!

教育,就应该是让孩子不断发现自我的过程。班级文化中,既需要阳光与上进,也需要谦逊与包容。当别人犯了错,有了过失,大家能有一种宽容与接纳,如同一缕缕春风,便能滋生出更多美好的品质来。

二、是花是草都不平凡

小伟自认为是班里的体育健将。乒乓台前,他总是张牙舞爪地挑战别人,输了之后也会一脸不屑:"再来一场,刚才我这边阳光太刺眼!"好歹也要为失败寻个借口。足球场上,仗着自己的个子大,跑不赢便挤,挤不赢便使绊子,犯了规被罚下场,还站在场外嚷着胡乱指挥一通。打篮球的时候,技术平平的他,争着要当前锋,如果被换下,还会来一句"我看他还不如我"方才罢休。

好在这孩子对集体的事儿有一股热情,无论是公益劳动,还是大型活动,该出力的时候,他总会冲在最前面。

学校要组织一次篮球联赛,体育委员把确定的主力队员名单交给我时,有些担心地对我说,小伟没当成主力,在班上大吵大闹,很不服气。

我让体育委员先别理睬他。可是,怎样才能让他认识到自身的缺点呢?

比赛的时候,他作为候补队员站在场外,闹得最起劲,哪个队员一有失误,他便埋怨挖苦一番。于是,我让他上场。他跑步上去,一脸兴奋,大有一展抱负的架势。我悄悄对身边几个观战的孩子说,小伟失误,你们就起哄。

果然,他一上场就立功心切,有两次本来该传球,他却心急火燎地投三分,当然没进。场外同学一阵阵起哄,让他面红耳赤。到后来,他终于顶不住压力,自动申请换人。

下场后,他来到我跟前一起观战,这次安静了许多。我没有刻意安慰他,而是装作漫不经意地跟旁边的同学说:"尺有所短,寸有所长,每个人的天赋都不一样。速度慢的当不了短跑冠军，个子矮的做不了篮球运动员。"

然后，我给他们讲了一个故事：

有一只虾，看到螃蟹身上有时呈现出好看的红色，很是羡慕。螃蟹告诉虾，它常常跑到陆地上晒太阳，当强烈的阳光照耀它时，身上便呈现出好看的红色。虾听后兴奋不已，一跃跳到了岸上，也学着晒起了太阳，结果却被晒死了。

孩子们咯咯地笑起来，说，这算什么故事啊！我说，这只虾为什么死啊，就是因为它不知道保持本色。小伟在旁边听着，脸一阵一阵地红。我趁热打铁地说，还有一个故事，是关于花儿和小草的：

月光洒在花草茂密的植物园里，静静的，幽幽的。

突然，生长在水中的玉莲开口说话了："我身体壮如圆盘，硕大无比，我的背面还有粗壮的'骨架'，身上还有许多小气室。因此，我的承重能力最大。你们能行吗？"看到大家不服气，他又说："英国伦敦海德公园的展览馆就是受我的启示建造的。"

这时，长在旁边的一棵小草说："你别太得意了。你看，我的叶子边缘有这么多的尖齿，人类从我身上得到启示，发明了锯子，砍伐树木的时候就省力多了。"

挺拔修长的椰子树说："正是因为发明了锯子，许多树木才毁在人类的手里。你看看我，叶子是'之'字形结构，人类对我进行研究后，就发明了波形板、石棉瓦，把房子装饰得更坚固，更漂亮。我的功劳并不比你们小吧！"

正当大家哑口无言时，紫罗兰说："当初有人把一滴硝酸弄到我的花瓣上，因为我对酸很敏感，我紫色的花瓣一下就变红了，后来人们根据这种原理发明了石蕊试剂。这种液体在化学研究中起了很大的作用，改变了人们生活的环境……"

大家叽叽喳喳不停地议论着，谁也说服不了谁。突然，一个洪亮的声音从远处传来："好孩子，你们都很重要，为人类做出了贡献，但骄傲自满就不对了……"

这一次，几个孩子听懂了，一个劲儿地说，对啊，每个人都有自己的特长，而且都有可能有过失，所以谁都没有必要自吹自擂，也没有必要自暴自弃。

其实，我是希望让更多的孩子懂得正确地认识自己，认识到自己和同学一样，都是集体中的一员。每个人都期待着既展示自己的精神又为集体添彩，但不能贬低他人抬高自己。

自强、自尊往往来自自谦！

三、为你的放弃点赞

进取的精神可以通过激励来培养，放弃的勇气则需要更多的智慧。当我们一味地给孩子灌输"不能输在起跑线上"这一观念的时候，实际上我们的教育已经输在了方向上。人生的无常，总是在我们面前摆出很多的选项。面对欲望，懂得克制，知道权衡，何尝不是一种大智慧呢？

学校举行的"最美童声"选拔赛开始了，每个班一个名额参加决赛。而我们班是学校公认最有实力的"苗子"班。为此，班委会策划了两周，经过海选与初选，确定了三名孩子进行最后的角逐：小轩、小琴和小雅。小轩是一个帅气的男孩，学过街舞，演唱的时候"台风"非常棒，"粉丝"也最多，大家都对他寄予厚望。小琴、小雅在表演方面各有千秋，但各自的缺点也很突出。大家都觉得，最后的胜出似乎已经没有多大的悬念。

临近班上决赛的前一天晚上，小雅的父亲打来电话，让我左右为难。因为这次进入决赛的孩子，将有机会代表学校参加区里的比赛，如果获奖，在本校的升学考试（学校的性质是"小初高一体化"）中可以加分。小雅的成绩算不得拔尖，如果仅凭考试成绩，升学有些吃力。孩子学习表演也有几年时间了，家长希望能给她这次机会。

的确，小轩、小琴都属于学霸型，对于他们来说，这次的比赛是一次锻炼，一次展示自我才华的舞台。小雅却不同了，如果顺利晋级，将会对她未来的求学道路产生重大的影响。可是，也不可能徇私舞弊啊，这是教育者的底线。班上的决赛必须进行，唯独希望的便是小轩或小琴最后能够让出这次参赛的资格。

对于决赛的过程，我没有任何干涉，结果在预料之中，小轩拔得头筹。当教室里响起尖叫声的时候，我看到了小雅脸上的失落。为人父母者，为人师者，当然都希望孩子能进入理想的学校。于是,我决定试一试。

下课后,我把小轩叫到外面,先是对他的成绩表示祝贺,然后问道:"这次如果你参加学校的决赛,一定要拿冠军吗?"

"那倒不一定,"孩子说,"其实比赛也就是证明自己而已。而且您不是也常说,要以平常心看待结果吗?"

看来我的教育对他来说是有效的。火候差不多了,于是我告诉他,有人比他更需要这次机会。他问我是谁,我没有回答他,而是问他:"如果你的放弃有可能改变另一个同学的一生,你是否愿意放弃?"他说愿意,因为本来他就没有一定要参加。我说:"不仅如此,我还希望你能担任她的导师。"他乐了,说没想到自己还能享受这一殊荣。

后来,小雅顺利晋级。当她站在领奖台上的时候,我看到小轩脸上的笑容比谁都灿烂。那一刻,我在心里默念:小轩,我要为你的放弃点赞!

让每一段故事都充满温情

德国教育家第斯多惠说:"凡是能够引起学生的思想、工作和智力上的最具精神的方法,是最好的方法。"在建设班级文化时,班主任也应该学会运用这"最好的方法"。

一、制度也可以开一盏绿灯

在中国的传统文化中,法家一派独树一帜,其口号"缘法而治""不别亲疏,不殊贵贱,一断于法""君臣上下贵贱皆从法""法不阿贵,绳不挠曲""刑过不避大臣,赏善不遗匹夫"等,一直被视为统治和管理的"圣经"。作为班主任,我也一直觉得，努力让制度更完善，方能让管理的秩序井然。然而有一件事，却改变了我的看法。

这一天，轮到我担任"安全护导员"——为保证学生校园安全，学校安排教师在课间活动时轮流值守楼道。中午放学排队，在楼梯口值守，听到了这样几句对话：

甲："×××，你走快点嘛！"从语气中可以推知，这是一名班干部。

乙："……"嘴里嘟囔着，似抱怨，似解释。

甲："老师说过，应该两人一伍走整齐，你还顶嘴！"昂着头，伸长脖子，有些得理不饶人。

乙："我脚崴了，怎么能走得整齐嘛！"终于忍不住了，声音提高了八度。

丙："×××，他的确是脚崴了，不能走太快。我在他旁边，就是为了保护他。"另一个同学帮着解释。

此刻，班干部甲不好再说什么了。但我能够想见，那个因为脚崴了走不快的男生当时的内心，有抱怨，应该也有些伤感。作为一个"伤者"，有时候总希望被别人关注和照顾，但是遇到"规则"和"制度"，总难免增一分"心伤"。

作为班主任，要管理一个集体，要让全班几十个孩子都能按部就班，要让每个时刻都秩序井然，也总是会做出一些强制性的规定——"要怎么样，不能怎么样，否则怎么样"，却忽略了一些孩子"为什么会这样"。我们的制度，往往是"一刀切"，在执行的过程中，却忽略了一些特殊情况的个体。我想起曾在班上规定的一条制度：凡是动作迟缓、左顾右盼、喧哗打闹者，一律处罚回教室做清洁！看来，该在特殊的时候为孩子们开一盏绿灯了。

下午阳光体育时间，集合整队后，我问道："待会儿下楼梯到操场的时候，大家能走好吗？"

"能。"大部分孩子条件反射式地做出回应。

"有没有不能的？"

孩子们面面相觑，不知道我为什么会这样问。

"我是说，有没有特殊情况，比如生病的、脚痛的，可以为你开一盏绿灯——安排一名同学当你的'保镖'，在队伍后面慢慢走，不用担心掉队。"

孩子们笑了，虽然没有哪个来享受"绿灯"待遇，但我明显感觉到，整个下午练习体操时，他们比从前专注了许多……

当制度遭遇红灯时，作为班主任，我们需要考虑孩子"闯红灯"背后的原因。不仅如此，还要学会给孩子"开绿灯"，这样，制度才能贴近孩子内心的规则意识！

无论制度也好，规则也罢，都需要唤醒孩子，从心底触动他们。当他们对一切所谓的规章制度都欣然接受的时候，才能说明制度是合理的，教育也才能抵达想要到的地方。

二、羞答答的玫瑰静悄悄地开

曾经以为"让别人因为我的存在而感到幸福"只是一句欺世盗名的虚伪之辞，它只能存在于社会人心较为单纯的若干年前，或者只能存在于人们的理想之中。当小钰这个名字多次在耳边出现时，我被感动的同时也被深深震撼——

教育，原本就是因为那些看似不可能的美好而显得可贵。

一堂科学课结束后，孩子们围着我，让我教他们写观察日记。科学老师要求孩子们养蚕，并通过文字的形式汇报蚕的生长过程。我一听，这是好事啊，既能培养孩子们的观察习惯，又可以引导孩子们写作文，一举两得。观察什么呢？七嘴八舌的议论之后，大家决定在班里养蚕。

于是，我在网上买了一盒蚕宝宝，孩子们兴致勃勃地养起来。过了两天，问题来了。我们是寄宿制学校，加上绝大部分孩子都住在城里，桑叶成了大家的一块心病。眼看着蚕宝宝消瘦的身形，孩子们都皱着眉头。

晚上，小钰来请假，说要回家。我问原因，她只说有事，爸爸妈妈晚上来接她。第二天一进教室，便看见孩子们围在窗台边，看着蚕滋滋地啃食。我问，这是谁带来的桑叶呢？无人应答。后来，有孩子告诉我，小钰的抽屉里有一个塑料袋，里边还有少半袋桑叶……

过了几天，下午的阳光体育时间，学校突然进行清洁检查。因为上节课刚刚做了一节课的"撕名牌"游戏，教室里乱糟糟的。我一听到通知，心想，惨了，说不定会被学校点名批评。出乎意料的是，集会总结的时候，我们班居然被表扬了。怎么回事呢？后来，有孩子告诉我，说小钰下课后做了好久的清洁，才到操场参加阳光体育锻炼的……

现在，我已经很少为班里的常规比如纪律、清洁、宣传等操心了，因为总有人安排，总有人默默去做，然后总有人会通过各种方式透露出来。于是，班里的"3分钟演讲"，常常是身边一些暖人心的事！

作为班主任，当班里大多数孩子都愿意奉献的时候，还有什么理由不感到欣慰呢？

三、有你有我，有情有爱

法国小说家巴尔扎克在《人生的开端》中说："仁慈的气息永远是一个人心灵高尚的标记。"仁慈心肠，高尚灵魂，是人一生的恪守与修炼。

作为班主任，如果能唤起孩子内心的怜悯，并保持对别人的善意，不论对友人、对陌生人都愿施以善行，这便是教育的成功。

对于任何人而言，丧亲之痛都是难以承受之重。不幸的是，刚刚转到这个班，何苗的母亲便去世了。当家人来学校接她的时候，看着孩子红红的眼圈，作为班主任的我，竟不知道怎么安慰，只是按着她的肩膀说，还有我们呢。

不知怎么回事，这件事传到了孩子们中间。有几个特别热心的孩子主动到我办公室：

"老师，我们去看看何苗吧，她太可怜了！"

"班委会派几个代表去看看吧！"

……

孩子们的表现让我心里涌起一丝温暖，善良的孩子啊，能够"以己之情度人之怀"已属不易。我告诉他们，此刻的小何最需要的不是看望，也不是你们语言上的安慰，而是静静地等待她回到我们的教室，回到我们的身边。然后，我们什么也不要说，当什么事也没有发生一样，该玩的时候叫上她，该学的时候请教她，这是对她最好的关心。但是，我们需要注意，不要在她面前提及有关父母的话题。孩子们点头说"好"。

第二天恰巧是周末，我和几位科任老师商量着去一趟何苗家。路上，我想象着孩子见到我们可能产生的反应和表现，便琢磨着如何来安慰她。然而没有想到的是，当我们见到她的时候，她没有眼泪，并忙着为我们切水果，跟我们拉家常，偶尔脸上还有一丝笑意。

那一天，我们心里却很沉重。

三天过后，她回到班里，有些憔悴。这样的时候，任何语言上的安慰都是苍白无力的，甚至会弄巧成拙，对情感处于脆弱期的她造成更大的伤害。

课后，我把她叫到办公室，告诉她，我们几位老师会把她落下的功课给她补回来。她很平静地说谢谢。

课上，我们几位老师不动声色地把一些表现的机会抛给她。看着她投入的样子，我们暗自高兴。她喜欢画画，下课的时候，总有几个孩子围在她跟前，缠着她要她笔下的那些卡通人物。阳光体育锻炼时间，她一早就被邀请去跳绳、打乒乓球，几乎没有独处的机会。这几个懂事的孩子想让她远离孤独，也就远离了悲伤。

更让人意想不到的惊喜还在后面。

那是一节自习课。一走进教室，就发现黑板上写着"2013，直到永远；画童小何，有你有我——何苗卡通人物画展"。原来，几乎班里的每个孩子都有自己的卡通形象，而作者都是何苗。原来，大家这么多天缠着她，要她画这画那，都是有"预谋"的。

一个个卡通形象陆续呈现在大家眼前，教室里的笑声此起彼伏。大家猜着这是张三那是李四的时候，我看到何苗脸上荡漾着幸福。

没想到，我的形象也在其中，看着我大鼻子小眼睛卷头发的样子，孩子们更是乐坏了。最后，几十位卡通人物被贴在黑板上，形成一个心形，主持人一齐呼喊着："2013，直到永远；画童小何，有你有我。何苗，我们爱你……"

那一刻，她没能止住泪水……

文化，文而化之。"文"字的甲骨文像一个正面的"大人"，寓意"大象有形""象形"；特别放大了胸部，并在胸部画了"心"，含义是"外界客体在心里面的整体影像"。从"文"的演变来看，其形从于人，其义关乎心。班级文化建设，必须以人的生长与发展为根基，以人心智的成熟与丰富为枝叶，如此方能生得蓬勃葱郁，长得气宇非凡。

本章作者简介

何春燕，四川省绵阳东辰国际学校副校长，东辰二小校长。四川省优秀教师，四川省小学语文骨干教师，四川省特级教师后备人选，"国培"讲师，国家、省市赛课一等奖获得者。有多篇论文在各级杂志发表。她始终致力于做"美好教育"的践行者，所带班级多次被评为"绵阳市优秀班集体"。

张芳军，四川省绵阳市东辰二小语文教师，绵阳市语文学科带头人，绵阳市骨干教师。任教16年，有30余篇教育随笔、论文先后在《中国教师报》《教师博览》《教师月刊》发表，对教育、教学有独特的理解和认识。曾获绵阳市小学语文青年教师赛课一等奖，数次在"绵阳市骨干教师培训班"执教示范课。

第五章

好班，与"合伙人"握手
——家校关系建设之道

无论就教育的本义而言，还是就学生的成长而论，教师和家长，都应成为"合伙人"。套用《合伙企业法》中的规定"合伙人共负盈亏，共担风险，对外承担无限连带责任"，可以表述为：教师和家长应当为学生的成长共同负责，共担风险，并承担无限责任。而教师主动向"合伙人"伸手，让两者在教育理念和教育方式上达成一致，形成合力，尤为重要。因此，一个健康的班级，必定要汇聚家长的力量，将家长视为教育学生的"合伙人"，与家长结成"统一战线"，方能实现学生的良性成长。否则，我们的学校教育，就可能真的成为一场伟大的"单恋"。

亮相，融情"合伙"

一、不可小觑亮相

何为"亮相"？百度上的解释有三：

①戏曲演员上下场时或表演舞蹈时由动的身段变为短时的静止的姿势；

②说出自己的观点，公开表示态度；

③比喻公开露面或表演。

作为班主任，第一次在家长面前的"亮相"是否也有着同样重大的意义呢？

肯定有。第一次亮相的成功与否直接影响到后续的"合伙"程度，这个"第一印象"会决定家长们对你的信服程度。所以，当一个班主任遇到新接班级的时候，首要的事情便是对该班所有学生的信息了然于胸，才能在家长面前"亮"出自己的专业来。

二、可以如此亮相

不管哪个家长，无论他的孩子刚上一年级，还是在其他年级要换班主任时，家长都会在心里想：这个新班主任长得漂亮（或帅）吗？这个新班主任的经验丰富吗？他是否具有足够的耐心与爱心？他能将班级的每一个孩子聚拢吗？他能做到为人师表吗？……其实，不管家长怎么想，我们都可以在开学前让家长感受到班主任的最佳品质：用心。

在信息沟通渠道日益多元化的今天，有很多空间和平台可以让我们借用，让家长在未见其"身"前先见其"行"与"思",让他们感受到班主任的敬业与专业。

1. 非正式亮相

(1) **问候电话**。试想,新班主任亲自给家长或孩子打一个问候电话,是不是能让他们对你产生一份美好的期待呢?你不用刻意讲很多事情,只需提醒开学报到的日子,或者应该准备的学习用品,顺便关心一下孩子的假期生活是否愉快等,就能在无形之中拉近和家长的距离。一位第一次接到新班主任电话的家长曾说:"这个班主任真是太敬业了,班里那么多孩子,要一个一个地打电话沟通,可想他对这个班级的热爱。把孩子交到这样的班主任手上,我放心。"

(2) **温情飞信**。专门为班级家长建立一个飞信群,再写一段言简意赅、言辞诚恳的开学温馨提示。这样的开学亮相,既节约了时间,又和家长们做了一次简短的沟通——这条尤其适合声音不那么悦耳的班主任。

【案例1】

一位新接班班主任发给家长的飞信内容

家长,您好!我是×××,非常幸运这学期成为您孩子的新班主任。为了提高开学报到工作的效率,现在就开学事宜和大家做一简单沟通,希望能得到您的支持!开学报到时间:8月30日上午10点—11点30分。地点:本班教室(二栋三楼)。来时记得提醒孩子带上暑期作业和一份好心情。我在教室等着您和您的孩子!

【案例2】

一位原班主任发给家长的飞信内容

各位家长,大家好!在我们紧紧拽住暑期尾巴的时候,开学报到如期来临。很多次,我都想象着孩子们长高的样子,所以我很期待开学报到那天的到来。开学报到温馨提示:

①时间:8月30日上午9点。

②地点:本班教室(更上一层楼哦)。

③准备物品:暑期作业和文具。

（3）融情QQ或微信。可以自建QQ群或微信群，也可以在家长群里寻找一位"助手"，让他帮助你建立。建好之后，你就可以正式亮相，做简单的开学提示，针对个别孩子的情况，还可以和家长私聊。

（4）贴心班级博客。有心的班主任会很用心地建立一个班级博客，贴上一篇欢迎词，或一篇表达自己教育理念的文章，或一份简单的学情调查。当然，如果你之前已经有类似的做法，也可以做一个链接，让家长更多地了解你的"前生"，据此来猜测你的"今世"。

下面是一位新班主任在班级博客的第一篇文字。

从今天起，我们开始"合伙"

尊敬的家长朋友：

您好！

在这即将与您见面的时刻，我的心里满是憧憬与忐忑。

对于孩子，我是满心的喜欢。因为他们的可爱！而孩子的可爱，是因为他们的纯真！他们自然地流露着自己的优点与缺点，毫无顾忌地展示着自己的喜怒哀乐。我希望几年以后，我们还能看得见他们的这份纯真！当然，这得益于我们的"合伙"默契程度。

做父母的，首先要成为我们期待孩子将来成为的那种人。孩子总是在观望父母的行为，我们要以身作则，而非说一套做一套。作为老师，我要学生诚实、友善、勤奋学习，那就意味着我要先做到学生眼中最诚实、友善、勤奋学习的人。而且必须长此以往，无怨无悔。每一天都很重要，您的孩子也十分重要！希望您能成为您期许孩子变成的那种人。那么，从您看到我这篇心语的这一刻起，请您思考：您希望孩子成为一个怎样的人！

期待并相信在共同培养教育孩子的路上，我们能互相理解，互相配合，做最好的"合伙人"！

班主任：×××

(5) **专业沟通平台（教育网或者校园 App）**。目前很多学校都有专业的沟通平台，班主任也可以充分利用此平台，和家长互动。比如在校园 App 上，组织一些猜谜语活动，让全体家长和学生都参与进来。开学之前班级人气就很旺，开学之后班级气氛自然会非常融洽。

当然，这是一个自媒体时代，也是风险与利益并存的时代。无论是一个文字、一个符号，还是一张图片，我们都应该三思而后"发"，站在"人"的角度，站在专业的立场，不留下话柄，不引起质疑。

2. 正式亮相

（1）**报到**。如果你认为开学报到就是收收作业、收收心、发发书本、排排座位和讲讲安全问题这么简单，你这个班主任的"版本"就应该"升级"了！

开学报到，我们还可以做些什么事情呢？

我们先来看看一所学校的一年级新生开学报到方案。

"爱，让我们在一起！"
——一年级新生报到方案及流程

【活动目的】

①快乐、和谐、温馨、友爱、向往、期待。

②做好相关的新生入学工作安排，确保新生报到工作有序进行。

【活动内容】

①家委会家长和学生在校门口引领。

②一年级新生查看分班安排，报到。

③副班主任进行新生签到及提示家长注意黑板"温馨告知"内容。

④班主任给新生发"录取通知书"、资料（入学宝典、家长校园卡、成长档案、家校彩虹、致新生和新生家长的两封信、行为习惯规范光碟等）。班主任、副班主任与新生和家长进行简单的沟通交流。

⑤下班教师拍摄"全家福"。

⑥新生及家长参观校园。

【报到具体事宜安排】

（1）学生家长发展中心：

①短信通知新生家长报到相关事宜。

②新生报到接待工作培训。

③确定学生引导员20名及培训。

④报到资料准备及装袋，入学通知书按学号顺序整理好。

⑤配合学校文化交流中心布置一年级教室，班主任老师准备一些轻音乐播放，黑板上主题及温馨告知内容书写（正副班主任联系方式，9月1日请一位家长8:20准时到学校大门口分班集合参与开学典礼）。

⑥报到工作结束后，班主任短信告知本班家长，请家长写一封信给踏上小学启蒙之路的孩子，用信封装好并在信封上写上孩子的名字，暂不告知孩子。

⑦安排通知家委会志愿者配合工作。

⑧安排校园各区域当天值日老师，并参与8月27日的培训。

（2）教师发展中心：

①新生分班名单张贴于各班教室门口。

②制作班级签到表。

（3）文化交流中心：

①学校门口大型主题喷绘及校园环境布置。

②一年级各班的教室文化建设。

③制作相应路线指示牌。

④新生资料及资料手提袋准备。

⑤学校总摄影、摄像师两名。

（4）学校服务中心：

①8月28日下班前请学校服务部配合插彩旗。

②8月29日上午如遇下雨请准备雨伞50把供校园流动工作人员使用。

【报到当天流程】

①上午8:00前，一年级全体教师以及与报到工作相关的教师着正装到校，准备和检查报到相关的细节工作。

②上午8:10，一年级班主任和下班老师进入各自的班级，准备迎接新生和家长的到来。

③上午8:50，执行校长和各行政部门负责人在大门口迎接每一个家庭的到来，由引导员（学生+家委会志愿者）引导家长到一年级区域查看自己孩子的分班照片，并引导至相关班级。

④上午9:00—11:30为新生报到和参观学校时间。

A. 新生报到：

a. 家长在一、二、三栋一楼查看孩子的分班情况，并找到各自的班级。

b. 家长和孩子进入班级后，班主任和副班主任老师需热情接待，并在副班主任老师处的班级报到签到表上签字（孩子自己写）。

c. 班主任老师第一时间把"录取通知书"发到孩子手中，然后发资料，做简单解读，并告知家长回家后细读每一份材料（必要的地方可以勾画出来），最后和孩子、家长简短沟通交流结束后给孩子发一个苹果。你的接待工作（气质、言行）希望给孩子和家长留下第一个好的印象。

d. 下班老师为每位新生拍摄"全家福"。

e. 学校指派的各班指导老师全程协助一年级对应班的老师高效完成新生报到工作。

B. 参观校园：

a. 家长和孩子报到结束后，可自由进行校园文化的参观。

b. 泡家厨房、阅览室、攀岩墙、沙池等功能区安排工作人员管理和维护秩序。

c. 校家委会成员协助功能区域维护秩序。

××学校学生家长发展中心

你是否觉得这种做法有些小题大做呢？其实，我们只需要采访几位其中的家长和学生，就会发现这样的做法是值得的。

这是一位班主任亲身经历后的感言：

我想，教育的本质应该是朴素的，是本色的，是真实的，是纯正的，但是教育也需要一些庄严的时刻。比如，在今天这个特别的日子，在我们共同的守护下开启了孩子们的启蒙之路。感谢每一个前来参加开学报到的爸爸妈妈、爷爷奶奶、外公外婆们,你们的每一次关注都将见证孩子的点滴成长。

感谢为这次开学报到辛勤劳动的工人。你们的付出为大家营造了温馨的氛围,校园的每一处布置都彰显了你们对孩子的尊重。

我们更应该感谢每一个天使般的孩子。尽管小朋友可能还不知道上小学意味着什么,但是当他踏进校园的那一刻起,他应该能够感受到我们对他的欢迎,应该能够察觉到自己是这个围墙之内的主人……

(2)上课。如果说上述内容还只是停留在礼仪或者技巧的话,接下来的内容,就是让家长们见识班主任专业之功的第一课。

这节课,没有孩子,只有家长;没有教材,只有精心的准备。

我们先来看一则新闻报道。

重返校园,回到童年

阳光,照着大地!

阳光,照进每个人的心里!

2011年9月3日!上午9:00!又一个激动人心的时刻!

泡桐树小学(天府校区)2017级"重返童年,回到童年"家长学校开学典礼即将在泡小(天府校区)召开了!

童年总是和很多美好的词汇联系在一起——快乐、幸福、单纯……今天,我们泡桐树小学(天府校区)全体一年级泡泡家长再一次回到了童年。

开学典礼

泡泡老师们带领着我们的队伍,喊着响亮的口号,踏着整齐的步伐来到操场。红领巾在空中随风飘扬,那份神圣的庄严让我们享受。

"升国旗,奏国歌,敬礼,齐唱国歌"。随着五星红旗缓缓升起,大泡泡们高唱《中华人民共和国国歌》,我们感受到无比的光荣和自豪。

爱让我们相聚在泡桐树

班主任老师们用自己的亲身经历,述说自己的选择——"在喜欢的泡小,和喜欢的人，培养我们喜欢与大家喜欢的孩子。"接下来，通过《泡桐树小学校史》短片给大泡泡介绍了学校的整个教育理念，然后将我们各班的科任老师介绍给大泡泡们认识。最后重点给大泡泡们讲解了我校十大沟通平台之一的《泡泡自主管理手册》。

缘分让我们相聚在一年级×班

大泡泡们分别介绍自己的孩子和家庭。这让老师与大泡泡、大泡泡与大泡泡之间有了互动，使得我们这个新的大家庭快速地熟识起来。大泡泡们介绍着自己的家庭，满脸洋溢着幸福，泡泡老师也沉浸在幸福之中，更希望咱们的泡泡大家庭能够更加温馨幸福。

接下来，就到了我们快乐的课间操时间。大泡泡们和泡泡老师们已经坐了好一阵子了，终于要起身去操场活络活络筋骨啦！

班级是我家，建设靠大家

泡泡老师和大泡泡们一起初步确定了班级雅名、班训、班级理念等。在这个过程中，大家庭成员之间的关系更加融洽亲密，有了共同的目标，有了共同的理念支撑，就会少很多困难。同时泡泡老师也对家委会做了介绍，并让大泡泡们根据自己的情况自愿选择适合自己的家委会岗位，这为我们今后的各种工作奠定了良好的基础。

通过这次"重返校园，回归童年"活动，我们的家长切身体会到了童年的滋味，唤醒了童年的回忆，极大地调动了家长们参与学校教育的积极性，同时也使得老师与家长、学校与家长、家长与家长之间的关系更加融洽。这一切都有利于实现我们共同的目标，通过家校共育使我们的孩子健康快乐成人、成才！这正如我们的校训："成人成才，像泡桐树一样茁壮成长。"

怎么样？是不是也有一种立即想要实施的冲动？是的，只要亲身经历一次，就会知道这样的亮相，于老师和家长而言，都是意义非凡的。虽然一开始班主任会有些发怵：把家长当学生看待，万一自己说错了岂不是印象更糟？可是，你也要明白，家长当学生的时候，会很自觉地配合你。

这种方式的意义和价值在于：

首先，家长们通过一上午的"学生"身份，见识了班主任方方面面的能力：仪表、说话、组织、管理等方面，这会让他们明白：原来老师们就是这样在教我们的孩子的。

其次，这样的活动可以让班主任全面了解班级的每个家庭，也促进了班级每个家庭的互相了解。通过确立班训、治班理念等，一个积极向上、和谐奋进的班级已经佳态初呈。

下面分享两则家长的感言：

（一）

"起立、敬礼，老师好！"曾经熟悉的口令再次在耳边响起。"让我们荡起双桨，小船儿随风飘荡……""我们是共产主义接班人……"曾经熟悉的歌声再次在校园内唱响。是什么，让我仿佛回到了童年，回到了美丽、可爱的校园？

2011年9月3日，我以一年级新生家长的身份，迈入泡桐树小学（天府校区）——一座崭新的、寄托了无数希望与梦想的学校。很特别的是，今天，我是一名一年级的"小学生"。

来到一年级一班，抽签决定了自己的座位——1-1号。冥冥之中，一切就此拉开帷幕。

伴随着激昂的运动员进行曲，"新生"列队来到操场，接受老师的检阅。大队辅导员邱老师和一位可爱的二年级小女生在台上"指挥"着我们"向前看齐，向前看"，"手打直，手放下"，初来乍到的"新生"们喊着不熟悉的口令。升旗仪式开始，雄壮的国歌声中，回忆打开了闸门，仰望半空中冉冉升起的国旗，一时心潮澎湃。那一瞬间，我竟已眼眶湿润。校长、行政队伍、教学队伍依次登台亮相并庄重地宣誓。年轻、充满朝气，这是他们给我们的第一印象。接下来，充满活力的音乐老师指挥着"新生"们高唱《中国少年先锋队队歌》。在动感十足的音乐声中，年轻活泼的体育老师登场了，"新生"们极不整齐地跟着做起了蹦蹦跳跳的广播体操。

回到教室，"1、2、3，请坐端，3、2、1，请静息，起立，敬礼，老师好"，我们开始学习基本的礼仪。然后，我们一起观看学校50年校庆影片。观影结束后，家长依次介绍自己的家庭和孩子。很深的体会是，这将会是一个其乐融融的大家庭，有金融界人士，有驴友一族，有牙医，还有成吉思汗的后代，可谓人才济济。大家都有一个共同的愿望，那就是，小学6年，希望大人、孩子都能成为好朋友。

宁老师给我们班起了个好听的名字——"妙妙屋"，源自孩子们都很喜欢的"米奇妙妙屋"。班训是"感恩、乐学"，教会孩子感恩，感激父母，感激师长；学会学习，爱上学习，擅于学习。

在此之前，我觉得容儿已经先于我爱上了这所学校、这个班级。她告诉我，"新学校真好，有帅气的黄老师，温柔的宁老师，比妈妈大一岁但看上去比妈妈年轻的欧老师"。

童年是珍贵的，在这学习生涯较长的小学时代，希望自己能和老师携手为孩子留下一段灿烂的回忆，伴随她的一生。

梦想，从此启航。

（二）

如果说穿越小说是当今流行的题材，那么，今天的我，真正地体验了一回穿越！

作为学校一年级一班的一名同学，我再次戴上了红领巾，唱起了队歌，敬起了队礼，排起了整齐的方队，做起了久违的体操……喧嚣的城市、浮躁的心灵，在这一方校园净土上，我感受到了童年的快乐！

在快乐的同时，我为自己的宝贝高兴，为她有个这么优秀的教育环境而开心，有这么活力四射的老师而庆幸！衷心地希望，宝贝能在这个美丽可爱的小学度过她快乐的6年小学生涯，给她的幸福童年留下美好的回忆！也希望自己能成为家长学校的一个好学生！

这里的案例尽管只是针对一年级，但新接班的班主任也不妨借鉴，只是要把范围缩小到自己的班级。

第五章 好班，与"合伙人"握手 | 135
——家校关系建设之道

整队集合，一起去做课间操

一起做课间操

随机出示"全家福",家长介绍家庭

(注:副班主任老师可以在旁边用贴奖励的方式评价家长们的表现哦)

培训,理性"合伙"

现实把家庭教育省略为"家教",又把"家教"等同于辅导孩子学业,这真是由误生谬。更本末倒置的是,没有把家长教育好,就想把子女教育好;没有提升家长的素养,就想提升孩子的素养。一些父母局限于自己过去的经验和知识来教育孩子,缺乏终身学习的意识和能力,这是极为可怕的事情。作为和家长关系密切的班主任,培训好"合伙人",既是完成本职工作所需,也是功德无量的善事!

一、保底培训，做合格"合伙人"

任何一件事情都需要保底，做家长更是如此。既然是"合伙人"，就得具备"为对方考虑"这一基本品质。当然，这样的"保底"也应该体现班主任的专业素质。所以，我们首先要培训家长如何配合学校的工作以及作为家长所应该坚持的底线。

1. 请你跟我这样做

一个班级就是一个微型社会，牵涉到学生的生活、学习等方方面面的细节。班级常规做好了，整个班级才会井然有序。

要把一个班的班级常规建设好，必然离不开家长的支持和配合。那么，班级常规在哪些方面需要得到家长的配合呢？

一位一年级的班主任在开学第一次的家长会上，和家长们沟通的事情如下（以学生在校一天的时间为序）：

上学时间：早上8:25到校。建议提前10分钟左右，目的是为了培养早读习惯和做上课准备；若迟到或有事，需用短信请假。

穿衣：周一和周五需穿校服，其余时间的穿着以简单大方为主；每天都有体育课和大课间活动，需穿运动鞋。

学习用品：根据课程表准备当天的书籍和学习用品；在家削好铅笔5支，并且每支铅笔头上需贴上姓名贴，方便遗失后归还。

饮食：不挑食，安静吃饭，饭后及时收拾课桌；特别告知老师学生有没有食物过敏情况。

饮水：每个孩子需要自带一个有盖的水杯，课间老师会提醒和督促孩子喝水。

卫生：保持良好的个人卫生，随时保持教室座位卫生；每天中午和放学后轮流值日，包括扫地、拖地、排桌椅、倒垃圾等事情，在家需要培养孩子的这些能力。

放学时间：严格遵守学校的放学时间；若到了放学时间没有接到孩子，请不要擅自闯进校园，听从保安指挥。

上交资料：一些活动通知和放假通知需要家长签收，并将回执单及时交给班主任。因此，每个人准备一个袋子，放在孩子书包里，每天检查一遍，并按照通知及时准备好资料放入袋内并装入孩子书包里。

小学一、二年级不留书面家庭作业，到了三年级，可以加上在家辅导作业的要求。一般情况下，家长能够关注孩子完成作业的时间与状态即可。

2. 陪伴是最好的教育

子曰："父母在，不远游。"其实，就小学生的成长而言，父母应该做到"幼子在，不远游"。2012年热卖的《最好的教育是陪伴：耶鲁女孩培养手记》告诉我们：陪伴是第一位的教育，教育无小事，需要父母在很多事情上身体力行，做出榜样。

美国教育学家莎莉·路易斯在《唤醒孩子的才华》一书中写道："两年前，有人研究哪些因素促使孩子在学习能力倾向测试上得高分。智商、社会条件、经济地位都不及一个更微妙的因素重要，那就是得高分的孩子都经常与父母一起吃晚饭。"

所以，作为班主任，在第一次家长会上，就应该把"陪伴是最好的教育""下班的路应该是回家的路"这些观念告诉家长，并告诉他们一些力所能及的事情。

他做作业的时候，你安静地在一旁读一些书、写一些文字；

他阅读的时候，你陪着他一起阅读，并进行适时的交流；

他涂鸦的时候，你在一边涂鸦，或者欣赏他；

他看动画片的时候，你和他聊聊动画片里的人物或故事情节；

他发呆的时候，你和他一起静坐；

他运动的时候，你陪他一起运动，一起跳跃，一起挥汗如雨；

他不高兴的时候，你给他一些安慰和指导，甚至拥抱；

他高兴的时候，你学会分享他的快乐；

……

甚至，你可以什么都不做，就那么安静地坐在他的身边陪着他，看着他，聆听他，表扬他。

当然，作为班主任，我们也必须明白，要家长做到真正意义上的陪伴，是很难的。尤其是下面几种类型的家长，我们要用我们的专业去赢得家长的认可，从而让家长转变观念。

一是"放任型家长"：一些事业有成的家长，把每天的时间几乎都用在了事业上，下班之后都在应酬，和孩子的沟通交流少之又少。或许他们还会美其名曰"自主"成长。对于这类家长，可以通过一对一的交流，用孩子的表达来唤醒他们回归孩子，伴随孩子成长。

二是"包办型家长"：家长就是高级保姆，除了让孩子吃好、喝好，甚至连自主整理书包、做手工作业等事情都包办在内。对于这样的家长，可以召开小型家长会，告诉他们陪伴不是包办，孩子终究有一天会离开父母，我们可以做到身体、心理的陪伴，行为的放手。

三是"完美型家长"：一些家长过于追求完美，苛责孩子，压抑孩子的天性，他的陪伴对孩子来说是压力，是恐惧。对于这类家长，我们可以通过案例分享，或者请家长现身说法，告诉家长，爱他就尽早给他自由，让他独立，让家长明白孩子的个体差异，给他时间，拥有一份静候花开的心情。

二、提升培训，做理性"合伙人"

目前，社会上的家庭教育缺乏科学的引领，守着陈旧、落后甚至错误的教育观念，用着原始自然的教育方式，重智育轻德育、重生理轻心理、重外显轻内省、重教而不会教的现象相当普遍。家庭教育应当以更新的观念为先导，用科学来指导，用先进技术来支持。

那么，如何对家长进行提升培训呢？

1. 请"家长"来培训

我们可以充分利用家长资源（家长都是来自各行各业的），再由家长去挖掘自己的资源，这样进行家长培训就不是难事了。

下面是美国一所学校一个班级提供的讲座主题，值得我们借鉴。

主题1：回到慢生活、慢生长

快，快，快，人脑的哪部分最快？哪部分最慢？这个讲座讲述"慢"节奏对于激发孩子学习动力、集中注意力以及欣赏生活的重要作用。在这个快节奏、现代化的社会，儿童和青少年们应该慢下来。讲解"慢"脑子的6大真相，帮助改善孩子学习和玩的体验，改善同辈关系以及取得成功。

主题2：我们可以做朋友吗

不论什么年龄的孩子都需要朋友，有些孩子不善交新朋友，有些孩子不善保持和朋友的友谊。家长也不知道如何帮助孩子处理在朋友关系上遇到的挑战。

这个讲座将帮助你了解孩子所需要的社交能力，以及如何和朋友交往、维护友谊，并对友谊中健康和不健康的特点进行对比，还将讨论父母如何帮助孩子在发展友谊中做出健康的选择。

主题3：正面的父母之道——学习技巧的辅导

讲述父母如何营造一个正面积极的学习环境；如何提高辅导技巧，使孩子掌握良好的学习方法和应试技巧。

主题4：坚持运动

提供帮助孩子进行运动的建议，以加强他们的平衡、力量、身体感知、节奏感、手眼配合以及眼睛与步伐的协调性。强调给予孩子快乐的运动体验以帮助他们提高行动能力和自信。

主题5：驯服电视——养成健康的媒体习惯

这个互动的讲座帮助你在家中形成健康的选择媒体的习惯，减少在荧屏前的时间，注重发展孩子的创造力。

主题6：培养和欣赏平衡的孩子

我们的家庭中有很多优秀的孩子，在社会衡量标准里，他们是最聪明的、运动最佳的或最受欢迎的。但每个孩子的独特之处并不能仅以社会的成功标准来衡量。这个讲座侧重讲述如何在推动孩子做到"优秀"以及支持孩子发挥自我之间找到平衡。

主题7：培养自我满足和自主负责的孩子

通过讲座，家长能更好地理解让孩子毫无心理负担地摔跤和失败意味着什么。参与者可以共同探讨父母之道的奥秘，以及这个社会寄予我们的希望。

从以上主题可以看出，培训家长主要是培养家长的观念、改进家长的做法，让他们站在"人"的角度和"儿童立场",去实施作为家长的责任和权利。当然,每次的讲座最好做成互动式的,让家长参与进来,共同思考,结合实际发表感想,这样更有助于培训目的的达成。

2. 让"家长会"来培训

可能一提到家长会,你脑海里便会浮现出这样的画面:家长们在位置上正襟危坐,班主任在讲台前唾液横飞;优生家长脸上笑容灿烂,后进生家长脸上阴云密布。如果现在还开这种"训导式"家长会,只能说你已经落伍了。

先看几则家长会新闻。

【案例1】

"新年 感恩 进步 希望"
——期末家校共育交流会

为了更好地体现"和谐教育 自主发展 成人成才"的教育理念,进一步搭建家校共育的平台。1月7日上午,学校举行了题为"新年 感恩 进步 希望"的期末家校共育交流会。学校希望通过教师、家长、同学对学生本学期的成长进步进行"优点轰炸",让学生正确认识自己,增强学生的自信心,让学生学会欣赏同学,激励学生自主管理、自主发展、不断进步。

各班以大组为单位,将班级分为3个小型交流会,分时间逐一进行交流。这样有助于家长、学生有更为充裕的时间和空间与老师、同学面对面的交流。每个学生都要有一个自我介绍,并和大家分享自己本学期的一个小故事,而学生的父母则要聊一聊自己孩子本学期的进步和成长。此外,老师们通过PPT和家长们沟通学生的成长和进步,并让家长了解学生的成长与不足,探讨教育的策略,以增强学生的自信心,达到共同促进学生自主管理、自主发展、不断进步的目的。

通过此次期末交流会,加强了家校沟通与彼此的了解和信任,让家长更加理解家校和谐、亲子和谐对孩子成长的重要意义,并能够对孩子进行客观、正面、积极的评价,更加了解、尊重、理解自己的孩子,进一步和谐亲子关系,最终促进孩子和谐全面地发展。

【附现场部分实录】

学生的话：

"戴上红领巾的时刻。那天，学校挂满了彩球和标语，当妈妈把鲜艳的红领巾戴到我脖子上的时候，我感觉我的心都要跳出来了，我感觉我好幸福哟！"

"爷爷在病重的时候，爸爸很伤心，我让爸爸别伤心，因为如果爷爷真的去世了，就当作去陪奶奶去了嘛。"

家长的话：

"上幼儿园时，老师担心孩子有多动症，但现在很好，家里的体力活都是他做。每次爸爸走的时候，他都主动说：'我是男子汉，我会照顾好妈妈、弟弟。'"

"爸爸的工作性质是两三个月回来一次。爸爸问女儿，你是希望爸爸每天陪在你身边呢，还是就像现在这样子？女儿说：'爸爸你还是两三个月回来一次吧，因为你要工作养我。'爸爸说：'女儿这么懂事，有时候我在外面工作遇到挫折的时候，想到女儿，我就会变得坚强起来。我在外面工作99天，哪怕只见到女儿1天，我都会很满足了。'"

"在孩子上幼儿园的时候，一次晚上吃饭，孩子胃口不好，我又想让她多吃，结果她吃得很慢，把饭弄到地上了。我让她捡起来，她不捡，所以我打了她，她却不哭。爸爸也打她，她也不哭。奶奶过来说这是干嘛呀，脱下她的裤子看全都是血印子。我很内疚，结果她过来抱着我说'妈妈，我原谅你了'。我问'妈妈打你的时候，你在想什么'，她说'要是我能打过你就行了'。所以，从此，我再也不打她，因为她平时很懂事，很体贴人。大人一定要学会控制自己的情绪。"

【案例2】

"我与孩子共成长"
——二年级上学期期末家校共育分享会

孩子是我们一生的事业。

2013年1月26日下午，为了践行我校"为每一个孩子的最大可能的发展负责"的办学理念和"家校共育"的核心理念，也为了培养高素养的国际竞争力的国际人才，用我们的良好行为素养去影响孩子，做高素养的家长，帮助家长建立科学的家庭教育观念，找到适合自己孩子成长的方法，提升家庭教育能力，我校二年级五个班同时举行了以"我与孩子共成长"为主题的家校共育分享会。

各班的分享会，均由各班家委会成员担当主持人。

各班家长先观看了"身教大于言教"的视频，接着以"从规则到习惯"为题，展开了全班讨论和分享，班主任老师和下班老师均参与点评、总结和分享。有的班级按照分享教学的三个基本单元"问题—思考—分享"进行，抛出话题，独立思考，然后小组分享，小组再推举代表进行全班分享，充分调动家长的积极性；有的班级针对"规则"罗列了一些相关话题，进行逐一分享，有的家长还展示了自己的一些做法，比如合约书、协议表等，各位家长畅所欲言；有的班级倡导"人人发言"，谈谈你在"规则"上的喜或忧、酸与甜，大家互相学习，取长补短。形式各异，但都表达出了我们一定要培养孩子的规则意识，这既是尊重他人，也是提升自己的最佳途径。

接着，各班家委会主席就家校协作事宜和家长们进行了有效的沟通交流。

最后，各班家校共育分享会均在家长热烈的掌声中和满意的笑声中圆满结束。

这次家校共育分享会，家长们成为主角，提供了一次家长之间互相交流、互相分享的平台，既是一次家庭教育的思想峰会，也达到了家校共育的真正目的，让老师更多了解家长的想法，让家长了解老师的做法，为以后的教育工作提供了有力的支撑。

这样的家长会一改家长只负责听、教师只负责说的局面，家长会的内容也不是围绕着成绩，而是围绕着孩子的"最大可能发展"、围绕着"我们如何做父母"等话题展开。教师在家长会的一开始就抛出话题让家长思考、交流、分享，最后达成共识。其实，这样的家长会，可以有很多话题让他们探讨交流。比如，"家长要不要辅导孩子写作业""当孩子出现问题时怎么办""怎样培养孩子的阅读习惯"等。只要你是个有心人，结合班级现状和教育热点，完全可以让家长们参与进来，并有所收获和成长。

3. 让"书"来培训

给家长推荐书籍，或者由家长给家长推荐书籍，并给家长布置适当的"作业"，进行沟通交流，才能取得效果。

那么，哪些书适合推荐给家长呢？

时下，最盛行的一本家庭教育的书是《正面管教》。现实生活中，也有很多家长参加相关的课程活动，有的家长由此从"学生"身份演变为"讲师"身份，效果甚好。

分享两则感言。

讲师心得

拥抱，是一个表达爱、传递温暖的动作。所有的母子、父子、父母之间都会拥抱，也会很享受拥抱。拥抱通常发生在大家感觉好的时候，那时我们愿意分享彼此的怀抱，感受彼此的热情。而当一方在恼怒、生气或在其他激烈的情绪下，我们通常不会有心情去拥抱那个着了道的"恶魔"。无论那个"恶魔"是大人的，还是小孩的。

在"正面管教"课堂上，我们学习了一个和孩子联结的方法——学习说一句有魔力的话，那就是"我需要你的拥抱"。当孩子发脾气的时候，家长提出这个请求，孩子通常会收敛他们的脾气，甚至能很快和家长和好如初。做完活动，大家都觉得很神奇，这句话为什么会对孩子有那么大的魔力？我想，"需要"是最主要的原因吧。感觉自己是被需要的时候是多么有归属感，如果我的努力可以解决问题，我又是多么有价值呀！

家长心得

"正面管教"告诉我们，最好的育儿是育己，要求孩子做到的，自己必须先做到。在学习"正面管教"的头一个月里，正巧自己那段时间很忙，由于自己的丢三落四，浪费了很多时间、金钱，更可怕的是，让自己心情很不好。其实，一个不太讲规律、乱糟糟的生活，看起来没有约束、很自由、省事。但是乱之后，常常找不到东西、丢失钱物、花费时间精力去弥补，带来莫名的压力，让人很难受,并不是一种好的生活状态。以前,对于自己的这种状态,我总是宽慰自己是因为太忙了,没有太大的问题。

学习了"正面管教"之后,我了解到:安逸型的母亲对孩子采取的是自由放任、骄纵的态度,但是把孩子养成"被惯坏的小淘气"后,还得要承受孩子淘气带来的压力。孩子也会学会以耍赖、发脾气等方式逼迫母亲让步。因此,母亲的让步反倒成为压力矛盾的来源。真是因果可以互换,果就是因,因就是果。所以,我之前放任自己不拘小节,带来的后果是各种莫名的压力,最后自己无法真正做到潇洒。了解了这个过程之后,我开始每天写心中所愿,列下今天希望做的事情,以便做事清晰、有条理,做一件成一件;东西不随手扔,减少随意性。这两个月,生活的条理性有所提高,生活质量也有所提高。

当然,适合家长看的书籍还有这些:

①《傅雷家书》,傅雷著,辽宁教育出版社,2003年版。(这是每位中国父母都应该读的书)

②《父母改变 孩子改变》,张文质著,北京师范大学出版社,2013年版。

③《发现孩子》,〔意〕玛丽娅·蒙台梭利著,中国妇女出版社,2012年版。

④《觉醒》,周弘著,北京出版社,2004年版。(有没有一种让所有孩子像追蝴蝶一般如痴如醉、流连忘返的教育方法呢?你会在本书中找到答案)

⑤《101个当场打动子女的激励故事》,周弘编著,京华出版社,2004年版。

⑥《268个错与对》,王敬东著,北京科学技术出版社,2003年版。

此外,还有龙应台的《孩子你慢慢来》《目送》《亲爱的安德烈》等,也是非常适合推荐给家长读的书。

撇开这些正式的培训,班主任和家长的每次沟通都应该算是一次"培训":结合孩子实际,给出较为专业的建议,让家长知道怎样做,为什么这样做,以及最终能达到的效果。当然,也要切忌"培训"过度,引发家长与班主任的矛盾。

组织，凝聚"合伙"

任何一个优秀的班级，都离不开"家校共育"。"共育"的前提是共同遵守彼此的约定，共同执行彼此的决策，家校一致才能让孩子朝着我们期望的方向生长。所以，我们可以建立班级家委会，让家委会成员密切配合班级工作，形成教育合力，让孩子健康成长。

一、"先说不乱"——建设好"纽带"

说班级家委会是家校的"纽带"，最形象不过。因为我们总会遇见下面的情形：

当与班里个别家长沟通不畅的时候；

当一些活动需要家长献计献策的时候；

当班里需要经费开支的时候；

当需要校外资源拓展学生第二课堂的时候；

当老师忙不过来的时候；

……

这时，班级家委会就是我们的"好丽友"。因此，在开学之初，班主任就应当把班级家委会建设提上议事日程。这应该是一个很正式的组织，在建立之初将家委会的义务、权利等与家长做好正式沟通，方能实施。

下面的案例，可以作为一个"蓝本"。

家长委员会的义务

①维护学校、班级和谐发展的义务。协助学校、班级调解家长、学生与学校之间的争议和矛盾；与学校和教师一起肯定和表扬学生的进步，解决和化解学生遇到的困难和烦恼；协助学校、班级定期组织家长会、家长接待日、家校共育等活动。

②沟通协调和信息传递的义务。向家长通报学校、班级近期相关的重要工作和准备采取的重要举措，听取并转达家长对学校、班级工作的意见和建议；向班主任及时反映家长和学生的意愿，听取并转达学校、班级对家长的希望和要求，促进学校和家庭相互理解及支持的和谐教育。

③组织、整合资源支持学校、班级发展的义务。发挥家长的专业优势和社会资源优势，为学校、班级学术研讨，国际现代化信息的了解（包括网络信息提供、管理），教育教学活动的拓展提供支持；为促进学生个性发展而开展的校外社会实践活动、校内社团课提供优质教育资源和志愿服务；及时向班级提出良好的工作意见和建议，与学校共同培养具有国际竞争力的学生而深入推进素质教育。

④优化教育发展环境的义务。主动与社区、媒体、青少年教育组织等保持横向联系，为学生的健康成长、个性发展创造良好的校园、家庭及社会环境。

⑤开展家长教育工作的义务。拟定家长委员会班级工作方案，做好家长学校工作；帮助家长建立科学的家庭教育观念，提升家长素质；发挥家长自我教育的优势，开办家庭教育论坛（或导报）、教育沙龙等活动，积极收集、交流、宣传正确的教育理念和配合学校教育的科学的教育方法。

家长委员会的权利

①知情权。即知悉、获取学校、班级相关信息的权利。通过定期听取学校、班级工作报告，了解学校、班级教育教学工作计划、资源配置情况、教育督导评估结果等。

②建议权。即对学生健康快乐的成长、家校共育的相关事项的管理和决策有建议的权利。对班级的发展规划，对班级年度教育教学工作计划、关系学生健康成长的教育问题的重要管理制度的情况提出意见、建议。

③评价权。即对班级教育教学成果、学生成长具有评价的权利。根据相关考评办法，协助参与学校对班级教育教学成果、学生的成长进行考核评价工作。

④监督权。即监督班级及班主任、教师工作开展情况的权利。对班级教育情况、师德师风建设、学校食堂管理（经费开支）、安全卫生健康方面进行监督，帮助班级改进及完善工作。

家长委员会组织机构、委员人数和任职条件

班级家长委员会共设委员10人，其中，主席1人，副主席1人，学术中心正副委员2人，活动管理中心正副委员2人，宣传部正副委员2人，服务部正副委员2人。班级学生分成四个大组，组长由家长委员会各部委的副委员兼任。任期一般是一年。

委员要具备广泛的代表性，兼顾不同行业，可邀请有声望的社会人士、热心教育事业的志愿者、校外辅导员、模范人物等作为"特邀"委员，参与家长委员会工作。可重点推举男士家长参与家委会工作。

家长委员会委员应具备下列条件：

①具有正确的教育观念，热心学校教育工作，富有志愿服务精神。

②具有一定的组织管理和协调能力，善于听取各方面意见，责任心强，办事公道，能赢得广大家长的信赖。

③身心健康，有时间和精力参与家长委员会工作。

家长委员会工作行为规则

①不违反国家大政方针，不对学校的重大工作部署阳奉阴违，搞自由主义，影响学校及家长的团结统一。

②不以家长委员会的身份，搞特殊待遇，为自己的子女谋私利。

③不得未经集体讨论擅自对家长委员会的工作做出决策、决定。

④不以家长委员会工作的名义，干涉教师的正常教育教学活动。

⑤不以家长委员会工作的名义，搞小团体及小帮派。

⑥不以家长委员会工作的名义，插手学校的各项比赛及评优。

⑦不以家长委员会工作的名义，从事营利性的相关活动。

⑧不以家长委员会工作的名义，从事有偿中介活动。

⑨不得违反公共财物管理和使用的规定，假公济私，不得用公款报销或者支付应由个人负担的费用。

⑩未经校家长委员会和学校的审批，班级家长委员会不得自行商讨准备开展各项活动以及私自召开各种形式的班级家长会。

二、"开张大吉"——第一届家委会

从某种意义上说，第一届家委会的成功与否，决定了班主任带班的顺利与否。因此，必须高度重视第一届家委会的工作导向。

一个班级的班主任是只有两年教龄的大学毕业生，帅小伙，对教育工作非常痴心。但因家委会没有摆正自己的位置，成天拿着放大镜抓老师把柄，暗地里收集老师"不好"的证据，最终闹得家长们集体罢免班主任，让学生成长"受损"。

学校把这位帅小伙换到下一个年级去做班主任，虽然有"被罢免"的经历，但他用他的专业赢得了家长们的信任，丝毫不影响家长们对他的喜爱。这让上一届家长深感后悔。究其原因，就是这样的家委会只想着自己的监督作用，没有想到配合作用。

第一届家委会的成员产生，方式有两种：第一种是由班主任内定，根据自己了解的情况进行认定，适合家长们彼此都不熟悉的情况；第二种是民主选举产生，适合家长们彼此了解的情况下。

当第一届家委会的工作顺利开展之后，第二届、第三届的家委会成员就可以实施轮换制，或者抽签制。事先约定每个孩子的家长都得为班级服务一年，体现"人人为我，我为人人"的理念。

三、参与无限——凝聚"合伙"

大大小小的班级活动中，我们都可以窥见班级家委会的身影：

校级运动会上，家长们忙着摄影等服务工作；

亲子活动，家长们忙着策划组织和实施；

评优选先会上，家长们参与整个活动，忙着发选票、唱选票、监督整个活动的公平与公正，并做到公开；

　　班级展示秀上，家长们忙着请策划，做道具，并参与表演；

　　建设班级文化，家长们忙着献计献策，寻找资源并参与实施；

　　游学活动，家长们忙着选地点，选服务；

　　走进父母职场体验活动，家长们忙着定地点，定人员；

　　跳蚤市场，家长们忙着做海报，联系地点，分小组，赚吆喝；

　　家长会上，家长们忙着布置教室，准备物品；

　　亲子课堂上，家长们忙着参与分享；

　　优秀班级评选活动，家长们忙着撰写文稿，做PPT，培训小解说员；

　　亲子阅读会上，家长们忙着网购书籍，分享读书心得；

　　……

　　重视班级活动的开展，就是重视健康体格与人格的培养。来看看成都市泡桐树小学（天府校区）各班家委会组织的活动新闻吧。

【案例1】

亲子课堂——中国的法院与法官

　　12月19日下午，四年级一班的教室里传出同学们此起彼伏的提问声，到底是什么课让同学们有这么多的疑问？原来是班上李长沛同学当法官的妈妈给同学们带来了一堂名为"中国的法院与法官"的介绍课。

　　课程以"大家心目中的法官是怎么样的"和"大家心目中的法院是做什么的"两个问题开场，同学们纷纷举手回答自己的想法。随后，李长沛的妈妈深入浅出地给同学们讲解了法院是做什么的，还给大家介绍了我国的法院组织结构和法院的主要审判部门。同学们心中有很多关于法官和法院的疑问，今天都得到了李长沛妈妈的解答。课堂的最后，李长沛的妈妈向同学们表达了欢迎同学们长大后加入中国法官队伍的美好愿望。

　　一小时的课堂，给同学们心中埋下了社会正义和法制意识的种子，四年级一班的部分同学也许由此会成长为众多中国法制工作者中的一员，让我们翘首期盼吧！

【案例2】

第二届亲子同乐运动会

11月22日下午,阳光明媚,在学校操场上举行了本学期第二场以"我运动,我健康,我快乐"为主题的亲子同乐运动会。四年级一班班上十几名同学及其家长和班主任老师共同参与了本次运动会。

本次亲子运动会的比赛项目跟上次亲子运动会的比赛项目相同,有:1分钟跳绳、跳远、中长跑(学校操场两圈),每个项目都设有一、二、三等奖。本次比赛还特别设定了四名运动进步奖。同学们与老师、家长都十分认真地进行各项比赛,并在比赛过程中充分享受到了运动的乐趣。

本次运动会由四年级一班第二活动小组精心策划,策划小组准备了丰厚的奖品。最后,本次亲子运动会在一片领奖的欢呼声中落幕!

【案例3】

四年级四班跳蚤市场活动成功举办

10月19日下午,四年级四班以"体验理财,社会实践"为主题,在奥克斯广场举办了跳蚤市场活动。

活动前期,老师和班级家委会广泛征求学生和家长的意见,制定了详细的方案,倡导全班学生都来参加活动,将自己家中闲置的书籍、杂志、小玩具、小制作、小发明、学习用品、手工艺品等拿出来售卖。为了能将活动办好,学生以3～4人为一组,确定名称,推选小组长,进行叫卖、收银、记账等分工,还约定了售卖物品,理出价格清单,一些小组的学生甚至自己动手制作了宣传广告语和口号;而泡爸泡妈们则在校门口张贴起了海报,热烈邀请全校老师、同学都来参加。

活动开始了,学生一边积极向路过的行人兜售自己的物品,一边认真地选购着自己喜爱的商品,整个现场气氛热烈,笑声不断。活动持续了近3个小时,每个学生都卖出了一些东西,也淘到了自己心仪的宝贝。最后,学生用赚到的钱筹劳了一下自己。

此次活动的开展，让学生初步感受了市场经济的魔力，体验了在生活当中理财的重要性，同时也增强了团结协作、沟通交流等能力。大家都反映，这是一次很有意义的活动！

【案例4】

追寻父母的脚步，打开广阔的世界
——四年级开展"走进父母职场"体验活动

为了让孩子从小接触社会、了解社会，为将来成为社会的主人奠定基础，让小泡泡体会到父母的辛苦，去尊重、体贴父母，经过前期精心的准备，11月21日，我校四年级组织开展了"走进父母职场"体验活动。

小泡泡们分成若干个小组，和大泡泡一起走进了他们向往的家长职场。他们有的进入神圣的军营了解军人叔叔的学习生活，有的走进令人向往的中学参观体验，有的坐在了法庭中观看审判，有的……各种各样的职场工作进入孩子们的双眼，触动着孩子们的心灵！

小泡泡们被军营的整洁、规范所震惊，也跟着军人叔叔学习整理内务，还体验了陷阱自救、站军姿、做仰卧起坐、爬双杆等训练内容。同学们体验到了训练的辛苦和枯燥，明白了做任何事情想成功，唯有努力加油！

小泡泡们参观了自来水厂。小泡泡们参观了网格絮凝池、斜管沉淀池、气水反冲洗滤池、清水池等，还将水取样后，来到化验室，在工作人员的指导下，比对净化前后的水质，了解了不少关于净水的知识。大、小泡泡们都体会到了自来水生产的不易，节约用水对我们的生产、生活都有重要的意义。

小泡泡们还参观了建筑公司、钻头公司，学到了很多书本上学不到的知识。看，采访中的小泡泡多么认真呀！

小泡泡们还深入银行体验点钞工作，走进消防队穿上消防服体验，来到国航基地参观学习，到法院观看了审判的现场，走进电影院了解了幕后的工作……

小泡泡们在卫生服务中心、食品生产公司、电器公司、印刷厂、IT公司也有很大的收获。小泡泡体会到，为我们带来方便的各个方面都有着无穷的知识，都包含着人们的辛劳！

体验图书管理员工作、学习编写程序、采访基金公司、尝试向客户推销楼盘、体验保安叔叔的工作……每一种体验都像打开了一扇窗户，透过这扇窗看到的天地是如此广阔！

这次活动让小泡泡们更加了解父母，感受到父母的辛苦，在各种各样的体验中，孩子们也开阔了眼界。大泡泡也告诉老师，这样的活动很有意义，希望学校以后多组织这样的活动！

良好的关系胜过一切教育。只要班主任敢放手、放"权"给班级家委会，他们一定会还你一个充满活力的班级，通过多姿多彩的活动，促进学校同伴关系、家庭亲子关系的发展，让孩子的身体和心灵都得到锻炼和成长。

孩子不是一张白纸，而是一粒种子。教育是长跑，孩子要赢在起点，但更要笑到最后。要想达成这样的目标，我们与"合伙人"的长跑路还比较漫长，还需要不断地理解、沟通与分享。要想改变孩子，先要改变我们与"合伙人"的视野、认知、思维，从这一点上来说，我们要先成为孩子们的骄傲，他们才会成为我们的骄傲。

本章作者简介

苟鹏，四川省成都市泡桐树小学（天府校区）校长，中学高级教师。全国特色教育先进工作者，成都市优秀青年教师，成都市自学积极分子，"英特尔未来教育"项目优秀培训者，中央电教馆"十五"重点课题优秀研究人员。出版专著《信息化环境下教育均衡发展的探索和实践》，应邀到省内外做专题讲座30余场。

欧小丽，四川省成都市泡桐树小学（天府校区）教师发展中心副主任，省级骨干教师，成都市优秀青年教师。从事班主任工作18年，重视学生品格养成教育，秉承"教育是人与人的相遇"的教育观，追求"生命在场"的课堂。在《小学数学教师》《小学教学》《当代教育家》《中国教师报》等报刊发表文章近30篇。

第六章
好班生活，活而不乱
——班级生活经营之道

班级,是孩子的第二个家庭。

当孩子踏进这块小小的天地,就开始过上细水长流的班级生活。孩子们的吃喝拉撒、坐立行走、学习玩耍、人际交往、处世方法,都在细细碎碎的班级生活中一一体现。在这样的班级生活中,教师何事可为?何时可为?孩子们又能做些什么?这个家庭应该呈现怎样的整体风貌?所有这些,都将决定毕业时这个班级走出一群怎样的人。

好班有法,却无定法。要经营好班级生活,且向真实的班级生活看去!

好班生活"序"为先

我曾接手一个四年级班。且不说这个班的学习成绩稳居学校倒数第一,初步观察,我就发现,这个班可以用一个字形容:"乱"。从早上进校园开始,课堂外,学生无所事事,完全不知道应该干什么;课堂上,学生学习混乱,自主学习时不知道干什么,小组学习时不知道怎么办,不会倾听,发言乱讲。要想治乱,必先有序。我开始从班级生活的每一个时段、每一件小事做起,建立一定的序。

一、一日之序

1. 晨读时光

我早早等在教室门口,看着阳光漫过树梢,天空明亮起来。孩子们陆续走进教室,和我微笑问好后,安静迅速地整理好书包,马上捧着书,加入晨读队伍。老师和孩子一起捧书共读。读书声或抑扬顿挫,或铿锵激昂,或喑哑低沉,或悠扬缠绵。琅琅的书声,伴着啾啾的鸟鸣,读出一天好心情。变化的是读书的内容,不变的是读书的热情。

2. 两操时刻

音乐声响起!我和体育委员眼神交汇。他马上喊:"起立!列队!"孩子们鱼贯而出,悄无声息。我,早已站在队列最前面,微笑着欣赏他们整齐的队伍、挺拔的站姿。上下楼梯,体育委员前面带队,我跟在队伍中间,看着他们轻声慢步靠右行,偶尔做提醒。做操,体育委员在前,我立在队伍最后。师生一起,感受运动的快乐。变化的是舞动的姿势,不变的是舒展的心情。

3. 午餐时间

午餐铃声响,饭菜已飘香。按照"午餐公约",我安静地观察,悄声地提醒:"列队洗手,排队端饭。"值日小组打饭分菜添汤。接受服务的同学小声道谢,然后安静回到座位,伴着音乐吃饭喝汤。光盘行动,坚决不掉油渍米粒。饭后清洁,小组分工合作,快速干净,我协助劳动委员一起检查。最后由生活委员总结午餐情况,劳动委员总结清洁情况,反思提升。变化的是午餐的味道,不变的是从容与淡定。

4. 悦读光阴

课余闲暇,午餐之后,都是阅读好时光。我常常会捧起一本喜欢的书静看,偶尔观察孩子们,他们或站或坐或蹲,或一人静静享受文字的味道,或多人一起分享阅读的快乐,或大声朗诵,或静思默想。越读越快乐!变化的是灵动的文字,不变的是对书籍的热爱。

5. 暮省一刻

放学前,一日一省思,从我做起,人人参与。

"今天,我学到了……"

"今天,我做得不够好的地方是……"

"明天,我怎样做会更好……"

最初用语言分享,后来用文字表达,最后变成静默的反省。

变化的是反省思考的内容,不变的是终身受用的好习惯。反省着,思考着,改变着,孩子在不知不觉中成长着。

乱班,经过这样的陪伴和指导,逐步呈现出有序的"微生活"。孩子课堂之外的时间安排有序了,班级整体就会呈现出有序。教师就可以逐步放手让孩子们自主管理,和孩子们共度这最美的时光。

二、学习之序

上课铃声响,教室乱糟糟。你在拿书,他在找笔。踏进这样的课堂,第一要务就是规范学生的学习行为,引导他们有序学习。

1. 课前有序准备

"上课前，我们需要准备什么，才能尽快进入有效学习？"全班讨论后代表发言，然后梳理：①每节课后准备好下节课需要的书本和文具，放在固定的位置后才休息。②听到铃声响，马上静息，等待上课，或者做课前诵读，诵读美文，迎接上课。明确要求后反复训练，和每位科任老师沟通，每节课检查课前准备情况，严格要求。一段时间后，学生养成了课前充分准备的习惯。

2. 课中有序学习

引导学生了解学习流程：自主检测（同学互测），预习—提出疑惑，小组内初步解决—聚焦核心问题，小组合作研讨—梳理想法，全班分享互动—整体回顾，课外学习延伸。根据课时主要目标确定要突出的重难点，体现"序中有变"。教给学生学习方法——"如何自主学习？""小组如何研讨？""全班分享时如何汇报？""怎样倾听和回应别人的分享？"每一步都请学生讨论后明确具体做法，形成公约，遵照执行。

3. 课后有序梳理

课后及时总结，梳理收获与问题："这节课，我的收获是什么？""我的困惑是什么？""下节课，我要怎样做更好？"每节课如此梳理，每天如此梳理，学生很快会发现这样做的好处，并逐步养成及时总结和反思的习惯。

班级要养成这样的学习风气，需要教师耐心的指导和鼓励。坚持！等待！课堂学习就会逐步变得有序、高效。

三、劳动之序

班务工作繁杂而细致。班级劳动，如果分工不明确，拖拉应付，保洁不到位，就会导致班级环境糟糕。请劳动委员组织讨论：班级劳动出了什么问题？怎样去改变？梳理学生的分享，理出头绪，有序安排。

1. 分组分工，人人有事做

首先将班级分为五个清洁值日小组，组员轮流做值日小组长，保证每个孩子每周能为班级劳动服务一次。

再请孩子们一一罗列出劳动事项，如扫地、拖地、对桌椅等，接着小组成员自主商讨如何分工合作，如何提高劳动效率，最后写成本组劳动计划。

下午放学后，陪着孩子们对照小组计划做劳动，并和他们一起发现问题，商讨调整方法。一周后，五个小组循环完毕，以后不再过问劳动的事情，也能保证每天下午放学后教室里干干净净、整整齐齐。

2. 分配责任岗，事事有人管

要随时保持班级的整洁，还得要有人管。下面便是学生做出来的责任管理岗位分工表。

四年级一班班级责任岗					
岗位	责任人（学号）		岗位	责任人（学号）	
前门	1		课桌	32	25
后门	38			3	21
黑板	22		讲台	9	
左前窗	26		电脑	11	
左后窗	15		饮水机	4	
右前窗	7		空调	12	
右后窗	20		开关灯	14	
涂鸦区	23	33	食品发放	6	16
洗手池	37	29	工具箱管理	34	2
阅读区	5	31	地面	10	17
	19	36		24	28
书包柜	13	30	墙面	18	27
	8	35			

分配了责任岗后，每一项班务都有人负责督促和补救。学生自主管理与教师指导相结合，既培养了每个学生的责任意识，又解决了班务烦琐、管理难的问题。

劳动安排，分工明确，有序完成，教师指导，反复强化。如此，班级才能成为整洁的大家庭。

四、管理之序

好班生活，管理交给学生。学生究竟怎样管理班级，教师得和学生一起寻找班级管理之序。

1. 共谋管理目标

组织学生讨论：本学期的班级目标是什么？自由讨论后形成共识，细化到学习、劳动、纪律、人际关系、体育运动和艺术活动等项目。

2. 共找管理方法

首先根据班级目标设置班委职位，明确每一个职位的具体职责。然后由学生自主申报管理岗位，参加岗位演讲竞选，投票民主选举。接着，班委实施管理职责，全班学生配合工作并做监督。每月班委述职，全班评议班委工作并提出改进办法。整个管理过程不仅公开、公正、透明，更重要的是包容不足，提出建设性意见。

3. 共担管理责任

"班级管理，我有责任"。强化每个人的责任意识，从班干部到值日生，到每一个学生，都有对应的班务责任岗。做好自己分内的事，就是为班级做贡献。

好班，以自然的班级生活代替那些僵化的规则，以教师的陪伴提醒代替枯燥的说教，如此，班级生活有序化，循序而渐进。这是一种动态的、变化的有序。

好班生活"趣"无穷

向学生做问卷调查：你喜欢什么样的班级生活？"有趣"一词的出现频率最高。可见，好班生活，必须摆脱单调乏味，让班级生活"嗨"起来！

一、示范之趣

规范孩子的行为,让孩子养成良好的学习习惯、生活习惯和人际交往习惯,是班级生活经营的重中之重。示范,是习惯养成教育的一个法宝。"趣"中养习惯,何乐而不为。

1. 教师示范

(1) 吃喝拉撒中示范生活习惯。"老师,我不喜欢吃这个。"一个孩子皱着眉头说。我故意张大嘴,把他说的不喜欢吃的胡萝卜放进嘴里,津津有味地吃下去,然后拍拍自己的肚子问:"我也不喜欢吃胡萝卜,为什么还要吃呢?谁能帮我解答疑问呀?"孩子们纷纷给我找理由,挑食的那一位很快就悄悄地学着我开始大口地吃起来。

"老师,我想去便便。""小朋友们,我想去便便——"我故意拖长声调,一本正经地向他们请示。教室里马上炸开了锅。"呀,老师,你说得太难听了,我都要吐了。"一孩子边说边做呕吐状。"我也觉得好恶心呀。"一大帮孩子附和。"那我怎么说你们就可以愉快地接受呢?"文明如厕的问题顺利解决。

这样的故事一个接一个:不想喝水,我示范;不会擦黑板,我请大家观看擦黑板演示;不会整理书包,没关系,看我变变变……

孩子的生活好习惯就在这样的"玩"中慢慢养成。

(2) 与人相处中示范交往习惯。"我不喜欢和你坐一块儿。""我讨厌跟你说话!""我不跟你玩啦!"……

这些孩子不是不可爱,而是不懂得和别人相处。怎么办?请看故事:

"明明的办法最好!"

"不对,东东的办法最好!"

"明明好!"

"东东好!"

……

我跟一个孩子吵得脸红脖子粗,嗓门也越来越大!其他孩子吓蒙了,生怕我们打起来。

但是他们很快就惊讶地张大了嘴巴。因为我停止了大声的争吵，主动伸出手，很友好地对那个孩子说："我坚决不同意你的意见，但是我尊重你的看法！我们握握手吧！"

"好，我也不同意你的意见，但是我也尊重你的看法。"那个孩子的手和我的手握在一起，我们笑了起来。

后来的课堂讨论很顺利，孩子们很快就明白了：在生活中，我们可以意见不同，但是一定要彼此尊重。

此后，班级中无谓的争吵少了很多，偶尔吵一吵，也能很快停止。因为，他们在老师的示范中懂得了尊重与包容。班级的人际交往变得非常简单、和谐。

当然，那个和我吵架的孩子是我请的托。

当我们把孩子生活中可能遇到的困惑用故事的形式演绎出来，教师示范说话的语气，示范沟通的技巧，加上孩子的角色体验，慢慢地，孩子就会懂得尊重与体谅，懂得向别人说"谢谢""对不起""没关系"，懂得"让别人因为我的存在而快乐"。

（3）**读书写字中示范学习习惯**。孩子读书，可能会拖腔拿调，可能会小声哼哼。在小学低年段时，我常常会说："请跟我读。"有的孩子读完后会问："老师，你为什么读得那么好呀？""因为我喜欢朗读，经常练习哦。你看，我学会一段朗读后，好开心呀！你们加油练习，我们就可以开一个'朗读小明星见面会'了。"由此，孩子们也会忍不住去感受读书的快乐。

"仔细看哦，这个字是什么结构？要注意什么呢……"老师一笔一画地示范写字，学生一招一式地学写。练着练着，不仅书写好了，孩子的心也慢慢静下来了。

预习习惯、复习习惯、做题习惯的养成，也可以这样示范。孩子们养成了好习惯，当然会爱上学习。

2. 学生示范

"小老师，在哪里？"老师轻轻问。

"小老师，在这里！"小手林立。

"真棒啊，这么多小老师！"学习继续，只是讲台让给了小老师。

"老师，这个题我不会。"一个孩子举手问。

"老师，我会，我来帮助他。"另一个孩子很自然地开始帮助。

"这一周，三小组的清洁做得又快又好。我们请他们分享经验。"

三小组的组长很大方地走上讲台："我们做得又快又好，是因为大家分工合作得好。我们是这样做的……"

一个班级，总有学得特别快的孩子，也有学得特别慢的孩子，充分利用小块时间请做得好的小老师做分享，"趣"中树榜样，分享也快乐。

二、活动之趣

班级要"嗨"起来，必须通过各种活动让学生动起来。

1. 班会课上动起来

班会课，交给孩子们，他们的创意无限。先看看孩子们一起设计的一个学期班会计划：

九月主题："感恩在心"。结合中秋节、教师节、重阳节，通过班会课表达对老师、对父母的感激之情，对老人的感恩之心。

十月主题："祖国祖国我爱你"。结合国庆节，通过班队会，进一步了解祖国的大好河山。

十一月主题："学习是我们自己的事"。在班上组织一次演讲比赛，请同学们交流自己好的学习方法，邀请爸爸妈妈来当评委。

十二月主题："走进圣诞节"。在班上进行圣诞特色庆祝活动，和同学们共度快乐的节日。

根据计划，教师节那天，孩子们专门组织了主题班会："老师，我想对您说"。每个人对老师说说心里话，表达对老师的祝福和感恩。国庆节，孩子们又组织了主题班会："祖国，一本读不完的书"。通过知识竞赛、诗歌朗诵等形式了解祖国，赞美祖国。

重阳节时，班委会还策划了一系列活动。方案如下。

九九重阳节，浓浓敬老情
——"爱心志愿者在行动"班级活动方案

【活动背景】

每一个传统节日的习俗都有其独特的渊源，也都有着独特的节日韵味。了解传统节日，开展爱心志愿者行动，既能丰富对社会的感知，也能培养学生的综合能力。

【活动目的】

为了弘扬中华传统美德，牢记中国礼，引导少年儿童孝敬长辈，学会感恩，增强少年儿童的社会责任感，我班特在重阳节之际，开展此次活动。

【活动主题】

九九重阳节，浓浓敬老情——爱心志愿者在行动

【活动时间】

2014年9月25日—2014年10月8日

【活动对象】

泡桐树小学（天府校区）四年级一班全体同学

【活动准备】

班长召集班委会干部策划本次活动，教师做指导。

【活动安排】

知重阳

时间：9月25日

地点：家里

内容：学生收集重阳节相关资料。

话重阳

时间：9月26日班队会

地点：教室

主持：班长，中队长

内容：

①古诗导入：集体朗诵《九月九日忆山东兄弟》。

②重阳知多少：分享重阳节相关知识。

③启动"九九重阳节，浓浓敬老情——爱心志愿者在行动"宣传活动。

班长宣读《重阳节倡议书》，倡导学生在家和父母一起进行"爱老敬老"活动。班级成立志愿小队，分别在重阳节、国庆节、寒暑假等时间进行志愿活动。

④各小组推选队长，策划本组本次活动时间、地点和内容。

⑤全班讨论活动安全注意事项（出行安全、活动安全、文明礼仪等）。

敬老人

时间：9月26—10月7日

地点：社区、敬老院等

参加人员：各志愿者小队成员

内容：

①班主任在活动前召集队长开会，再次明确活动要求，强调活动安全。

②志愿者小队和老人共度重阳节，为老人献上一支歌，朗诵一首诗，画一幅画；为老人打扫房屋、捶背；陪老人聊天等。

③安全保证：每个小队招募一位家长志愿者，协助小队开展活动，应对突发事件。

④活动记录：小队成员分工合作，承担活动摄影、摄像等工作，填写《志愿队汇报表》。

传浓情

时间：10月8日

地点：教室

主持：班长，各小队队长

内容：

①各小组汇报活动情况，分享相关活动照片和视频。

②班长总结本次活动。

③班主任点评此次活动的组织和实施。

④宣传委员负责撰写本次活动新闻。

表真情

①以文会友,表达真情。以本次活动为主题,记录自己的所见所闻、所思所感,题目自拟。要求:写真话,表真情,我手写我心。

②美文欣赏,分享真情。

在教师的指导下,活动计划翔实可行,分组体验参与积极,全班分享精彩纷呈,再用文字写真话、表真情,活动与表达融为一体。班级生活与家庭生活、社会生活结合,趣味多多,收获多多。

2. 课余时间动起来

孩子的课余时间,除了阅读之外,还应该有更丰富的活动。

我仔细观察了孩子们,课余时间,他们喜欢小团队活动。这不正是组建班级社团的好机会吗?

我先逮住一个团队头儿聊天。"嗨,刚刚你们几个聊得好开心,在说什么呀?""我们在聊昨天晚上看的书。""哇,看来读书带给你们很多快乐哦!想不想把这种快乐变多、变大呀?""老师,你别卖关子了!你有什么好主意?""这个嘛?要看你敢不敢去做了!""我肯定敢做!你快说!""我想,如果你组建一个读书社,肯定会有更多的人和你们一起聊读书。有没有兴趣做这个社长,把这件事做起来?""好耶!""建议你找一个帮手做副社长,最好是女生,这样你们可以各自发挥所长,做事效率会更高。你觉得呢?""好!""不过,这件事具体怎么做,相信你们会有好办法的!"他开心地去"招聘"副社长了。

第二天,他带着副社长来找我,汇报他们成立读书社的计划。我给予了大力表扬和支持。两人兴致勃勃地去实施计划了。第三天,读书社海报出现在教室前面。两人向我要了5分钟时间,在班级做宣传。又过了几天,会员卡和积分卡拿出来了,激励政策也清清楚楚——免作业卡。哈,一定支持!

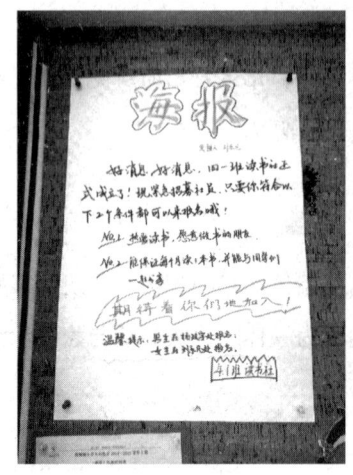

读书社海报

读书社会员卡

读书社积分卡

读书社免作业卡

第二周,社长找我要时间开展活动。两个社长主持,像模像样。成员轮流上台分享自己喜欢的书籍。原本计划10分钟,结果花了20分钟。说的人头头是道,听的人津津有味,我怎么忍心打断。第一次读书社活动完美收官!

我又瞅上了另一个爱写作的女生。如法炮制,聊天,用读书社做榜样,引出她的想法,鼓励她成立文学社,并鼓动她多找几个副社长,当然还是要男女搭配。编辑班刊对他们来说有难度。没关系,他们可以找家长做助理。这可不是我的主意。刊头没人写,社长说:"我找校长写!"她还真的找到校长写刊头啦!第二个班级社团也完美绽放!

其他的头头按捺不住了。有人成立了朗读社团，有人成立了数学思维社团，有人成立了体育社团……班级的社团活动就这样开展起来。孩子们一有空就在一起商量，要怎样在班级展示自己的社团。班级的空余时间全被他们拿去搞活动了。

班级社团，让孩子们在课余时间动起来，趣味无穷！当然，教师的支持、鼓励和适当调控不可少哦！

3. 团队竞赛动起来

学校足球赛拉开了帷幕。班长马上召集班委开会，商量分工与合作，然后向我汇报：体育委员召集足球爱好者成立班级足球小队，每天挤出时间去拉练；宣传委员负责征集足球小队的名称和宣传海报；文娱委员组织啦啦队；生活委员负责组织比赛现场的后勤服务，如准备水，给足球队员拿东西等；学习委员负责写报道，向全班汇报球赛进程。一次足球赛，全班学生动起来，齐心协力为班级争光。

班级文化设计比赛中，很多班级由教师牵头，家长参与，把教室打扮得十分漂亮。我抛出话题：老师做？家长做？学生自己做？全班学生一致选择自己做。班名由班长找校长写，然后装裱成作品悬挂在教室里。班级文化主题和班训由班级书法最好的学生书写成作品。班徽由班长召集美术爱好者设计。墙面设计由宣传委员负责。需要的各类作品由全班学生一起完成。三年级时，我们是第一次参加比赛，因为我们的班级文化设计太朴素，跟其他班级通过广告公司弄出来的效果相差太大，我们落选了。四年级时，我们是第二次参加比赛。班委们召开全体会议，分析了去年的做法，在去年的基础上，用手工作品将教室的颜色提亮，又增加了"涂鸦区""悦读间""社团作品展示区"三个互动区域，并由班级写作爱好者书写班级文化解说词，择优选用，招募解说员，择优录用。这次比赛，学生用自己的智慧、真诚与用心，打动了评委，一举夺得班级文化设计比赛一等奖。全班欢呼，享受着自主参与、团队合作的成果之乐。

班级还多次参加运动会、广播操比赛、优秀班级评选、"十佳"中队评选等活动，都由班委带领全班学生一起设计。明确活动目标，制定实施步骤，全班分工协作，总结反思提升。每一次团队竞赛，都让全体学生动了起来。

动起来,更精彩。一个班级,教师要有活动课程意识,能够有效指导学生开展丰富多彩的活动,让全体学生自觉自愿地动起来,兴致勃勃地动起来。如此,不但能增添班级生活趣味,更锻炼了学生多方面的能力。

三、意外之趣

"我喜欢班级常常来点小惊喜!"好多孩子和我聊天时都会聊到这句话。一成不变的班级生活,很容易让孩子们厌倦。利用生活中的点点滴滴,制造一些小惊喜,孩子们会进一步感受到班级生活的乐趣。

1. 教师要有幽默感,能够制造惊喜

看看孩子们的日记:

开学第一天,我悄悄地走进四一班教室。同学们已经开始早读——我迟到了。我有些心虚地看着老师,生怕被她批评。

奇迹发生了——老师不但没有批评我,反而对我微笑着说:"诗源,欢迎回家。"

老师向我张开双臂。我开心极了,走过去和老师轻轻拥抱了一下。

那温暖的抱抱,带给我很多快乐。

(选自诗源的日记)

一个很平常的中午,老师突然站起来,紧握拳头,大声喊:"全体起立!你们太不像话了。"同学们都怔住了!她叫两名同学把后墙评比栏上的贴纸全撕了。同学们个个儿脸涨得通红。要知道,某人的贴纸多,就表示他表现好。可老师竟然……

撕完贴纸,老师附在他们耳边小声说了几句,他们就离开了教室。我们面面相觑,都不知道老师葫芦里卖的什么药。

不一会儿,那两个同学回来了,竟然带回一大包东西。

老师绷着脸说:"你们怎么能表现这么好呢?没法评比了!这袋子里的文具人人有份。来,一人奖励一个!"

"哇！……"大众为之欢呼，教室里洋溢着我们的快乐！

（选自小严的日记）

开学时温暖的抱抱，平常的小事中偶尔卖卖关子、开开玩笑，互相娱乐一下，班级里其乐融融，笑声不断。这就需要教师的幽默感。

在班级生活中，教师怎样使用幽默呢？

①要有乐观向上的心态，才能感染影响他人。幽默就是一个人积极心态的反映。

②博览群书，收集一些小故事、小趣事、小笑话，注意生活中一些幽默的元素，记下来，不断积累。

③注意挖掘班级生活中的幽默元素。班级生活中的幽默是为孩子们的生活服务的。

④教学中，注意挖掘教材中的幽默。但是课堂上的幽默，如同备课，不可完全预设，课堂上学生的表现都可以作为幽默的素材。

但是，使用幽默也要注意：

①幽默的运用要有目的性，不可盲目幽默。幽默本身并不是目的，只是为了更好地实现班级生活的经营，服务于学生的成长，不能为了幽默而幽默，故意哗众取宠。

②使用幽默要注意对象。首先，不能为了取悦学生而使用粗俗的语言、荒诞的故事；其次，不能伤害学生的人格和自尊，拿学生开玩笑。用幽默嘲笑学生，不仅有损教师的威信，也有伤学生的自尊，容易使学生产生抵触情绪，教育效果会适得其反。

③使用幽默要适度。在班级生活中，幽默并不是越多越好。运用太多，会导致班级活泼有余，严肃不足，必然影响正常的学习和生活。

所以，请教师放下身段，和孩子在一起，运用你的幽默感，偶尔制造点惊喜和浪漫，让班级生活在快乐中熠熠生辉。

2. 为学生搭建平台，分享美好

继续看日记：

今天中午，惊喜连连。

思汗给大家讲了马来西亚见闻，还给我们每人送了一个漂亮的贝壳。姚宋给大家讲普吉岛的趣事，把我们逗得哈哈大笑。由由给我们描绘了桂林的美景，还给我们每人一颗桂林的糖果，味道真甜。刚刚过完暑假，大家能分享的东西可真多呀。

我喜欢他们的分享。明天，我也要和大家分享从西藏带回来的美食。

（选自俊淞的日记）

我马上就要过日生了。大家都喜欢看《笑猫日记》。这次生日，我不给大家买吃的，我想给同学们捐一套《笑猫日记》。每人一本，大家交换着看，保证他们乐呵呵。

（选自旻的日记）

分享见闻，分享美食，分享好书……凡是好的东西，大家都来分享。有班如此，乐趣横生。

那么，在班级生活中，可以搭建哪些分享平台呢？

①以特别的时间段为分享主题。例如，假期分享会、生日分享会、节日分享会等，请孩子们分享假期见闻、生日体验、节日实践等。

②以特定的内容为分享主题。例如，手工分享会、绘画分享会、音乐分享会、美食分享会等，将孩子们学到的艺术或生活特长展示分享，共享成长之乐。

③读书分享会。可以请孩子们围绕着共读的书籍分享感受和收获，也可以推荐自己喜欢的书籍。

通过这样的平台，不仅让班级生活有趣，更让孩子们学会了展示自我，学会了与他人分享。

3. 活用家长资源，分享惊喜

"下面，欢迎本月的神秘嘉宾——王爸爸。他将给我们带来航空知识专题讲座。掌声有请。"班长主持完毕，退到一旁。

在热烈的掌声中，王爸爸不但给大家普及了航空知识，还送了两架"航模"

给班级做礼物。

这就是每月一次的"家长讲坛"。每次讲坛都会请来神秘嘉宾。这些嘉宾大多数是孩子的爸爸妈妈,也可能是爸爸妈妈请来的相关领域的专业老师。医疗、卫生、航空、建筑、法律、国学、绘本、心理健康……只要是孩子们感兴趣的领域,都有涉及。

开设"家长讲坛",首先是调查孩子的兴趣爱好,然后根据孩子的需求征集家长资源。再根据班级课程计划做出安排,定好具体的时间、地点和主讲人。还可以根据讲坛主题做一系列的亲子实践活动。通过"家长讲坛",孩子们增长了知识,开拓了视野,提升了能力,极大地弥补了课内学习的不足。

"这个月'家长讲坛'是谁来主讲呢?他会讲什么内容呢?"孩子们常常会在期盼中猜测神秘的嘉宾,让班级生活又添趣味。

四、激励之趣

前面的示范、活动、惊喜可以唤醒孩子们的参与热情,那么,有趣的激励措施,更能鼓舞孩子们保持热情,持续学习。

除了及时的表扬和鼓励,"积分制"是有效的激励措施之一(积分也可以用图章代替)。请孩子们讨论:怎样积分?怎样兑换奖励?奖励措施有哪些?奖励一定要是孩子们喜欢的创意,比如,温暖的抱抱,当一天班干部,和好朋友做一天同桌,现场电话连线家长,和好朋友合影一张,在全班展示一次(变魔术、讲笑话、猜谜语、讲故事等)或做"家长讲坛",免做作业……

听听孩子们获得奖励的心声:

川川:今天我集齐了10个图章,可以换奖励啦!好期待抽奖的时刻,好多好多有趣的奖励等着我:全班当面表扬时电话连线家长,和喜欢的同学做一天同桌,给大家上一堂课……我会抽中什么呢?

紫月:妈妈,你知道我今天下午抽奖抽到什么了吗?我抽到了"一个温暖的抱抱"。所有同学都拥上来抱我,快把我挤成肉干了,好刺激呀!我上周还抽到了"当一天领读员"和"管理一天印章",也很好玩!我最想抽到的是"一个文具"和"和好朋友做一天同桌"。这个礼拜我只集到了13个印章,如果集到15个就可以抽两次奖啦!

瞧,通过孩子们的表现可以看出,这么多有趣的奖励作为他们的努力目标,孩子们每天都在自我激励中前进。

好班生活"爱"无限

爱是一阵轻柔的春风,吹进人们的心窝里,暖暖的;爱是一缕灿烂的阳光,照进人们的心坎里,亮亮的;爱是一汪清澈的流水,流进人们的心田里,润润的……爱在班级,幸福无限。

一、师生之爱

1. 好班,老师最好!

苏联教育家赞科夫说过:"当教师必不可少的,甚至几乎是最主要的品质就是热爱儿童。"爱学生是所有教师必须具备的品质,尤其是班主任,不但要有爱,还要会爱。

(1) 爱是了解。了解学生的爱好与才能,了解他们的个性特点,了解他们的精神世界。对一个好老师而言,只有了解每个学生的特点,才能引导他们成为有个性、有志向、有智慧的完整的人。教育是人学,是对灵魂的引导和塑造。苏霍姆林斯基说得好:"不了解学生,不了解他的智力发展,他的思想、兴趣、爱好、才能、禀赋、倾向,就谈不上教育。"

（2）**爱是尊重**。这是建立新型师生关系的前提。尊重学生的自尊和人格，这是每一个教育工作者的职责。但尊重不应限于一时一地一事，而应时时处处事事全面尊重。班级无论做什么事情，我一定会在全班公布，请全体学生讨论，尊重他们的选择。

（3）**爱是关心和理解**。一方面要与学生打成一片，和学生一同克服困难，走进他们的心灵世界，一同感受他们生活的快乐和苦恼；另一方面要做学生的知心朋友，让他们有话愿意跟你说，有事愿意找你商量，遇到困惑愿意找你帮忙。

一次，一个小男孩打碎了玻璃。我赶紧靠近他，微微蹲下身子，轻轻握住了他的小手，柔声问道："宝贝，你被吓着了，是吗？"小男孩真的被吓到了，小手冰凉，语无伦次。我再次握紧了孩子的小手，尽量让他感受我手心里的温暖，柔声说："老师相信你不是故意的，不着急！我们只是先要弄清楚是怎么回事，才能想办法解决这个问题。"小男孩终于平静了。

原来是两个孩子一起玩，他一高兴，就忘记这是学校了，给同学表演打拳，"飞毛腿"不小心踢到"安全出口"标识的玻璃上了。了解了事情的原委后，我和他一起想办法解决了问题。最后，我轻轻地拍了拍他的肩，微笑着说："你看，以后遇到事情不要慌张，也不用害怕，首先想清楚发生了什么事，再想办法解决；自己实在解决不了，还可以请求别人的帮助哦！"小男孩甜甜地笑了。

因为我的理解，消除了孩子的恐惧；因为我的关心，他学会了怎样面对困难，怎样解决问题。

（4）**爱是宽容和等待**。孩子天性好动，情绪不稳，很容易惹出是非或者做出一些过激的行为。宽容，给犯错的孩子，给他们心灵上的依靠、行动上的指导；等待，给情绪化的孩子，用我们的温柔化解孩子的急躁、暴怒与忧伤，这样，阳光便会照进孩子的心田。

一次语文课，我在教室巡视指导学生写字。巡视了三次，提醒了三次，一个小女孩不但一个字不写，还突然发作，什么也不说，拿笔狠命地朝本子上戳。我赶紧把本子拿开，她又戳桌子。我害怕她碰着桌子伤到了自己，就把她带到了讲台上。没想到我一转身，她居然把讲台凳子踢翻后，又把我讲桌上的书本全摔到了地上。然后，她还转身狠命地踢墙。我心里仿佛被谁生生地拽了一把，很疼。我一把抱住她，贴近她的耳朵轻声说道："你现在是不是心里很难受，来，老师抱抱你，就会好起来。"她本来想挣脱我继续踢墙，听到我的话，突然不动了。

我扶起椅子坐下，把她搂在怀里，轻轻拍着她的背，"别急，一会儿就好了！"班上的孩子都很惊奇。一个孩子大声说："她胆子太大了，竟然在老师面前乱发脾气，太过分了！"教室里骚动起来。我用眼神示意大家安静，然后对他们说："每个人都有情绪不好的时候。我们安静等一等，让她平静下来，就是对她最大的帮助。"安静的等待中，孩子慢慢平静了。她羞涩地回到了座位。几分钟后，她把作业交给了我。

宽容与等待，让孩子感受到了尊重，感受到了爱，她的情绪才会恢复得如此之快。自那以后，她再也没有在课堂里闹过情绪。

爱是老师的言、老师的行，甚至是老师的一个眼神，爱更是班级中那些琐琐碎碎的事：起风了，会嘱咐孩子添衣物；下雨了，会主动给孩子送上雨伞；孩子遇到困难，及时鼓励；孩子获得成功，大肆表扬；孩子做错了，及时指出。孩子快乐，跟着一起欢呼；孩子难过，跟着一起掉眼泪。每一个孩子成长的点点滴滴都牵动着老师的神经。

2. 好班，学生最棒！

好班，就是孩子像老师爱他一样爱着老师。

贴心的孩子，会关心老师的一举一动、一言一行。一下课，孩子们就会过来和你聊天，关心你今天穿什么，有什么开心事，也会和你分享他们的趣事。吃饭时，他们总会先给你端上一份。劳动时，他们会抢着干，生怕把你累着了。

一天中午，孩子们看见我没有像往常一样吃饭，他们也没吃。一个女孩跑到我跟前，摸摸我的额头，又摸摸自己的额头，说："老师，你不发烧呀，为什么不站起来去吃饭？""宝贝先吃，老师有点胃疼，休息一下再吃！谢谢你的关心哦！快去吃吧，我没事的。"她乖乖地回去吃饭。突然，那个女孩站起来大声说："老师今天生病了，谁也不许惹她生气！大家吃完饭一起做清洁，不让老师操心。"孩子们纷纷响应，静悄悄地吃饭，快速地做清洁，然后安安静静地看课外书。有生如此，幸福至极。

暖心的孩子，走出校门，也不会忘记关心老师。他们不但会照顾好自己，尽量不让老师操心，还随时记挂着老师，一会儿不见，就会问："老师呢？"生怕老师掉队。

一次游学路上，乘地铁。一男孩的嗓门最大："男生全部站起来！让女生先坐！"男孩齐刷刷地都站了起来。所有女孩坐下了，男孩们才挨着坐下。那个小男孩刚坐下，又蹦起来，拉着我说："老师是女生，老师先坐！"几个小男孩又都跟着站起来。我赶紧说："老师是大人，你们是小孩。老师要尊老爱幼哦，你们先坐！"一帮小男孩才安静地坐下。车厢里的乘客都笑了！

这样的故事，这样的幸福，怎么离得开教师平常的引导和班级生活的浸润呢？

3. 好班，架起师生之爱的桥梁

好班，不仅仅是每个孩子和班主任的交往，也是每个孩子和每一位科任老师的交往。班主任要常常和孩子们交流科任老师的情况，让孩子们了解他们的优秀，了解他们的付出，树立他们的威信，同时鼓励孩子们用心感受科任老师点点滴滴的爱，并主动表达自己的爱。音乐老师换了，孩子们不适应新老师的严厉，我就跟孩子们沟通他的专业能力有多厉害，他们明白了"严师出高徒"的道理；体育老师换成了年轻的老师，对组织教学没有经验，我就跟孩子们交流，这位老师有多努力，我们需要主动适应新老师……当然，我也会及时地把孩子们向老师的"示爱"转达给其他老师。

数学老师去苏州学习了，给班级写来一封信——《我在苏州想你们》，并做成精美的PPT和孩子们分享苏州的见闻感受。

我有幸分享了孩子们的回应：

容莞：看了您给我们写的信，感觉您好爱我们。令我佩服的是，您在7天左右的时间就做了那么多字的笔记，好厉害呀！

宸岑：两周要过去了，您也要回来了。风雨飘过，大雨常落，再不用天天想您多久回来。您给我们的书信礼物,大家都很喜欢。从您的书信,我们知道您非常非常地爱我们。我还有很多话要说,等您回来了,我们慢慢聊。

乐乐:我期待着您和我们共度美好时光,一起快乐学习,希望您能早日凯旋归来。全班同学都在等着您呢!等着您的归来,等着您的好消息,等着您的课堂,等着您的耐心,等着您的回信,还等着您的小食品哦!

细细碎碎的文字,表达的师生之情足以让每个看到的人动容!孩子们跟数学老师的感情好得让人羡慕,这与我常常在孩子们面前夸数学老师是密不可分的。

二、生生之爱

好班,同学互爱,仍然体现在细微的班级生活中。

班上,谁有了烦恼,准会有人变着法儿逗他开心;谁有了困难,准会有人帮着分担;谁生病了,准会有人嘘寒问暖……

1. 同学之爱,不仅是在关切的语言里,更在细微的行动里

那天,体育委员气喘吁吁地跑到四楼告诉我,几个同学体育课后在操场一起玩背人游戏,不小心把乐摔到了地上。乐疼得爬不起来,直掉眼泪。等我下去时,已经有人把校医请到现场,一帮孩子正在校医的指挥下,七手八脚地扶起乐到医务室去。

"乐怎么样了?""摔得不厉害吧?""要不要去医院检查呀?"守在医务室外的孩子一见我出来,就不停地问。那些焦灼的眼神流露出真切的关爱。

乐的尾椎以前就受过伤,这一次又伤到了,在医院住了一周。每天都有孩子跟我说:"乐怎么样了?""她什么时候可以回学校?""我们好想她呀!"班长还组织孩子们给乐写信,鼓励她战胜病痛,班委还代表全班孩子一起去看她。

回校后,乐的伤还需要养着。孩子们争着为她打饭,帮她做清洁,扶她上下楼。

一言一行见真情!没有教师平常生活的引导,怎会有如此细心的关心与帮助?

2. 同学之爱，还体现在相互的不舍中

涵要转学了。一男生跑来急切地问我："是真的吗？"那眼神多期盼我的回答是否定的。当我把真实情况告诉他后，他的眼圈马上红了，默默地回到座位发呆。

第二天，他跑来告诉我："老师，我想发动同学们一起开个主题班会，送送涵。"我请他全权负责此事。

班会课上，孩子们都知道了涵转学的事，好几个女生当场就哭出了声，其他人的眼圈也是红红的。孩子们轮流上台跟涵拥抱，送上祝福。一向大男子的涵也一直流泪。

那天晚上，好多家长都说自己的孩子因为涵转学而伤心得吃不下饭。

涵离开半年了，我还能在每周的日记里读到孩子们对涵的思念。

一个孩子的离开，竟然留下长长的思念！同学如此情深，是因为在教师的引导下，他们在日常班级生活中建立起了深厚的情感联系。

3. 同学之爱，更需要引导他们学会包容

"我就是不想跟她做同桌！"一米七的大男孩其实就是一个小男生。

"谁想跟你做同桌呀？"女孩子也不甘示弱。

"她老掐我胳膊。"

"谁叫你老是把胳膊放到我的桌上来？"

看着两人针尖对麦芒，我故意逗他们："你这么大个子，白长了呀？她掐你你也掐她呀！"

"好男不跟女斗！我手劲大，容易伤着她。"小男生的脸上挂着委屈。

"看看，你自己本来就是这么绅士，怎么可能容不下同桌呢？气头上说说就过去了！"我转向女孩："你看看，他要真跟你对着干，就凭你的个子，能不吃亏？这么好的同桌，你还嫌弃，是不是有点过了？"女孩有点不好意思了。

两人握手言和！

同学之爱，能在相互包容中升华，是因为他们在教师的引导下懂得了什么叫

真正的包容与关爱!

三、延伸之爱

好班生活,爱是可以延伸的!

1. 爱,延伸到家庭

好班,就是要引导孩子学会感恩自己的亲人。可以利用特定的节日,如母亲节、父亲节、中秋节、重阳节、春节等,开展感恩活动,让孩子表达对父母的爱;可以利用父母的职业体验,让孩子感知父母的辛劳;更要与家长携手,关注孩子在日常生活中的点点滴滴,了解孩子是否尊重父母,体谅父母,爱父母。

品味孩子们写给亲人的文字:

送给妈妈的诗

那是一个秋天,我诞生了。

您成了妈妈。

从此,您日夜忙碌为我操劳。

春天,您和我一起看新芽抽出;

夏天,您帮我赶去讨厌的蚊虫;

秋天,您陪我看那丰收的年景;

冬天,您给我披上暖和的棉袄。

您总在我最困难时,

给我一个最温暖的拥抱。

我在梦中放出那小小的船儿,

寄托着我的希望:

您身体健康!

我在梦中与小河玩耍,

诉说我的衷肠:

您永远安康!

我在梦中和您对话，

吐露我的悲伤，

您和我分享！

上天告诉我，

您是最好的妈妈，

我也这样想，

因为您永远那样慈祥！

现在，是您牵着我的手走向今天，

明天，将由我带着您走向未来！

啊！妈妈，您多么伟大，

爱您的情怎么也说不完，

只能永远陪伴着您，度过一个个春夏秋冬！

（选自乐乐的日记）

写给妈妈的信

敬爱的妈妈：

您好！母亲节要到了，我想跟您说说心里话。

妈妈，您是那么的慈爱可亲。我做作业的时候，您总是悄悄走到我身旁，一旦发现我做错了就提醒我，但并不告诉我错在哪里，让我自己去纠错。每当您看到我找到了出错的原因并改正了过来，便慈爱地一笑又走开了。

妈妈，您有时候又那么的严厉。每当我考试考差了，您总是严厉但又耐心地为我讲题，从不会厌烦，直到我把错题分析明白了为止。英语老师说这段时间我没有阅读好，您竟然和我一起反复阅读，直到我熟练为止。

妈妈，我是那么的喜欢您，喜欢您在我面对困难时对我激励的话语；喜欢您那慈爱的笑容；喜欢您在我伤心之时说着幽默的话语让我哈哈大笑，把伤心之事丢在脑后；喜欢您在风雨交加、雷声巨响之时用温柔的声音哄我入眠。您的一举一动就像春风吹拂着我的脸，让我铭刻在心。我宁愿永远长不大，也不愿让您慢慢老去。

妈妈，母亲节快乐！祝您身体健康！天天开心！

此致！

敬礼！

爱您的女儿：瑜儿
2015年5月9日

孩子们能够如此细腻地感受爱、表达爱，与他们在班级生活中懂得了爱，并随时随地享受着爱的滋润是分不开的。

2. 爱，延伸到社会

引领孩子关注社会，关注自己在社会里的言行。尊老爱幼，助人为乐，热心公益；捐物，捐款，做义工……孩子们的足迹留在了养老院、福利院，留在了需要爱心的每一个角落。看看他们的"六一"分享：

然：今年的"六一"，我们没有像以往那样游戏玩耍，而是和小组成员一起，访问了"城市美容师"——清洁工，还和他们一同扫大街，抹栏杆。我们终于体会到了清洁工的辛劳。向他们致敬！呼吁大家爱护环境，减轻他们的负担。

淞：我们小组去访问了交警，体验了在烈日炙烤下站岗的滋味，那是多么的难受啊！希望大家都能遵守交通规则，体谅那些辛苦的叔叔阿姨。

依依：我们小组去了儿童福利院。没有亲人的陪伴，那些小朋友好可怜。我们陪着他们玩耍，还给他们带了儿童节礼物。看到他们开心，我们也很开心。

蓉儿：我们小组到敬老院给那些爷爷奶奶唱歌跳舞，还给他们梳头洗脚。这个"六一"过得很有意义。

这些真实的体验来源于教师指导孩子们开展了一次"'六一'特别行动小组"活动，更来源于孩子们在日常生活中对社会的密切关注，对公益活动的积极参与。

3. 爱，延伸到自然

引领孩子们走进大自然，除了脚步，他们什么也不会留下；除了美景，他们什么也不会带走。认养一棵树，保护一株花，关心一只小鸟是否归巢……孩子们用各种行动表达对大自然的热爱。看到自然环境遭到破坏，孩子们设计各种环保宣传语，向人们发出呼吁。春游秋游，孩子们野餐之后，总是会自觉地把垃圾分类整理，放到指定地点。一次游湿地公园，看到一处地方好多毛毛虫。有孩子提议消灭它们，没想到遭到大家一致反对："毛毛虫也是生命。我们来公园，其实是打扰了它们的生活，我们应当向毛毛虫道歉。"好一个"向毛毛虫道歉"！没有平时"尊重生命，珍爱生命"的教育，也不会有那样高尚的举动。

好班生活"错"出彩

好班生活，无论是有序、有趣，还是有爱，最终都指向学生的自我教育。苏霍姆林斯基认为："只有能够激发学生去进行自我教育的教育，才是真正的教育。"教育的艺术和技巧就在于使自我教育的愿望成为每一个学生的精神需要。要进行自我教育，必须让学生勇于尝试。要尝试，就会犯错。错误，是学生自我教育的载体。好班，就是要鼓励学生在错误中进行自我反省，自主成长。好班生活的经营，要从试错、容错、融错三方面进行。

一、试错

按照"百度百科"的解释，"试错"的意思是"解决问题、获得知识常用的方法，即根据已有经验，采取系统或随机的方式，去尝试各种可能的答案"。"百度百科"还指出，试错法是"非常单调、乏味且使人厌烦的"，而且"需要耗费大量的时间"，因此通常为解决问题的最后一种手段。而在教育中，这个办法却是首选。"教育，是慢的艺术"。"试错"需要的时间，恰恰是孩子们成长的空间。

培养孩子试错精神的法宝：讨论，分享，总结。

开学第一天，我问："教室是用来干什么的？"孩子们认为，教室嘛，除了学习还是学习。我说:"教室是用来犯错的!"孩子们听了大吃一惊,议论纷纷:"从小爸爸妈妈教我们,要小心哦,不要犯错误。""要听老师的话,不要干错事。""犯错后,老师会批评我们。"……

我问:"他们这样教育你们,那你们犯过错吗?"又是七嘴八舌:"当然会犯错。""我妈说我是'大错不犯,小错不断'。""好多事情都没有做过,做起来肯定会出错呀。"……

"如果我们保证一点错都不犯,要怎么办?"我继续追问。

"那就什么都不干呗!""快嘴王"真的是快嘴,其余孩子也随声附和。

"什么都不干,那我们能学到什么东西?"我紧追不放。

教室里沉默了。我静静地等待。

"我觉得怕犯错就不做事,不划算。一件事情都不做,怎么知道行不行。"

"我也觉得犯错是不可避免的。只是我们不要犯那些低级错误,比如曾经犯过的错误,明明可以改正,就不要再犯。"

"我也认为犯错是不可避免的。只是我们要学会从错误中学到东西。"

"我这一次犯了错,找到了改进方法,下一次就不会再犯了。"

……

学生通过思考与交流,终于明白了"错误"在成长道路上的重要性。

此后,班级的很多事务性工作都交给他们去尝试。安排午餐,做清洁,维持纪律,体育锻炼……

学校的比赛活动非常多。开始,他们会来询问:"老师,参加不?"我都会毫不犹豫地说:"去!一定要去试试。"后来,他们就向我请示:"老师,我们要参加×××活动,需要你的支持。"再后来,他们只是向我汇报:"老师,我们参加了×××活动。这次活动的收获是……"

他们知道,敢于尝试,才是真正的成长。即使他们失败了,老师也会给他们足够的支持。

试错,不是莽撞行事,而是讲究方法。面对新的挑战,要引导学生合理确定挑战目标,预设困难,想出多种应对方法,以克服那些低级错误。

二、容错

孩子们在"试错"的过程中,怎样正确地面对自己或者别人的错误?答案是——容错。

看两则学生日记:

【日记1】

今天早上,我的心里很难受。昨天,我的数学考砸了。拿到试卷后,我傻眼了。我仿佛看见妈妈铁青的脸和那失望的眼神。怎么办?怎么办?情急之下,我悄悄地把"78"改成了"98"。妈妈没有发现我改了分数,因为我已经把错题擦掉改好了,那个分数也改得像真的一样。问题已经解决,可是为什么我开心不起来呢?

分数确实不是问题了。可是,我怎么能欺骗妈妈呢?我就是骗过妈妈,能骗过自己吗……我心里好乱好乱!

"没有发烧呀?脸色不好,是不是有心事,能跟老师讲讲吗?"老师过来摸摸我的额头,温柔地说。

"哇!"我终于忍不住哭了。我流着泪把欺骗妈妈的事告诉了老师。

老师问:"你打算怎么办?"我想了想,说:"我回去如实告诉妈妈。"

老师语重心长地说:"你什么都明白,也知道该怎么做,多棒!既然错了,也知道认错和改错,就不要再自责了,宽容自己的错误,你也能学到很多。"

听了老师的话,我的心里轻松多了,因为我从这次错误中学到了新东西。

(选自蝉瑜的日记)

【日记2】

今天,我跟全班同学都杠上了。

事情是这样的:我在垃圾桶里捡了几个"宝贝"。可是,一个同学告诉了扔东西的那个同学。那个同学就跑来跟我要回去。

都当垃圾丢了的东西,肯定是他不要了呗!我捡到了,当然是我的,凭什么要给他?同学们还帮他?他还要告诉老师?哼,有理走遍天下,我才不怕他告,我就不给他,谁来说情都不给……

班主任老师来了,让我反思自己。

"我没错,那东西是他扔了的,而我是在垃圾桶里捡到的,就是属于我的,为什么该给他?他还告我?凭什么告?"我愤愤不平地对老师说。

老师并没有生气,只是语重心长地对我说:"你本身就是一个心地善良的孩子,看见陌生人需要帮助,也会伸出援手。今天你面对的是同学,他都着急得哭了,为什么就不可以帮一帮呢?何况这东西虽然是丢到垃圾桶的,但是东西本身原来就是他的呀!就算他错了,不该找老师告状,但如果你能换位思考,包容他人的错误,你俩还会发生这样的矛盾吗?"

"换位思考!""包容他人!"老师的话重重地落在我心上。是呀,虽然我觉得自己有道理,可也应该站在扔东西的同学的立场想想,他只是想要回扔掉的东西,也没有什么错呀,我为什么不可以还给他呢?想到这里,我拿起东西,走向那位同学……

(选自姚宋的日记)

两则日记告诉我们,班级生活里的"容错"就是犯错之后,宽容自己,包容他人,不让错误成为成长路上的包袱。

容错,不是没有原则地迁就错误,而是先要引导其认识错误,并找到出错的原因和改进的办法。

容错,宽容自己容易,包容他人却不易。因此,在生活中要引导学生设身处地为他人着想。"己所不欲,勿施于人。""己所欲,慎施于人。"

三、融错

数学名师华应龙老师的"融错教育",很好地诠释了数学课堂的融错思想。我把他的"融错教育"借用到了班主任工作中。

"把错误当作学习资源"是老师的口头禅,"闻过则喜"是孩子们的座右铭,而变"事故"为"故事",需要有融错的能力。

看一次事故现场：

"你们怎么搞的？今天的清洁怎么被扣分了？"我带着一点怒气。

大家低下头，不敢看我。

良久，班长站起来："老师，是我的错，我今天的检查不及时。"

"不，老师，是我们的责任。昨天下午放学做清洁的时候，我们小组想尝试一种新的扫地方法，希望能扫得又快又干净。结果检查的来了，说我们扫地超时，就被扣分了。"昨天的劳动组长站起来说。

"老师，我也有责任。"劳动委员站起来，"他们要找新的扫地方法，我应该主动留下来一起想办法。"

"老师，我们也有责任。"全班的孩子几乎都站了起来。

感动取代了怒气。我示意大家坐下，动情地对他们说："同学们，你们能主动起来承担责任，说明你们都是有担当的人。即使是做清洁这样的小事，你们都不愿意墨守成规，要去尝试新办法。好样的！班级的清洁分虽然被扣了，但是我要为你们的责任意识和创新意识加分。"

教室里响起了掌声。

"但是，我们的清洁也不能老是被学校扣分哦！大家一起想想办法吧！"

班级讨论开始……

从那次过后，班级考核再也没有因为清洁而被扣分。

要融错，首先要诚实地面对错误，分析出错的原因；要融错，还得分析解决错误有哪些办法；要融错，更要优选想到的办法再做尝试，然后根据出现的问题，再次想办法解决。在这样的良性循环中，错误才会被融成一笔宝贵的学习资源。

因为融错，孩子们敢于试错；因为融错，孩子们敢于贡献自己的错误做学习资源；因为融错，孩子们会对自己和他人容错；因为融错，孩子们学会了做人做事。成长在融错中真实发生。

在班级生活中，试错，容错，融错，应该是一部部连续剧，或长或短，或精彩或平淡。剧情由孩子们自己书写，剧本由孩子们自己表演，闭幕后由孩子们自己去反思总结。

好班,应呈现出活而不乱的风貌。这里走出的孩子,做人有爱,做事有序,敢于挑战创新,也有能力带给自己和他人快乐。

班级生活,细水长流,成长的精彩不容错过。

本章作者简介

宁超群,四川省成都市泡桐树小学(天府校区)语文教师,班主任。所带班级先后获成都市高新区"优秀班级"、高新区"十佳团队"。执教课例多次在全国获奖。先后荣获"全国基础教育先进个人""全国中小学百佳学术研究带头人""高新区优秀青年教师"等称号。有多篇论文获奖,部分文章发表在《中国教育报》《教育导报》《德育报》《四川教育》等报刊。

许丽蓉,四川省成都市泡桐树小学(天府校区)语文教师,成都市优秀班主任。从教以来,她一直把"因为我的存在,而使你感到幸福!"作为座右铭,并通过自己的不断努力,把快乐送给她身边的每一个孩子。她始终以"静待花开"的姿势,关注每个孩子的细微变化,鼓励孩子不断向上成长。

第七章

活动，催生班级"正能量"
——主题班会设计之道

班级就是一个小社会，孩子们的世界充满了许多未知的冲突、纠纷与和解、妥协，常常是正负能量较量的平台。有句话这样讲："学校管理，重在班级，班级安则学校宁。"我们到一个新的学校，可以很容易在短期内分辨出孩子的班级属性，究竟是来自班风优良的班级，还是组织涣散的班级。因为班级相当于孩子新的成长母体，一个健康向上的班级一定可以培养出健康、优秀的孩子，反之亦然。

从班级这个孩子成长"母体"的健康生长的角度来看，不定期地开展主题班会能充分发挥集体的智慧和力量，让孩子在活动中受教育、受熏陶，从而提高班级成员的综合素质，班级氛围意义上的好班和乱班的分别恰恰也在于这些细节之处是否得到落实。主题班会如果组织得好，对孩子生命质量的提升和良好班风的形成具有核心作用。班主任善于运用主题班会，就会对班级的情况心中有数、手中有法，合情合理地处理班级事务，提升班级管理效益，这是许多成功班主任的例子可以佐证的。

本章将从班级管理涉及的学生品德、情感、事务、励志等不同角度给出相应主题班会设计的思路、案例、点评，供大家参考。

何以言"德"行——品德类主题班会

德育为首,这是毋庸置疑的一个教育原则。班主任有责任帮助和引导学生成为身心健康的人,即除了身体健康外,还要引导他们成为一个拥有德行的生命;帮助和引导他们成为文明人,明礼诚信,做事有规范;帮助和引导他们成为爱集体、爱社会、爱生活、爱祖国的人,具有民族自尊、自爱、自重、自信的优秀品质;帮助和引导他们成为有品德的人,使之以仁爱之心、善良之心、宽容之心、感激之心对待他人和社会;帮助和引导他们成为现代的人,一方面具有开拓、进取、竞争、合作的意识,另一方面具有辨别、判断、处理信息的能力,人际交往的能力,组织创新的能力。总而言之,成为一个积极向上、品德优良的人。适时对学生从现代公民的角度进行德行培育是十分必要和重要的,也是主题班会中比较常见的一个话题。通常经过这样的熏陶,就可以培养学生的品德意识,使之成为一个有丰富情感的人,一个热爱生活的人,一个勇于面对挑战的人。

接下来,以《责任,从我做起》为例,看此类主题班会如何设计。

案例:责任,从我做起

【适合年级】

5—6年级

【活动目标】

"责任"是生命成长的底色。针对学生中存在的不良现象,开展以"责任,从我做起"为主题的班会。希望通过本次班会,增强学生的责任意识,同时也让学生更深入地了解"责任"的内涵,让"责任"的理念根植于他们内心,改善他们的行为,促进他们健康成长。

【活动准备】

（1）小品《被遗忘的簸箕》。

（2）纪录片《超级工程：北京地铁网》片段。

【活动过程】

主持人：同学们，爸爸妈妈和老师们经常教导我们要做一个有责任、有担当的人，这也是现代社会对我们的基本要求。这里的责任、担当包含着对自己负责，对家人负责，对集体负责，对国家负责。其中，对自己负责是最重要的基础。试想：倘若一个人对一些小事都不能负责，又怎么可能对家庭、集体、国家负责呢？古往今来，多少事例证明了这一点，我们也可以从身边的小事中发现类似的例子。

下面请看小品《被遗忘的簸箕》。

（学生表演小品）

张老师早晨到校后看到一簸箕垃圾赫然在楼梯下面，里面的垃圾很满，值日生似乎忘记了这件事。张老师到教室查看值日表后，发现是小明和小华负责这个区域。小明和小华都以为对方已经完成了任务，所以都心安理得地回教室了。

小华：我只负责扫下来，我以为小明会最后倒掉。

小明：哎呀，我把簸箕放在楼梯下面后上了一趟厕所。我以为小华在这段时间扫下来后会倒掉的，就赶回来上早读课了，也没有问一问小华。

值日组长小丽因为迟到而没有履行自己的职责，她显得很委屈。

这些孩子互相推诿一番，每个人似乎都有理由，张老师该如何处理这件事呢？

（注：孩子们演得非常真实，因为也是有真实经历的，大家都很认真地参与。类似的小品设计最好可以取材于班级实际问题，甚至可以让他们自己演自己，这更能起到触动人心的作用）

主持人：现在，请大家来做张老师，你们怎么看这个"被遗忘的簸箕"呢？

生1：我觉得簸箕不应该这么突兀地留在那里，至少有很多人的职责牵涉其中，而就因为这些职责都被轻易放弃了，结果它孤单地留在了那里。

主持人：那么具体有哪些职责呢？

生1：值日生中有分工，小明是最后倒垃圾的那位同学，他是直接的责任人。虽然他说到自己上厕所时间长，但这个不是理由，应该上完厕所后再回到那个值日区域看一看，即使不回去看，回到教室也要问一问小华，他不声不响地坐在那里是不对的。

生2：其他人没有到岗本身就是失职。小华离开时小明不在现场，小华应该帮助小明倒掉簸箕里的垃圾，但他没有这样做，也没有和小明说，就这么把这么多垃圾扔在那里，不太好吧。

生3：小丽迟到本身或许有她的正当原因，例如生病或者其他重要的事情，但她到校之后没有去自己的值日区域检查一下；如果她去了，就可能及时发现并处理掉簸箕里的垃圾。显然她也有责任啊！

主持人：刚才我们对小品的讨论非常深入，明白了每一个人都必须履行自己的责任。一个小小的簸箕，原来担负着这么多人的责任，只要有一个人履行了自己的责任，这个簸箕就不会在那里。那么，在平时的学习生活中，还有哪些责任需要我们重视呢？大家谈谈自己的看法。

生4：我觉得现在同学们还不太知道自己的责任，甚至有些同学在做作业的时候作弊、考试的时候传小纸条，这对自己和他人都是不负责任的行为。

生5：有的同学连作业都不做，如何能提高自己的学习能力呢？

生6：还有一些同学"追星"到了痴迷的程度，一天到晚在收集明星的八卦信息，这对自己有什么好处呢？我觉得这也是不负责任的表现。

生7：我感到很羞愧，看来我必须改变学习态度，不能再浪费美好的时光了，希望大家督促我。

生8：前一段时间我迷上了网络游戏，学习成绩下降得厉害，爸爸妈妈都为我操碎了心，他们都流泪了……唉，我都说不下去了（有点动感情）。以后我要改正，从对自己负责做起，以后不再玩网络游戏了。

主持人：说得真好啊，"责任，从我做起"，这是我们今天班会的主题。尤其可贵的是，后面几位同学直面自己的缺点，相信他们在今后的学习生活中一定会改正缺点，负起自己的责任来。我们发现，责任对于一个人真的是太重要了。其实，在许多职业中都体现出了"责任"二字的分量，请大家观看一段纪录片，并思考从这段影片里得到的启发，我们会组织讨论。

（学生观看纪录片《超级工程：北京地铁网》片段）

（视频介绍）

首都北京，这个超级城市的高速发展使交通拥堵不堪，城市的未来正面临前所未有的挑战。十年时间，人们要完成包括31条线路、560座车站、1000公里在内的世界上最大的地铁交通网络。一个立体的轨道交通网络将辐射这座城市的地上地下。本视频讲述地铁人在日益密集的城市中，为地铁寻找安全空间的故事。

在播放给孩子看的这段视频里，小高操作七米直径的盾构机分毫不差地对接，除了专业技术，更为重要的是责任感，要知道，轨道误差不能超过3毫米。

主持人：视频观看结束，哪位同学来说一说自己的感受？

生1：高叔叔真是太了不起了，在这么困难的情况下，居然可以操作得丝毫不差。

生2：高叔叔很负责任，他在地下几十米的工作间里一待就是十几个小时，有时候几天都见不到太阳，真辛苦。但他从来不抱怨，这是他的工作，一定是尽心尽责。

生3：是呀，你看高叔叔的操作间很小，而且在深深的地下，他只有靠装护板的一段时间休息一下，没有责任心是做不到的。

主持人：说得多好啊！接下来，请大家把自己的观点整理一下，我们来做一个责任专辑，并把它作为新一期班级刊物的专题吧。

（教师播放一些轻松的背景音乐，学生独立完成自己的观点并整理）

（此处大约需要十几分钟，教师可在课后对学生的观点做一个记录，做成电子文档，打印成册，作为班级分享文本。这里摘录部分学生的观点）

"刚才看了一个小品，演的就是我们自己的故事。我是亲身经历者，当时也看到这个簸箕在楼梯口，但我想有值日生负责就没去管它。现在回想起来，其实在这件事情上，我也是有责任的，虽然我不是值日生，但我还是这个班级的成员啊，也有责任去维护班级卫生。如果值日生不小心忘记了，我看到后也应该主动去倒掉垃圾，过后再提醒值日生一下，这样的话可能会更好。"

"那个纪录片太震撼了，在那么深的地下工作，那么巨大的机器，高叔叔戴着眼镜一丝不苟、负责任的样子深深地印在了我的脑海里。在北京天安门地底下挖隧道一定要做到丝毫不差，高叔叔他们做到了。我们也要做到在每件事情上都用心，责任都在细节里啊！"

……

（限于篇幅，不再一一罗列学生的观点，这都是他们亲眼目睹一些生动的场景后写下的真实感悟，也是他们对责任最真切的体验）

主持人：同学们！今天的班会课，我们自己演了小品《被遗忘的簸箕》，深入地讨论了在这件事情上的责任问题，并由此引发了关于学习、生活中责任的广泛思考。随后，我们又观看了纪录片《超级工程：北京地铁网》的一个片段，体会到了责任在细节方面的真实体现。从大家专注的眼神里和刚才安静书写的状态里，我看到了责任的存在，把这个当作一粒种子，一颗责任的种子，从我们自己开始做起，从细节开始体现，相信在不久的将来，我们一定会成为一棵负责任的参天大树。

（班会结束）

友情提醒：品德类班会课是班会课大厦的一个主体结构，必须有现代性，有吸引力，通过音频、视频等方式展示，让孩子们面对真实的事件来感悟、体验、理解、升华，不能靠纯粹的说教，最终完成一个自我的德行渐变，变得越来越好。

品德类班会主题参考

（1）"文明在细节里萌芽"。

（2）"没有监督，道德可见么"。

（3）"诚信是一面镜子"。

（4）"做一个有修养的人"。

（5）"学会好好说话"。

实践操作

请您设计一节德育类的主题班会课，可以是以上提供的参考主题，也可以是其他的德育选题。

重"情"为哪般——情感类主题班会

在当下情感教育缺失的环境里,无论家庭、学校还是社会,都面临情感淡化带来的潜在风险。引发这节班会的直接原因是,我目睹一个孩子在校门口因爷爷没有给他零花钱而哭闹,甚至踢打爷爷的场景。尽管当时对孩子进行了批评教育,但从孩子的眼睛里,我看不出孩子对长辈的愧疚之心,因此,我觉得有必要进行一节主题班会,以对孩子的情感做一些引导。情感类班会集中还原了人性中美好的东西,让孩子明白:生活中,有时候会遇到困难,甚至会遭遇挫折和失败,但在危急时刻,一定会有人向你伸出温暖的双手,帮助你渡过难关;也一定会有人为你指引方向,让你奋勇前进;甚至会有人用肩膀、身躯把你支撑起来,让你攀上人生的高峰……你会收获温暖的情感,这个世界本身就具有积极而丰富的情感。

孩子的情感世界需要不断通过各种形式的活动加以丰富,使他们成为有情有义的生命。不要小看了这样的情感教育,在许多负面新闻里,那些正值花季的少年做出一些恶劣的事情往往是因为在情感上存在严重的缺失,所以,情感类主题班会是非常重要的载体,起着传递积极向上的温暖情感的作用。

接下来呈现的班会课《记忆收藏》别具一格,相信会给您带来一定的启发。

案例:记忆收藏

【适合年级】

5—6年级

【活动目标】

通过对童年记忆做一次全面的梳理,让孩子们体会生命成长过程中所收获的情感祝福，从而理解父母及其他长辈的殷切希望，使自己拥有积极健康、幸福完整的情感体验，并且用这样的积极情感体验深深地影响自己的学习与生活，感染周围的世界。

【活动准备】

事先公布活动要求：让孩子们整理自己的童年物品，寻找具有代表性的、最值得与大家分享的故事。

整理一间空教室（条件允许的话，可以使用多媒体展示），作为记忆收藏的展厅。提前一天开始布置孩子们进行记忆收藏的环境。

【活动过程】

主持人：同学们，大家下午好！从小到大，我们都生活在温暖的祝福里，沐浴着师长的关怀。今天我们一起来分享自己的童年记忆，分享记忆里那些温暖的故事，那些温暖的人。今天的班会分为两个板块：一是记忆收藏故事分享；二是参观记忆收藏展，同学进行个别对话。

1. 故事分享

阿宁带来的是一个贝壳玩具，几片贝壳，组成两个戴帽子的小人儿，好像是一对情侣。其中一个打着领结，另一个戴着有花边的帽子。这是外婆送给她的礼物，从宁夏带过来的。她说："这是我外婆去世后，我唯一留存的她送给我的礼物。你看，这个小娃娃的嘴翘着呢。每次看到这两个贝壳娃娃，我就会想起外婆，如果外婆现在还在的话，我现在一定也会送给她一个我亲手做的礼物，让她也一直会思念我。"说到这里，阿宁的眼泪都要掉下来了（她外婆去年年底去世了。她的爸爸妈妈千里奔丧，她也把那天的经历写在了《纪事》里面）。阿宁收藏的记忆是外婆送她的贝壳小人，真的让人很感动。

阿菁手捧着记忆的帆船，开始叙述这艘船的来历以及她和爷爷亲手制作的过程。孩子们安静地听着，阿菁的现场表达很具有感染力，而且这个孩子似乎很具有演讲的天赋，娓娓道来，例如，她谈到爷爷让她不放弃一定要做好这艘船时，就很具有励志作用："从此以后，我就明白，做任何事都不能放弃，需要自己从一点一滴开始做起，这是爷爷给我的精神力量！我对我的爷爷非常尊敬，也祝愿他健康长寿！"

璐璐带来的是一个布娃娃。她说这是她八岁生日的时候，姐姐送给她的，她很珍惜。孩子有些腼腆，话不多，但从她细细抚摸这个布娃娃的动作可以看出，她的心底是有很多话要说的，应该是和这个布娃娃有关的，大家也从这个布娃娃看出了璐璐对于姐妹情深的理解。

　　嘉敏展示了她从四个月大一直到 12 岁的一系列照片。每一张照片她都要讲一小会儿，不时抿嘴一笑，有在本地公园拍的，有在南京的夫子庙、中山陵拍的，还有在上海的公园拍的；有在游戏的，有在弹钢琴的，也有在溜冰的，由此可以看出孩子的多才多艺、全面发展。

　　阿骏展示的是他从上海幼儿园离园时的纪念册。他轻轻地展开这本小册子，里面的内容很丰富，有照片和文字，以照片为主，包括集体照、个人照，还有一张阿骏带着"博士帽"的毕业照，很神气。阿骏说："这里面有和我好朋友一起的合影，我很想念他们。"问他他们之间是否还有联系，他想了想，摇摇头。孩子在上海接受过良好的学前教育，从这本纪念册就可以看出当初老师的用心，孩子也养成了良好的习惯。今天的展示也打开了他记忆的闸门以及他对友谊最初的理解，很感人。

　　俊文带来的是一套纪念币，有金属币，如一些国家的银币，还有纸币，如美元等。他一样一样地介绍，这些都是他叔叔送给他的。如果这个兴趣可以保持下去，谁说俊文不会成为一个收藏家呢？听了他津津有味的介绍后，大家也学到了不少知识。"我叔叔现在在国外工作，我很想念他，如果他回来，一定会给我带新的纪念币。"孩子回忆着自己和叔叔之间的收藏趣事，看起来真不错！

　　阿庆带来了洋河酒厂的一个纪念雕塑——飞机模型，这是新中国成立 60 周年的纪念品，非常重的一个铁家伙。阿庆说："这是我爸爸在销售洋河酒的时候，得到的一个纪念品。他把这个飞机模型送给了我，因为那次'航模'比赛我得奖了，爸爸特意奖励我的，我一定要珍藏这个模型。爸爸那几年工作很辛苦，每天都会出外做销售，但他从来不和我们说累，他是我的榜样！每次我心情不好的时候，都会拿出这个模型，认真地擦一遍，然后放在桌子上，看着它昂首向上的样子，我就又充满了力量。我要谢谢爸爸送给我这个礼物，这是我记忆中最重要的收藏！"

　　小菲带来了一张光盘，用纸包着，光盘上没有任何文字。小菲轻声说："这是幼儿园毕业时我参加节目的光盘，我表演的节目还获奖了呢，特别令人难忘。当时还有许多节目是很搞笑的，比如踩气球、学动物爬等，特别有意思。那时候多有趣啊！"她的语气里充满甜蜜，现在戴上眼镜的她，显得很沉稳。

　　阿书带来的是一个磨光了的魔方。原来应该是有数字和字母的，现在已经看不出来了，可以想见他当初的喜欢和用心练习，现在他转起来也还是很灵活的。

阿薇带来了一套茶具，小心地放在展桌上；小琴带来了一个玻璃制品，里面似乎还有美丽的图画……

孩子们很愿意和大家分享自己的记忆，也因为这些记忆里包含着每一个孩子的情感信息，这种触摸和分享是有价值的。这个空间里的所有物品，表面看来都很平常，甚至有的很简陋，但如果你去聆听孩子们的叙述，就会发现，他们之所以收藏这些物品，并不是因为它们的外表，而是因为里面体现的各种各样的情感，这些情感对他们来说都是很重要的。

2. 自由参观并个别交流

孩子们在展桌前小心地参观着、细心地询问着。除了刚才那些分享过故事的孩子，还有许多孩子的记忆收藏品也是独一无二的。

比如，其中一份展品是一封信，包括信封、信纸，信封上的寄件人地址是另外一个城市的一所中学。这是阿玥的姐姐写给她的信。字很娟秀，阿玥的名字用了叠词"玥玥"，非常亲密的称呼。

"原来和姐姐写过信吗？"我问她。

"写过的，"阿玥回答道，"四年级的时候也写过。"

"很好啊，写信是一种很有意义的沟通方式，在网络时代更显珍贵。"我接着问她们之间是否有其他更快捷的联系方式。

阿玥说："没有，姐姐学习很紧张，现在是高二的学生了。"

信的价值并不在于其中承载的信息的多少以及送达的快慢，而在于一种情感的流淌。亲手写的信，一笔一画之间都是有感情的，和复制的手机短信截然不同。我想，阿玥是可以感受到来自远方的姐姐的祝福和耳语的，这是其他孩子无法感悟到的。若有一个作文题是"描写温馨的一个场景"，阿玥完全可以写"读信"抑或"写信"，这就是体验，独特的体验。

这倒提醒了我，或许以后可以通过手写的方式和孩子们沟通。这些或许是邮路距离最近的"信"，会不会也会让孩子们的心灵有所感悟，明白"字里行间"的含义？

阿玥的这份独特的记忆收藏，非常珍贵，有丰富的情感在其中。

再如，有两个孩子带来了一把伞，这是她们当年在一次旅游中共同面对风雨的记忆。我很好奇这真的是那把伞吗，因为听起来好像是好几年前的事情了。小琴郑重地说："就是这把伞。当时，我和佳华两个人一起躲在伞下。外面的风雨好大啊！我们紧紧地抓住伞柄，互相鼓励，一起用力，顶住风雨，终于回到了大巴车上。你看，这把伞有一个骨架是弯的，就是那次风雨留下的，这就是证据……"好，为这样的友谊热烈鼓掌！

活动结束后，我要求孩子们整理一下自己的感悟，并给十年之后的自己写一封信。孩子们在去年的时候曾经"给一年以后的自己"写过一封信，这封信被封存在了一个瓶子里，到今年暑假那天会准时打开，到时每一个孩子都会看到一年以前自己的心愿和期盼。现在，他们又会郑重地给十年以后的自己留一段心声，尽管日后看来，这些文字或许是稚嫩的，甚至是幻想的，但那又有什么关系呢？我们都是从那时走过来的，只是早已遗忘了那份天真和幻想了，如果现在你发现了自己少年时代的一些记忆，会不会有一点点的触动呢？凡是有情感的人，都不会无动于衷的。我会帮孩子们好好地收藏那个保存记忆的瓶子，等到十年以后，也就是大多数孩子大学毕业的那一年，如果可能，我们再聚首，想象一下，那又会是怎样一番景象呢？

友情提醒：对于类似的班会要做好充分的准备，首先，承载记忆的收藏物品需要小心保存，有些易碎品，如茶具、水晶杯、纪念币等，需要专门保管，和家长也要做好充分沟通，对于很值钱的物品建议不要现场展示，可以用照片的形式提供；其次，有些记忆收藏属于孩子的"隐私"，对于如何呈现、怎么分享，都需要事前有所考虑，比如阿玥的信，事先我征求过她的意见，让她考虑一下是否适合给别人看，阿玥仔细读过后表示可以给大家看，因为都是一些鼓励的话，对于同龄人是有启发的。这个班会前后持续了大概一周的时间，效果很好。

情感类班会主题参考

（1）母亲节、父亲节、中秋节、教师节等节日情感主题班会。

（2）"年度感动本班人物评选"活动。

（3）"生命相惜"（与自然的情感维系）。

（4）"珍惜友情，说说朋友的那些事"。

（5）给弱势人群提供一次帮助。

实践操作

您认为在情感类主题班会设计中还需要注意些什么?怎么体现体验式活动在情感类主题班会中的作用?

论"事"讲规矩——事务类主题班会

事务类主题班会是班主任根据教育、教学要求和班级学生的实际情况确立主题、围绕主题开展的一种班会活动。通过事务类班会来澄清是非、提高认识、开展教育,对于促进学生的成长和帮助学生树立人生观都起着重要作用。但是,以往单纯以班主任向学生单向讲道理而进行的主题班会无法适应新的形势,新形势下的事务类主题班会必须加强学生的自我教育,这就要求班主任在班级管理中必须更多关注学生的需求、学生自身成长和发展的实际,通过开放式主题活动实现教育学生和学生自我教育的目标。由此,事务类主题班会应运而生。

事务类主题班会是针对比较明确的事务展开的主题教育活动,它以活动为主线,其目的在于使学生在活动、体验的基础上,通过自己的亲身经历或对事物的观察思考,有意识或无意识地内化为自身的自觉行为。在事务类主题班会课上,班主任要通过精心设计活动内容,让学生在活动中学习、体验、分享、总结,从而明确解决事务的路径,提升处理事务的能力。

鉴于此,班主任设计一些适合本班实际的事务类主题班会可以有效地起到引领作用,并且对班级管理起到正向激励作用,成为班主任实现高效班级事务管理的好帮手。

案例：一起约定"篮球条约"吧！

【适合年级】

5—6年级

【活动目标】

（1）引导学生通过协商自治解决"篮球影响到正常的学习"这一问题，独立自主地参与规则的制定过程，更为深刻地理解规则的价值。

（2）引导学生通过案例认识到规则是不能随意更改的，如果没有规则，我们所有人的生活都会受到干扰。

（3）引导学生在自己所处的团队中商讨、制定规则，把所学的社会规范充分运用到现实生活中，并对公共生活中的规则约束心存敬畏，身体力行。

【活动准备】

（1）学生独立议事，形成简约的"篮球条约"。

（2）《让校规看守哈佛》等故事。

【活动过程】

（背景介绍：由于学校两个校区合并，面积变大，操场离教室更远，热衷打篮球的男生在课间会跑很远去打球，然后再匆匆赶回来，总是满头大汗，科任老师几次反映这个问题，说这些孩子上课注意力不集中，玩球都把心玩"野"了。当然，科学的解释是，学生在短时间内运动过度导致精神过于亢奋，一下子静不下来。这是一个实实在在存在的问题，也是班级事务中的一个直观例子，班主任觉得有必要召开班会做一个规范引导，但不希望通过强制的手段激起学生内心的反感，那样也是得不偿失的）

以下是班会实录，主持人是班长阿宁。

主持人：我们今天这个班会讨论的话题只有一个：篮球怎么玩才合理？我们先请几个喜爱篮球的同学说一说，有啥说啥。

阿书：让我们说什么呢？

阿骏：就是大家讨论一下打篮球的事情。

佳琪：既然学校放了球架在那里就是给我们打的呀。

阳阳：陈老师也不是禁止我们打球，只是要我们一起商量一下怎么处理打球的问题。今天上午打球的举手。

结果到场的学生大部分都举手了,看来这个讨论还是很及时的。

接下来,学生陷入了沉默。阿骏首先打破了沉默。

阿骏:我觉得我们上午不应该玩球!因为上午的课都是语文、数学、英语,再加上做作业,时间太紧了;而且楼上楼下跑来跑去的,时间也不够用;打完球,大汗淋漓的,好半天心也静不下来。

阿书:这个我赞同,不过大课间可以呀。(其他学生也附和:"对,这个时间要利用起来。")

佳琪:可是,大课间我们是在外操场做操,然后解散自由活动,后面还要整队回教室,时间上也是不够用的,肯定来不及;没有整好队的话,也影响纪律。(这个学生想得比较周到,想法比较成熟)

学生举手表决,大家觉得还是阿骏说得对,上午时间不够用。那么,什么时候有时间呢?

阿钰:中午吃完饭后稍微休息一下,还是有时间的,半小时足够了。

大家点头,阿宁写下了:"第一,上午不打球;第二,中午完成作业后可以在午自习课前玩半小时。"

阿青补充:放学之后其实也可以有一点打球的时间的。

有学生也觉得有道理。我想起我们小时候也是在这样的时光里自由游戏的,情景差不多,可这些对现在的孩子来说似乎是奢望了。

阿庆迟到一会儿,听了同伴的简单介绍后,大声说:这下完了,篮球没得玩了。

主持人想听听他的意见,请他继续说。

阿庆:我不太会打篮球,但已经买了篮球想学。这个球一百多元呢,昨天新买的,还没有拍熟练呢,今天就遇到讨论打篮球的问题了。我的意见是不要禁止,但也不能一天到晚地打。(小子一脸的坏笑)

阳阳:你这个等于没说。不禁止的话,你就会一天到晚打,还是要讨论一下的。你同不同意刚才大家的意见?我们可是一个篮球队的。

阿宁把刚才的两条条文读了一下,阿庆也点头表示同意。

阿庆:我再加一条,如果体育课上老师让我们打球,是不是就可以打球呢?

其他学生也像发现新大陆一样兴奋,终于又挖回一块时间。

阿宁询问大家是否还有意见，如果没有意见的话就写入条约。

接下来开始讨论如果做不到该怎么办。

阿骏：如果有人违反这个规定，我们一起禁止打球一天。

阳阳：一天太少，一周差不多。（孩子们立刻起哄："太长了。"）

大家就这个禁止时间展开了激烈的争论，最后统一为三天，只要有一个人做不到，整个团队都会受到影响。尽管我不赞成因为一人犯戒，而使其他人的权利受到侵害，但如果是他们以自己的协议来约束自己，也并无不妥，本身这个协议并不涉及其他基本权利，先试一段时间再说。如果有人犯戒，那就实行，也可以让孩子们借此体会到契约的力量，契约有时候不一定是绝对公平的典范。

至此，篮球条约制定完成，"为了打篮球不影响大家的学习，制定以下条约：第一，上午不打球；第二，中午完成作业之后可以在午自习之前玩半小时；第三，体育课可以按照老师的要求打球；第四，放学后征得家长同意，打球不超过半小时；第五，如果球员做不到以上四点，有一个人违反，其他人一起受罚不得玩球三日。大家互相监督！"在场的孩子——阿骏、阳阳、阿书、阿庆、佳琪、阿星、家乐、俊文、阿钰、阿胄等一一签名。接下来就是漫长的等待，看一看，这些孩子能否以自己写下的条文约束自己的行为。

等他们将篮球协议确定下来以后，主持人与他们分享了一个小故事。

让校规看守哈佛

1764年的一天深夜，一场大火烧毁了哈佛大学的图书馆，很多珍贵的古书籍被毁于一旦，让人痛心疾首。

第二天，学校上下都得知了这场重大事故，有名学生尤其面色凝重。突发的火灾把这名普通的学生推到了一个特殊的位置，逼迫他做出选择。在这之前，他违反图书馆规则，悄悄把哈佛牧师捐赠的一本书带出馆外，准备优哉游哉地阅读完后再归还。突然之间，这本书就成为了捐赠的250本古书中的唯一珍本。怎么办？是神鬼不知地据为己有，还是光明坦荡地承认错误？一番激烈的思想斗争后，惴惴不安的学生终于敲开了校长办公室的门，说明理由后，郑重地将书还给学校。

当时的哈佛校长霍里厄克先生接下来的举动更令人吃惊，收下书表示感谢，对学生的勇气和诚实予以褒奖，然后又把他开除出校。因为，哈佛的理念是：让校规看守哈佛，比用其他东西看守哈佛更安全、有效。

（《教师博览》2000年第11期）

孩子们很认真地听着这个故事，理解了故事含义的孩子立刻举手回应。

阿庆：我们刚才实际上自己制定了一个规则，那么就要让这个规则来看守我们的班级，大家都要严格遵守，不能破坏规则。

阿成：是的，我们自己要说话算数，在合适的时间尽情地打球，不适合的时间坚决不打，就是这个意思，我能做到。

【篮球条约实施后续】

通过第二天上午的观察，篮球条约执行得很好。孩子们自觉遵守自己订立的条文，已经把前几天的风暴和海啸理成了一种可约束的常态。

几个孩子站在阳台上遥望篮球场。这时，内心的诱惑和制度的约束之间产生的激烈冲突是显而易见的，但他们坚持了下来，每个人都是胜利者。

中午，阿钰认真地在打篮球，他们都遵守约定，坚持上午不打篮球，中午有空玩一会儿。我静静地看了一刻钟，感受到了他的专注。等阿钰打累了，轮到别的孩子上场时，我和他聊了一会儿，对话实录如下：

教师：阿钰，看起来你很喜欢打篮球啊！

阿钰：是的，我打得不算好，但我很喜欢这项运动。

教师：从中感受到怎样的快乐呢？

阿钰：好像就是不断越过对手投篮进筐的快乐，每个球都会认真去打。

教师：有兴趣，乐于去完成一个个挑战，这就是真正的快乐了。

阿钰：是，蛮开心的。（孩子边擦汗边说）

教师：我能感受到你的快乐，找到一件让自己觉得真正快乐的事情不容易，你是很幸运的。

阿钰：班里还有很多同学打得比我好，他们也都很感兴趣，而且花了很多时间在上面，只要多练习，就会进步很快。你看家乐前几天还不太会呢，现在已经打得不错了。

教师：你说得不错，篮球是一项需要不断训练、巩固动作的运动，看来你在篮球上的学习是成功的，祝贺你啊。

阿钰：（有点不好意思）我是在做好作业之后玩的。

教师：那就更好了！事实上，通过打篮球，你会获得一种成功的感觉，迁移到学习上，学习也会进步很快的。

校园里的每一项活动都会给学生带来体验，教师首先要去理解这种体验的积极价值，然后再和学生聊一聊，就能感受到学生内心的快乐。同时，快乐运动的背后也会有一些必然的事务冲突，比如牵涉的时间、精力上的分配，召开一些事务类主题班会引导学生合理协商，让学生体会自治、自制十分重要。

友情提醒：事务类主题班会要尽可能遵循一事一课的操作，有一个确定的事务加以讨论，更为深刻地挖掘解决事务的各个层次的路径，由浅入深，由狭窄到广阔。打开学生的视野，把某些事务放在一些比较大的背景下去思考，并且要具备操作性，最终落实到解决问题上来。

事务类班会主题参考

（1）"我们班的'焦点月谈'"。

（2）如何改进学习方法？

（3）成功的"秘诀"究竟是什么？

（4）如何管理时间？

（5）某些班级事务的专题班会（卫生、纪律、课堂氛围等出现问题时有针对性的设计）。

实践操作

事务类班会也可以化解为微型班会，也就是通常我们说的"晨会""一事一议"。您可以总结自己在工作实践中的体会，设计一系列事务类班会活动的提纲。

言"志"当有时——励志类主题班会

让学生树立远大的志向也是教育的永恒话题之一，除了在学科教育课堂上的渗透和引导之外，主题班会和班级活动也是重要的励志教育基地。励志类主题班会可以集中展示有远大志向者的生命品质，让这些人物成为一个灯塔，引领正值青春年华的学生在志向和学业上都有高远的追求，成为一个内心积极、有正能量的生命体。

励志类主题班会本质上是一种"唤醒生命潜能"的教育，通过对学生心灵的唤醒，使学生真正认识自己和自己所处的世界，认识自己的处境、生命的历史和未来的使命，使其成为一个真正具有自我意识和充满生命希望的人；使学生置身于生活世界和价值世界之中，消除人与"我"、"我"与世界的隔阂，从而去体味、创造生活，寻找生命的价值与意义。

励志类主题班会的目标更明确，方法更多样。励志类主题班会的开展形式可谓是丰富多彩，不一而足，可以运用榜样激励，采用讨论交流，可以进行角色扮演，开展团体游戏活动，也可以让学生参与实践体验等。在励志类主题班会活动中，实施和开展一系列活动，有利于培养学生的意志力、自信心、人际交往能力、团队精神、自我激励能力等，让学生认识自己的发展潜能，发现自身潜在的优势，学会自我教育和自我管理，最大程度地实现自身的潜在价值。

有调查研究表明，认为"榜样对其所起的励志作用程度很大"的青少年占18.9%，认为"作用较大"的占51.8%，认为"没有起到作用"的仅占1%；在对青少年产生影响最大的人物中，优秀企业家以43.7%的比例位居第二，马云、马化腾、俞敏洪等一批当代中国各个领域的成功人士成为了青少年耳熟能详的偶像。另一方面，一些科学成就突出的科学家成为了孩子终身的榜样，激发了他们内心最初的科学萌芽。由此可见，榜样对青少年学生的励志作用是很大的，用榜样对青少年进行励志教育也会发挥潜移默化的作用。

因此，班主任运用主题班会开展励志教育，是促进学生在人生观、价值观、世界观上健康发展的必要途径。以下提供一个别开生面的励志教育主题班会实录，供您参考。

案例：一次特殊的颁奖仪式

【适合年级】

5—6年级

【活动目标】

通过对历届国家最高科学技术奖获得者的介绍以及对他们人生故事的介绍说明成功属于那些充满热忱的人，使学生懂得如何面对困难，如何才能使自己拥有积极的心态，并以此对待学习、对待生活。

【活动准备】

（1）班主任在班会课前了解国家最高科学技术奖获奖人员情况，做一个介绍准备。

（2）拿破仑·希尔的一个案例PPT演示。

【活动过程】

（此次班会的主持人是班主任陈老师）

主持人：这节班会课，我们将举行一次特殊的颁奖仪式。

班会课前，主持人已经在黑板上用工整的楷书抄录了一份名单："袁隆平、吴文俊、黄昆、王选、金怡濂、刘东生、王永志、吴孟超、叶笃正、李振声、闵恩泽、吴征镒、王忠诚、徐光宪、孙家栋、谷超豪、师昌绪、王振义、吴良镛、谢家麟、郑哲敏、王小谟、张存浩、程开甲"，特别留出一块空白，待会儿写上"2014年度："。上课铃响后，班长阿宁喊"起立"，师生互致问候之后，主持人没有让孩子们立刻坐下，而是一起站着念出黑板上的名字。除了袁隆平之外（家乐也说袁隆平排在第一个呢），对于其余的名字，孩子们是陌生的，他们并不明白这些名字意味着什么，但神态还是很严肃，因为气氛严肃，他们也觉得这些名字非同小可。

主持人板书一个名字在黑板上的空白处，并说："孩子们，你们刚才大声念出的每一个名字都是创造了非凡事业的人物。就在今天上午，2014年度获奖名单已经公布，获奖者是于敏，他获得了2014年度国家最高科学技术奖。"

主持人接下来简要介绍奖项的意义（可制作PPT）："目前，中国设立了国家最高科学技术奖、国家自然科学奖、国家技术发明奖、国家科学技术进步奖、中华人民共和国国际科学技术合作奖等五项国家科学技术奖。这些奖项每年评审一次。其中，国家最高科学技术奖报请国家主席签署并由国家主席亲自颁发证书和奖金。国家最高科学技术奖每年授予人数不超过两名，而且获奖者必须在当代科学技术前沿取得重大突破或者在科学技术发展中有卓越建树；在科学技术创新、科学技术成果转化和高技术产业化中，创造巨大经济效益或者社会效益。"

当孩子们听到500万元奖金的时候，感到很震撼。接下来，主持人介绍了于敏的贡献。可能这些研究者的领域离孩子们比较远，他们的感悟不多。例如，于敏是核物理专家，这个就属于非常专业的领域了。

果然，有孩子开始提问其他获奖者的贡献，他们也想了解为什么这些人可以获得这么高的奖励。开始有了好奇心，这是激发他们高远志向的第一步。

主持人选了几个比较贴近生活的获奖例子，一是袁隆平，二是王选，三是叶笃正。袁隆平大家比较熟悉，杂交水稻之父，与吃饭问题有关，有的孩子也知道一点；王选是因为激光照排技术而被誉为"现代毕昇"，是高质量的现代印刷的里程碑，现在方便的打印技术就得益于王教授；而叶笃正是气象学的权威，对于中国现代意义上的天气预报具有指导意义，很多人每天都在收听收看天气预报，与叶老密不可分。"这25个人，他们中间的每一个人都直接或间接地影响到了我们每一个人，因此他们才可以获得国家科学技术领域的最高荣誉。在上海科技馆专门有一面巨大的院士墙，一些杰出的科学家的画像就绘制在这面墙上，我们以这种方式告诉人们，应该铭记什么。"

孩子们从一开始听到奖金时的惊讶，转变为现在的震撼。主持人接着说："之所以让你们站着念出他们的名字，是因为要让你们一起感受科学创造的伟大。他们的成就不是简单得来的，而是在很长一段时间的艰苦寂寞中坚持得来的。有很多领域不是那么热门，例如，2003年获奖的刘东升院士，专门研究黄土，年轻时常年累月在偏远的地方搞黄土研究，多少寂寞，多么枯燥，很多人都离开了，但他坚持了下来。结果，他的研究成果对于国家的一些战略规划起到了重大的意义。我们不仅要感叹于他们的成就，更要体会过程的艰难。"

孩子们也提出了自己的一些想法，我们一起交流、讨论。他们始终坚持站着面对黑板上的名字，这种仪式会给他们一种意识，对于科学的崇敬，对于坚持的崇敬。孩子们是属于未来的，他们的发展不可预测，不管他们未来做什么，这些科学巨匠的精神都会是一种积极的激励因素。

主持人：面对黑板上的这些名字，从一开始你们的茫然无知，许多人都是我们第一次听说，到现在我可以看出你们眼中的敬仰之情，相信你们的内心都在经历深刻的变化，不妨和大家分享一下！

（学生思考片刻）

生1：这些科学家的成功都不是随随便便的，我想自己要获得学习上的成功，也必须勇于面对困难，下定决心，坚持去做。

生2：刚才我听了老师介绍研究黄土的那位院士，很震撼，一开始我还想黄土有啥研究的，不就是泥土吗？现在我明白了，其实，在任何不起眼的地方只要深深地研究下去，一定会有成就，我感到刘院士真是了不起。

师：你说得真不错，这些院士除了有志向，还必须要有什么呢？我们先来看一个小故事。

（教师播放PPT）

现代成功学大师拿破仑·希尔曾经讲过一个令人醒悟的故事：

赛尔玛陪丈夫驻扎在一个沙漠中的陆军基地里。丈夫经常外出演习，她一个人留在陆军的小铁皮房子里，奇热无比，又没有人和她聊天，周围都是不懂英语的墨西哥人和印第安人。她很难过地写信对父母说："一心想回家……"她的父亲给她回了一封信，信中只有两行字，但这两行字却永远留在了她的心中，并改变了她的生活。这两行字是什么呢？

"两个人，从牢中的铁窗望去，
一个看到泥土，一个却看到了星星。"

从此，赛尔玛决定在沙漠中找到自己的星星。她观看沙漠的日落，寻找到几万年前留下的海螺壳；她和当地人交朋友，互送礼物；她研究沙漠中的植物、动物，又学习有关土拨鼠的知识。她把原来认为最恶劣的环境，变成了一生中最有意义的冒险，并出版了一本书《快乐的城堡》。她从自己的牢房中望去，终于望到了自己的星星。

主持人：听了这个故事，再结合刚才我们了解到的院士的事迹，你有什么启发？

（学生思考、讨论）

生1：我觉得积极的心态可以让我们勇于面对困难，不再悲观，而是充满希望。

生2：我想，那些院士们一开始也会遇到一些困难，他们研究的领域都是最顶尖的，几乎没有人可以达到他们的高度，所以，一开始他们也会像被关在铁皮房里的塞尔玛，但后来他们一定战胜了悲观的心态，开始抬头看天、寻找星星，最终找到了属于他们自己的那颗明亮的星星。

主持人：说得多好啊，大家鼓掌。这些院士们一定都具有积极的心态，乐观、热情、自信、进取，并且有强烈的成就感。孩子们，你们现在正处于充满希望的年龄，也有无限的可能性，唯有积极乐观地对待学习和生活，才会获得一种无比强大的力量，就可以改变许多原来以为不可能改变的困难。

生3：是啊，只有把学习上遇到的困难看成一种磨炼，努力克服，我们才会全身心地投入进去，才会以热忱、快乐的心情迎接每一天的到来。

主持人：那么，我们如何才能拥有这种热忱呢？遗传学家阿蒙兰·辛费特曾说过："在世界的全部历史上，从来没有别人和你完全一样，在那无限遥远的将来也决不会再有另一个你。"无论妨碍你的是何等的困难和不幸，永远记住：对于任何一个生命来说，胜利总是内藏在你体内的。如果你有这样的信念，必将激发起无比坚定的意志，从而战胜一切困难。

通过大家的讨论，或许从那些科学成就杰出的院士身上，我们可以得出如下结论：

（1）学会深入地探索问题。每一位获奖者研究的领域总有一个核心问题，坚持不懈地探索，一定会有所成就。

（2）培养"你很重要"的态度。每一位获奖者都坚信自己有能力研究这个领域，自己是重要的研究者。

（3）强迫自己采取热忱的行动。在面临困境的时候，每一位获奖者都会用强大的意志力要求自己继续保持热情，不放弃。

（4）身体健康是产生热忱的基础。袁隆平先生曾经说过这样一段话："80岁的年龄，50岁的身体，30岁的心态，20岁的好奇心。"身体健康是科学研究的重要基础，大多数获奖者都是长寿老人。

（5）要知道你是个天生的优胜者。生命都具有这种内藏的品质，每一位获奖者都激发了这种生命潜能，而大多数普通人没有做到这一点，这对我们是有启发的。

（6）要敢于向自我挑战。挑战自我几乎贯穿了每一位获奖者的人生。他们做任何一件事，都尽其所能做得比上一次更好。他们会向一切不满意的事物挑战，最终改变了自己的命运，改变了世界。

【延伸阅读】

中央电视台"感动中国"组委会给部分国家最高科学技术奖获奖者的颁奖词

给袁隆平的颁奖词

他是一位真正的耕耘者。当他还是一个乡村教师的时候，已经具有颠覆世界权威的胆识；当他名满天下的时候，却仍然只是专注于田畴，淡泊名利，一介农夫，播撒智慧，收获富足。他毕生的梦想，就是让所有的人远离饥饿。喜看稻菽千重浪，最是风流袁隆平。

给于敏的颁奖词

离乱中寻觅一张安静的书桌，未曾向洋已经砺就了锋锷。受命之日，寝不安席，当年吴钩，申城淬火，十月出塞，大器初成。一句嘱托，许下了一生；一声巨响，惊诧了世界；一个名字，荡涤了人心。

友情提醒：励志类班会课在选材上要尽可能选择离孩子们"近一些"的核心事件，这里的"近"，一是指时间上不能太久远，古代的案例可以有，但不如当下发生的案例鲜活生动，甚至对于一些时事人物，可以通过某些方式的整合作为励志类班会的核心人物；二是指靠近孩子的困惑和问题，例如，班上孩子出现学习懈怠问题，这就是一个很近的问题，要选择适合的角度尽快介入，而不能拖延太久，以免蔓延成风，错过了好的教育时机。

励志类班会主题参考

（1）"抵制诱惑的力量"（比如，在发现班上大多数学生有沉迷于电脑游戏等行为时开一次类似主题的班会）。

（2）如何实现目标的分解？

（3）"困难不可怕，可怕的是放弃"。

（4）怎么理解坚持精神？

（5）采访身边的成功者（做一次访谈，然后集体分享，可以采用视频等形式）。

实践操作

开展一次励志类主题班会，可以参考以上主题，也可以针对班级学生的实际情况选择其他主题。活动结束后，及时写出反思作为自己专业成长的见证。

本章四个主题班会案例的设计注意了形式上的丰富。当然，这四个主题的划分也并不完善，仅仅是提供一个视角供读者参考，事实上，还可以从更多的角度阐释。就形式而言，还有专题讨论会、主题报告会、QQ群讨论、辩论赛、文娱表演、实地参观、人物访谈等。丰富多彩的主题班会形式，才能适应学生的年龄特点，被他们所接受，增强他们参与互动的兴趣，从而调动其积极性，使学生受到正能量的鼓舞。

这里有必要再重申开展主题班会的几项原则：

（1）**目标性原则**。主题班会的目的是为了提高学生的思想道德水平和道德评判能力，为了巩固和发展班集体，健全和完善班集体，同时，创新主题班会的目标也在于培养学生的主动性、独立性和创造性。

（2）**方法性原则**。由于学生的生理、心理水平均存在不同程度的差异，这些差异无不影响着教育的目标定位、内容选择、方法选用、组织形式、环境调控等宏观教育层面，也影响着教育的速度、难度和广度等微观教育层面。因此，适合学生的创新教育方法无疑是能够满足、体现这些差异的，是差异化教学，即因材施教。

（3）**自主性原则**。充分信任学生，培养和发挥学生的自主能力，增强学生主人翁的责任感，引导他们自己组织、管理和开展活动。

（4）**趣味性原则**。必须是学生喜闻乐见的创新活动形式，才能收到预期的教育效果。这就要求教师要注重研究和运用学生心理需求规律，使许多严肃而意义深刻的主题会成为颇具艺术性和趣味性的讨论会、演讲会，使教育意图蕴含其中，从而使学生的情感得到陶冶和升华。

（5）广泛性原则。班会要面向全体学生，要充分调动全班学生的积极性、创造性，做到人人有职责，人人受教育。

另外，还有鼓励性、计划性、过程性、多样性、环境性等原则。总之，主题班会的创新和作用要紧密结合，以求达到最优化的效果。

主题班会是班级管理的一个重要环节，也是一门管理学问。只要班主任有高度的热心和强烈的责任心，发挥自己的创造力，认真地准备，就一定能使主题班会真正达到教育学生的目的，让主题班会成为正能量的"核电场"，深刻地影响和积极地引导学生向健康的人生发展。

本章作者简介

张红，任教于江苏省南通市通州区南兴小学。担任班主任工作近二十年，班级管理以"严、细、实、活"著称，关注生命成长，所带班级学生素养全方面发展，得到家长的高度肯定。曾获"南通市优秀教育工作者""优秀班主任"等称号，撰写的班级管理文章入选过多本著作，参与编撰多部教育文集，连续多次获得有江苏省小教界诺贝尔奖之称的"教海探航"征文奖。

陈春，任教于江苏省南通市通州区南兴小学。中学高级教师，南通市骨干教师，江苏省"十二五"重点规划课题主持人，江苏省教育学会小学数学专业委员会会员，在市内外多次执教公开课和做讲座。在班级管理方面，始终坚持去做有益于孩子走向未来的正确的事情。在国内多家媒体开设随笔专栏，曾有教育论文被人大复印资料全文转载。《班主任之友》封面人物、《当代教育家》草根专栏专题人物等。参与编著多部教育类著作，著有随笔集《并非私见》。

第八章
自主规划,向着明亮那方
——学生发展引领之道

如果一种教育未能触及人的灵魂，未能激发灵魂朝上、朝善的变革，它就不是好的教育。在北京大学任职时间最长的蒋梦麟校长曾说："教育如果不能启发一个人的理想、希望和意志，单单强调学生的兴趣，那是舍本逐末的办法。"好的教育就是自我成长，更高的要求是，在自我规划中拥梦而行的成长。

在与孩子们相处的过程中，我一直以这样的理念，努力营造积极向上、激发灵感与自我成长的动力，召唤孩子的心灵，让他们认识自我，明确目标。我通过四个课程的规划，引领他们坚持做事；通过让他们健身健脑、亲近自然、展示风采、总结成长，帮助他们实现自我修炼——让他们意识到"我就是力量"，始终坚定不移地为实现自己的梦想而努力。

唤醒心灵，从此刻出发

作家安妮宝贝认为，"我们的生命，就是以不断出发的姿势得到重生。为某些只有自己才能感知的来自内心的召唤，走在路上，无法停息"。儿童的成长是身、心、灵的成长，所以他们的精神生活应该更有正能量，更有积极性和创造性。就像谢云老师所言，用美好的东西去挤占他们的心灵，挤占他们的意识。

我接的是五年级一个班，这是一个课堂上无生机、死气沉沉、差生面积较大的班级。真诚的鼓励，无法调动他们内心的勇气；若发脾气，他们便怯生生地窥视着你，一言不发。但下课之后，不少学生都生龙活虎，判若两人。

面对这样的班级，应该以什么样的方式帮助他们成长呢？如何调动他们内心的力量，让他们有渴望成长的激情，进而生机勃勃，健康向上？

一、开学一课，激发情感

"教育的目的应在于，借助知识、智慧和爱，使个体获得精神解放，并以此唤醒和释放学生本性中的精神渴望、提升学生的心灵层次。因为唯有当教育成为精神自由的主人、背离技术至上的奴隶之时，其才能真正地摆脱徘徊，走出十字路口。"

非常喜欢法国教育家雅克·马里坦《教育在十字路口》中的这段话。尤其是"唤醒和释放学生本性中的精神渴望、提升学生的心灵层次"诸语，一直影响着我的教育工作。

1. 制订计划

开学第一课时，等孩子坐正，静静地，我才步入教室。互相问好后，接着自我介绍。我说，我的名字是奶奶起的，奶奶是个素朴的农村妇女，她和所有长辈一样，也在我的名字里寄寓着她的心愿，她希望我是爱好书的小妹，与书为友，成长得端正、实在、有为。

接着，我告诉他们新学年的新计划。

（1）端正学习态度，做到自主、认真、多思、求实。

（2）多读、多背一些好书。

①早晨7∶43开始诵读老师自编的诗词《季节课程》。

②中午阅读《语文主题学习丛书》，并做10分钟的摘抄——佳句、写法或阅读摘抄与单元主题相关的诗词。

③晚上作业空闲之余，阅读班级或学校推荐的书目。

（3）学会观察，多实践，勤动笔。平日多留心观察身边的人、事、物；周末多参加实践活动，与家人走访大自然，将值得记忆的事情及时记录下来，积累写作素材。

（4）常沟通，多交流。有空时与家人互讲故事，互说新闻，交流情感。

……

"我一定会很用心地、竭尽全力地引导你们，帮助你们成长。也希望你们愿意听从我的建议，不会让我失望，努力做最好的自己。请让你们的眼神与我的眼神相遇，因为我想从你们的眼神里找到回应和证实。"

接着，我的眼神与每个孩子的眼神对视。大部分孩子平静地注视着我，有些孩子的目光里透出了自信，有些则怯生生的，目光游离。

2. 分享故事

第二个环节，我与孩子们分享了故事《受伤的兔子与比尔·盖茨》，我特别突出了后面的内容——

每个人都有极大的潜能。心理学家指出，一般人的潜能只开发了2%～8%左右，像爱因斯坦那样伟大的科学家，也只开发了12%左右。一个人如果开发了50%的潜能，就可以背诵400本教科书，可以学完十几所大学的课程，还可以掌握二十多种不同国家的语言。这就是说，我们还有90%的潜能处于沉睡状态。谁要想创造奇迹，仅仅做到尽力而为还不够，必须竭尽全力才行。

看得出，许多孩子听完后两眼放光，一定是心中被点亮了，激情正在洋溢，似乎在酝酿着什么。

3. 开发潜能

顺着分享的故事，我与他们讲述潜能开发的10大定律。

①实学律：在实践中锻炼自己。在学习中，在工作中，在人生中的各个场合，不放弃机会展示自己，表现自己。我们班级设置了不少班干部的职务，每个职务都有各自的责任。大家做好各自的事情，就是在实践锻炼中提高与人打交道的本领，激活和开发领导潜能、组织潜能。

②自学律：自学是人一生中最好的学习方法，自学能力比分数成绩更有价值。比如，有时我没布置作业，大家应该怎样留作业？怎样批改作业？怎样批改作文？怎样出试题？这都是开发自学律的有效途径，以后老师会教你们去尝试的。古今中外自学成才的伟人很多，以后老师会慢慢介绍给你们。

③乐学律：许多搞科学研究、创造发明的人，许多作家学者，他们几乎没有星期天，工作到凌晨是常有的事，完成不了自己定的目标是不允许自己睡觉的。这在一般人来看真是苦死了，但他们觉得很快乐，因为这天完成了不少工作，感到很充实也很幸福！当人们在成长、在进步时，心情是欣慰的，是美妙的！

……

分享后，我引导孩子们："你想尝试什么定律，就努力去做吧。到底你有多大的潜能，只在于你敢不敢挑战自己，敢不敢让平静的生活增添波澜。愿你们漫漫长路，不忘初心，方得始终。"

最后，我让他们互相给彼此信心，并呐喊口号："我能行，我要强大，我要影响其他人。"

二、教室布置，营造氛围

有研究表明，改变教室的设计和装饰，对学生的心理和学业进步有显著的影响。开学几天后，我与孩子们商量教室的布置，设置专栏，让他们用自己的语言方式，表达自主成长的动态过程。

1."秀出我自己"栏

在墙壁的一块空地"种"上一棵苹果树，每个孩子就是苹果树上的大苹果。大苹果是一个袋子的形状，里头可以装上心愿卡、优点单、老师给的神奇字条、优秀作品，还有"我的进步""我的不足"等。

2."我们的约定"栏

在"我们的约定"栏里，布置上每个人的约定要求："我会与他人礼貌相处""我一天做一件好事""课堂上眼睛看着发言人""我每天都要做完作业，不叫苦""我做错事我承认""我的理想我坚持"……

3."明星璀璨"栏

这栏将展示某一阶段在阅读、写作、纪律、发言、劳动、体艺、爱心等某一方面表现优秀或进步的孩子。我们初定每三周评选一次，因为一个好习惯的养成需要假以时日。这个版面用五角星装饰，五角星的中央嵌上孩子的相片，周边的角里写上对孩子的评价。

4."好的学习者"栏

"好的学习者"栏，粘贴爱好学习的表现的信息。比如，不明白的时候请教老师或其他人；多动手实践，越做越想做；明白自己的弱点，努力改正；做事之前先计划；常思考发现新问题；将新旧知识联系起来等。

5."梦想起航"栏

这是孩子们梦想起步的地方。每一阶段，我们都会做一次成长记录，并将成长记录展示在"梦想起航"栏里，与大家分享，激励别人也鞭策自己。

三、携手共进，心心相印

1. 观看视频演讲《让世界充满爱》

近些年来，每带一届学生，我都会组织他们观看视频演讲《让世界充满爱》。这届也不例外，一周后，我和孩子们在教室里观看了视频。

邹越教授的演讲，围绕"爱祖国、爱老师、爱父母、爱自己"四个主题，唤起了孩子们心底最真挚的情感。一个个让人动容的故事，一句句发自肺腑的呐喊，唤醒了每一个孩子。孩子们眼里有闪光的泪花，有的甚至当场失声痛哭起来。

看完视频后，许多孩子纷纷抒发自己的感想和体会，或剖析自己，认识不足；或下定决心，表示今后一定要感恩老师、感恩父母，做力所能及之事。

我们做了集体宣誓仪式：从今天起，每天坚持做一份家务活。

最后是一道作业：给爸爸妈妈写一封信，写下自己最想说的话，家长会时送给爸爸或妈妈。

2．真诚地邀请家长

有不少老师认为，邀请家长参加学校的教育活动非常困难：不少家长在外打工，东奔西跑，早出晚归；有的家长认为孩子成绩差来学校没面子；还有的家长几天也见不到孩子一次，连孩子在几年级几班都不知道；更有家长认为教育是学校老师的事情。面对这种状况，教师更需要与家长沟通，用真诚来感化和改变他们。

我提前给家长发邀请函，了解情况，再专门给不能来参加的家长打电话，效果很不一样。我是这样与家长电话联系的：

我是××老师，很荣幸能教到××这样的孩子。他很聪明（认真、懂事……），我很喜欢他，您教子有方。我以个人的名义，邀请您来参加学校举办的家长会，如果能在家长会上见到您，将是一件很愉快的事情。

家长会如期举行，有的孩子的家长两人都到场了，唯有一个孩子的家长因外出没能参加。

3．分享教育资源

我从以下几个方面做了调查：

（1）家长的文化程度及家庭藏书情况。

（2）孩子方面的情况：

①孩子学习的主动性与习惯；

②孩子最大的优点及最大的不足。

（3）对孩子的管理：

①对于孩子看电视、玩电脑，是否规定时间；

②是否让孩子做过家务；

③孩子犯了错误，如何处理。

（4）与孩子的关系：

①与孩子的关系及日常交流的主要话题；

②家里的事是否与孩子商量；

③给孩子树立的榜样作用如何。

（5）家长的教育理念：

①分享教育孩子的做法；

②说说影响孩子成绩的原因是什么；

③是否常带孩子去文化氛围浓厚的场所；

④是否在系统地学习有关教育方面的知识；

⑤在教育孩子方面存在什么困惑，最需要改进的教育方式是什么；

⑥在接下来的小学阶段，希望让孩子得到什么方面的教育。

家长会前，我做了上述问卷调查，收齐后梳理出家长们好的做法，提出存在的问题及建议，家长会时与各位家长分享。

4．家长阅信并回复

"爸爸、妈妈！你们辛苦了！我爱你们！"

"一日三餐，妈妈准时做好可口的饭菜，可是我饱餐后，从没想过帮妈妈洗碗、收拾房间，真是惭愧！我愿意从现在做起！"

"直到现在，我才明白我拥有这么多的爱，我要好好珍惜这些爱，我将好好学习，做好我自己能做的事，用我的行动来回报。"

……

这是孩子在观看完演讲《让世界充满爱》的视频后写给爸爸妈妈的话，平常难以启齿的情感，在信中流淌出来。家长们读着各自孩子爱意浓浓的话语，十分激动，纷纷写下最想与孩子沟通的话语，有愧疚，也有欣喜……那场面，严肃、庄重。

5. 教师与家长共吟诗《从此刻起，我要……》

当家长感动于孩子的醒悟和懂事之余，我带着家长们一起朗读《从此刻起，我要……》——

从此刻起，我要多鼓励、赞美孩子，而不是批评、指责、埋怨孩子。因为我知道，只有鼓励和赞美才能带给孩子自信和力量，批评、指责、埋怨只是在发泄我的情绪，伤害孩子的心灵。

从此刻起，我要用行动去影响孩子，而不是用言语去说教孩子。因为我知道，孩子的行为不是被教导而成，而是被影响和模仿而成。

从此刻起，我要多聆听孩子的心声，而不是急于评断孩子。因为我知道，聆听才是最好的沟通。

从此刻起，我要无条件地去爱孩子本来的样子，而不是去爱我要求的样子。因为我知道，那是我的自私和自我。

从此刻起，我要学会蹲下来与孩子平等沟通，而不是居高临下地指使孩子。因为我知道，强制打压只会带来孩子更强烈的叛逆和反抗。

从此刻起，我要用心去陪伴孩子，而不是心不在焉地敷衍孩子。因为我知道，只有真正的陪伴才能让孩子感受到爱的温暖。

从此刻起，我要控制自己的情绪，和孩子一起安静平和地过好每一个当下。因为我知道，脾气和暴力只代表我的无能和对孩子的伤害。

从此刻起，我要积极主动地处理好与爱人的关系，创造一个和谐的家庭环境，绝不让夫妻矛盾影响和伤害到孩子。因为我知道，只有夫妻关系和睦才是对孩子最大的爱。

从此刻起，我要让孩子长成他要长成的样子，而不是我期待的样子。因为我知道，孩子并不属于我，他只是经由我来到这个世界，去完成他自己的梦想和使命。

从此刻起，我要多为孩子种善因，行善事。因为我知道，种善因，方能结善果。积善之家，必有余庆；积不善之家，必有余殃。

从此刻起，我要通过孩子的问题，找出我自己的问题，修正我自己。因为我知道，孩子所有的问题，都是我的问题，我是一切的根源。

从此刻起,我要成为孩子生命中最好的朋友,最亲密的伙伴,最慈爱的爸爸(妈妈)。

(搜狐教育,2015-03-10)

刚开始,家长们不敢读出声来,我激情示范,带动他们,他们也渐渐真诚地投入进来。

6. 签订协议书

诵读结束后,我征求家长的意见,如果同意老师的期望,就在《从此刻起,我要……》的后面签名。我真诚地期盼大家从此刻起,多聆听孩子的心声,学会控制自己的情绪。

最后,我把打印好的我国台湾地区作家张文亮的散文诗《牵一只蜗牛去散步》(节选)发给每位家长,并希望家长常与我联系。

从那以后,主动跟我联系的家长多了。他们会与我探讨教育孩子的方法,按我的建议去做,试着改变,试着蹲下来,多陪伴孩子。当然也有部分家长改变不明显,但我坚信他们的内心一定震撼过,也一定反思过,一定比先前更关心自己孩子的成长。

父母是孩子接触最早、接触时间最长的人,也是对孩子影响最大的人。父母的价值观及行为习惯都会直接、间接地影响到孩子。父母想让孩子认同自己的最好方法是提升自我。生命化教育倡导者张文质先生说:"只有父母改变才能引发儿童的改变,只有儿童改变,中国才有更美好的未来。"

丰富精神,带着希望上路

"贵族精神"是近年来的一个热门话题。我很赞同原伦敦政治经济学院学生张阳露的表述:"真正的贵族一定是有自制力,一定是有强大精神力量的,而这种精神需要从小加以培养。"同时我也觉得,一个人接受什么样的教育,就会有什么样的人生。如果我们能够给孩子更好的教育,能够丰富他们的精神,让他们带着希望上路,他们就一定会有更好的人生。

一、调查谈心,助力成长

1924年11月,美国国家研究委员会组织了一个由心理学家等各方面专家参加的研究小组,在霍桑工厂开展了一个"谈话实验"。两年多时间里,研究小组跟工人个别谈话两万余人次。研究小组规定,在谈话过程中,专家们要耐心倾听工人的各种意见和不满,不准反驳和训斥,并做好详细记录。工人们由于受到额外关注而感觉心情舒畅、干劲倍增,工作绩效得到大幅提升。心理学家将这种现象称之为"霍桑效应"。

"霍桑效应"对于教育也有意义。如果能够关注孩子的情感,让他们将心中的困惑倾吐出来,必定更有助于我们因材施教。所以,这些年来,我一直坚持与孩子纸笔谈心、面对面谈心。

为确保谈心的效果,我预先设计了一份"让我走进你"的问卷,包括两方面问题:

①孩子的基本状况:我是谁?我喜欢什么?我不喜欢什么?我的愿望是什么?

②需要帮助的问题:我学习的困难在哪里?什么原因?想怎么解决?需要老师帮助什么?对老师有什么希望?

对孩子们交上来的材料,我会仔细阅读、分析、整理。涉及我所教学科的,我会根据他们的期望,调整教学策略和方式——和他们商量着学,从目标的制定到课文内容,哪些地方需要老师讲,哪些问题需要讨论,用什么方法好。课结束时,我也会问今天的课是否满意等,听听他们的意见。我发现,这样做以后,孩子们更愿意举手发言了,更加敢说敢做了,有勇气与激情了。

涉及班务工作的,我会有针对性地引导、帮助他们,每天与两个孩子谈心。

谈心前，我会根据孩子的特点及需求事先准备话题，孩子也会事先准备好自己需要交流的话题。我发觉，谈心后的孩子更有力量，那眼神常会发亮，会有意与你相遇，像是赞许你、感激你。这样的状态持续的时间有两周左右，甚至更长。

这种直达孩子心灵的谈话，让我更接近孩子，也使教育教学活动变得更为和谐了。心与心的交流，使教育成为可能。

二、规划课程，引领成长

欧洲最伟大的管理思想大师查尔斯·汉迪告诉我们，对教育而言，真正需要的不是国家制定的进程表，而是给每一个孩子的一份私人进程表。《学习的革命》一书里，也谈到"规划一个四部分的课程"："研究强烈地表明，我们需要一个四部分的课程，它对于继续教育，对于儿童以及十几岁的孩子具有同样的重要性。"

循着这个思路，我尝试着规划出了适合孩子们的四种课程。

1. 个人成长课程

比如，自我的规划、制定成长的目标等。

我推荐孩子们观看电影，包括《草房子》《阿甘正传》《小鞋子》《地球上的星星》《天堂电影院》等；我还邀请社会知名人士到班级做演讲，充分利用家长这一资源为孩子们讲述他们的个人成长经历。当然，我也会上网寻找并下载相关视频，如邹越教授的《让世界充满爱》、于丹的《〈论语〉心得》等，都是我和孩子们喜欢的演讲，这些内容可以成为孩子们成长中不可缺少的精神养分及前行的能量。

2. 生活技巧课程

在这门课程里，我们主要学习自我管理，应变生活琐事，创造性地解决问题，处理一些矛盾等。主要方式是给孩子们布置一些生活技巧性的作业，活用知识。

3. 学习方法课程

我先帮助孩子们了解自己思维的特点，寻找更适合他们的方法，让他们知道用什么方法可能会学得更容易，记得更牢，掌握注意听讲的技巧，知道如何听记笔记、应对考试，如何精心安排学习时间，如何提高学习效率等。更重要的是，引导孩子们将这些技巧与具体的学习情境联系起来。

4. 健身健脑课程

我常会利用一些"边角料时间"与孩子们分享健身健脑方面的一些常识。

"大脑最需要什么？""如何让大脑从容地应对考试，舒缓大脑、激活大脑、吸引大脑、振奋大脑的策略有哪些？""我们每次应该锻炼多久？""怎么避免锻炼时受伤？""如何通过正确的姿势、习惯和器械达到运动的目标？""走路可以改善记忆吗？""打扫房间可以改善心情吗？""运动能强健心脏吗？""如何通过动脑用脑减缓衰老？"……我还让学生懂得，什么时候开始锻炼都不晚，运动对健康的益处可以积少成多。

三、为你诵读，寻找力量

故事具有特别的教育意义，尤其是在小学阶段，因为孩子们都喜欢听故事。假如每天能通过故事润泽孩子，那么孩子就会把美好一点一点地聚集，内心就会变得更强大、更柔软。于是，我在班级设置了"我为你朗读"栏目，希望孩子们在阅读时能留意美文，特别是那些能激励大家奋发向上的文字。

我和值日生轮流为大家朗读，同时有意识地调动需要给予力量的孩子参与。我们读过的故事不少，《受伤的兔子与比尔·盖茨》《成功是被逼出来的》以及《哈佛的修炼》一书中的文章等。

近期，我们分享的是《坚持，下一秒就会出现奇迹》：

史泰龙想做演员，可是每一次被拒之门外，不知了吃了多少次闭门羹。但他没有放弃，并告诉自己，坚持下一次吧，一定可以成功。第1855次时，终于有一个曾经拒绝过他20多次的导演，让他试演……后来他成了影视巨星。

有孩子在自己的成长故事中写道：

感谢同学们分享的《坚持，下一秒就会出现奇迹》，它让我能够克服困难学好语文；当我想放弃编写小说时，想到"1855"这个数字，我咬咬牙，便坚持了下来……

四、前置学习，树立信心

以前在村小教书时，我实践过"先教'学困生'学新知"的方法，就是利用早读或课下时间，把几个学习困难的孩子叫到身边，先引导他们学习重难点知识，效果蛮好。

期中考试后，根据孩子们的学习状况，我安排了四个小组，每组3人或4人，每次辅导一个小组。要求不高，均是些基本的训练，如朗读课文，识记理解字词，读懂课文主要内容，有时也做些简单的练习题。他们很乐意，因为提前完成了作业，到时作业就少了或没了。等我教学新课时，这些孩子对课文有熟悉感，自信心强，发言也积极。当一个单元的新课教学完后，便先给这些孩子复习旧知识，为考试多做准备，这样，孩子的单元成绩明显进步了。

期末考试后，每个参与辅导的孩子或多或少都进步了，虽然还有个别孩子还是不及格，但比起接班前的十几分，还是有了很大的进步。

五、神奇字条，魅力无穷

平日，我常对孩子们说，一定要弘扬正气。一旦发现有正义感的同学，便要将他树为榜样。为了寻找更多的榜样，我引导小组间、同学间每天留意同学们的闪光点，并如实记录。

然后，我会写一张简短的表扬孩子的小纸条送给家长。格式是这样的：

亲爱的××家长：

您好！

这阶段来班级有新的风貌，取得了一些成绩，尤其是您的孩子，以下这些方面值得骄傲。

① _____

② _____

③_____

……

很高兴能成为您孩子的老师,谢谢您的支持与帮助。希望咱们随时保持联系。

此致

敬礼

您真诚的朋友:张老师

我以这样的方式,让孩子将自己在校的好消息带回家与父母分享。这样,家长也会更加配合我及学校的工作,孩子对学习也更有激情与力量了。毕竟,每个人都期望得到肯定、认可和鼓励。因为我知道:"对我们的学生来说,很多时候,只要你真的相信,他就会越来越好;只要你能多一些积极、美好的期待,多一些持续、温婉的坚信,或许真的就'一切皆有可能'。"(谢云语)

我想,当孩子们有了丰富的精神,就会有坚定的信念,也会有一切成长的可能!

生命自觉,努力就有方向

华东师范大学教授李政涛在《教育呼唤"生命自觉"》一文中说:"一个需要每个人主动自觉地学、用、创的时代,已经不可避免地来临……如何培育学生的生命自觉?关键在学校。学校是育人的基本单位,它的首要职责是将以生命自觉为核心的当代主流价值取向传递给学生,变为学生生命发展中的内在构成,这同时也构成了当代学校的文化使命。"

事实上,将"生命自觉"的价值取向渗透、转化到学校教育活动中,更有助于孩子们的多姿成长。

一、认识自我，明确目标

环境的营造、家长的鼓劲与教师的引领，让孩子们有了成长的动力，他们会如瓜苗破土一般地生长。这时，我们要告诉他们成长应有目标，有了目标，生命才会更好地成长。

1. 认清自己

进行人生规划，首先要了解自己，了解自己的长处和不足、兴趣和爱好。对自己有客观清醒的认识，才能做出更有利于自己发展的规划和决定。

我引导孩子们从身体、头脑、情感、心灵、思想等方面分析现在的自己：

（1）自我分析：_____

（2）目前我最好的习惯：_____

（3）目前我最坏的习惯：_____

2. 我的心愿卡

让孩子们通过填写心愿卡，描摹出心中未来的自己。我会在这几方面引导孩子们——

（1）健康方面：运动锻炼、健康饮食、睡眠充足、精神放松；

（2）智力方面：阅读、写作、学习新技能；

（3）情感方面：会控制情绪，会自我激励，与周围的人建立良好的关系，帮助他人，笑口常开；

（4）精神方面：勤于思考，写日记，阅读优秀书籍、报刊。

3. 给予自我超越的力量

主要通过日常交流和引导，给孩子们注入正能量，如"把握机会，做最好的自己""既然选择了远方，便只顾风雨兼程""人要学会苦中作乐，要学会甘之如饴""只要你有一个目标，全世界都会为你让路"等。

4. 自我管理

（1）养成爱读书的习惯。坚持每天阅读，学会利用"边角料时间"阅读。

（2）目标管理。长计划，短安排。在制定一个长期目标的同时，一定要制定一个短期目标，这个目标要切合自己的实际，通过努力完全可以实现。达到这个目标后，再制定下一个目标，确保每一个目标的顺利实现。同时通过一个个目标的实现，为自己积累"成功感"和"成就感"。

（3）**制定阶段学习战略**。比如预习、听课、复习等方法。

（4）**时间管理**。所谓时间管理，就是利用技巧、技术和工具来完成工作，实现目标。实施时间管理并不是说一定要把所有事情做完，而是要更有效地运用时间。我教孩子们制定较为详细的课余时间安排表，充分利用，严格遵守，坚持下去，形成习惯。当然，我还会告诉孩子们应分清楚做事的优先性，特别是面对大量的任务时，更要理清轻重缓急，妥善安排，然后专注地去完成。

比如，我让孩子们各自制定作息时间。发现锐同学制定得比较合理后，我便提供给大家参考。

附：**周一至周五作息时间安排**

时间	任务	评价				评价			
6:30—7:00	背诵（诗词、经典文章等）								
7:05—7:35	洗刷、吃饭上学								
11:45—12:15	吃午饭								
12:15—13:35	做作业、看书、休息								
13:55—上课前	做阅读笔记（摘抄、仿写、记学法等）								
17:30—18:00	运动								
18:50—19:10	复习								
19:10—20:50	做作业、预习、额外的练习								
21:00—21:30	做感兴趣的事（乐器、写作、绘画等）								
21:30—22:00	洗刷、阅读、准备睡觉								

这是孩子们上完课后在周记上的有感而发：

设 计 明 天

琦

……

当然，我不能盲目地学习，我开始了我的策划，设计我自己的明天。我会在做完作业之余，看一些课外书，做摘抄，体会作者的写法。以前总是粗糙地把课文读一遍，现在我得背熟些；以前只是学课内知识，现在我还得学习课外文化。我会在周日安排时间学习英语，背诵单词，温习课文，读课外书，把课堂上落下的补回来。当然，听课效率最为主要，每节课的效率要达到百分之一百；我还会准备专门的本子做课堂笔记，以便课下更好地温习。我会买相关作业练习来做，以巩固知识。我每天早晨应提前10分钟起床，背一些公式概念；每天晚上放学回家后，我要先温习课堂笔记再写作业。

我告诉自己，或许你今天学不到知识，但不代表明天学不到。只要你愿意全心投入学习，不论何时都来得及。要会设计自己的明天，走自己安排的路。

让每一天继续过得有意义

舒

……

今后，我会比以往更加努力，把这几年丢失的英语知识都补回来，在课堂上勤思考、多发言，加强自己的自控能力，不让生活虚度。人的一生最重要的时刻是童年，我希望不要给自己的童年留下遗憾，改掉小毛病，不断地挑战自我，更新自我，让生活的点点滴滴充满幸福，做一个最好的自我。

为了明天，从今天做起，自信起来，相信自己的能力，战胜一切困难，继续锻炼自己，强壮自己。

二、鼓励筑梦，一同成长

美国演员摩根·弗里曼说："生活不会向你许诺什么，尤其不会向你许诺成功。它只会给你挣扎、痛苦和煎熬的过程。所以要给自己一个梦想，之后朝着那个方向前进。如果没有梦想，生命也就毫无意义。"

当我们真诚地告诉孩子们自己的梦想时，孩子们也会受到启迪，或许也会拥梦而行。这是我曾经与孩子们分享的梦。

1."师梦"引航

一个教师的梦想

儿时，对老师的智慧、权威无比崇拜与仰慕，让我与教师结缘，从事了教师这个职业。

十多年来，我对教育事业一直很认真，尽职尽责，但品尝不到幸福的味道。

某日聊天，我问身旁的王木春老师，是否还有梦想。他回答："有。"声音虽小，但清晰而有力量。

我的心一下子被击碎了，我想，每日的工作这么多——毕业班的教学任务繁重，领导给的任务也不少，我已经够忙的了。忙碌的日子里，我没想过还可以有梦。静下心来，我问自己：我还有梦想吗？我前进的目标在何方？

晚上，在校园跑步时，我努力地寻觅，睡觉前我也总在思索着，与孩子交谈时，我也总想能抓住什么。几天后，打开邮箱，一股清风扑面而来：

"马卡连柯的理念也许已经过时。但他对教育的热情执着、敏锐的观察力、对学生的尊重，还有善于因材施教等，许多与你相似。还有我感到你也在用行动写另一部《教育诗》。所以，我会一下子从你联想到他。当然，是特定的社会历史时期，还有机遇成就了他的事业。但事过境迁，也不可复制。我主要是说精神和气质。你的可贵之处是，在搞好教学的同时，十分重视学生的人格培养与全面发展，不仅为提高分数，更为学生的未来着想。真正用心去抓、有针对性地去抓，而不是那种没效果的搞形式、走过场……我感到你有本事让小孩高高兴兴去吃苦，高高兴兴去学一些成绩册上没有记载的，对于人生未来十分重要的东西。"

这是来自我一位前辈的肯定与鼓励。我感觉到它的存在了，它在不断地碰撞着我的心灵，它越来越清晰了……网友"温悦老师"说："教育是培养人的活动。有人说教育是阳光，使人温暖灿烂，如果说学生是一朵含苞欲放的花蕾，那么教师的职责就是让他们在温暖灿烂的阳光里灿烂开放，让每个学生都能聆听到花开的声音。"作为学生生命成长过程中的引路人,我要让每个学生都抬起头来走路,为自己感到骄傲。我让我的学生充分展现自我,让我的学生亲自去体验,让我的学生在探索中求得真知,让我的学生在经历中快乐成长。我分享着他们对不同意见的理性看法,分享着他们在辩论中思维火花的碰撞,分享着他们在学习中的疑惑与迷恋,更分享着他们成长中的烦恼与喜悦。

现在,我知道理想需要在这里重新定位,我的理想就应从这里重新扬帆启航。

真正走进孩子们的心灵,让教室诗意起来,让教室里的生命都美好起来,和孩子们一起悄悄地改变,一起静静地成长!这是我所期待的。

……

最后借用网友"雪依然"模仿金子美玲《三月》的文稿,修改了一下,送给亲爱的自己:

新新的梦,

藏在新新的思想里。

新新的太阳,

照着新新的天空。

新新的2011,

新新的开始。

2011又开始了,新的旅程,让我继续努力行走在路上。

教师的梦想可以激发和点燃孩子的梦想。当我与孩子分享自己的梦想时,他们的眼神是羡慕的,是温馨的,是幸福的,他们的心中也在孕育着梦。

2."童梦"影响

某日批阅孩子的习作,我读到梓婧的《我的秘密事》:

一个停电的周日,我随手拿起了一本书——《红楼梦》。这本书全是文字,一个图也没有。我正纳闷时,见到了这样一段文字:"这人身穿五彩绣衣,恍若神妃仙子,一双丹凤眼,两弯柳叶眉,粉面含春威不露,丹唇未启笑先闻……"顺着这段文字,我一直想象着那个人的模样,想着想着,我的头上涌出"一个泡泡":我要把自己的想法编织成一本小说。说干就干,我开始写主人公的成长经历:从一个小孩到当上大官……为了让自己有个抒发想象力的宇宙,我给它起名为"大先生俱乐'布'"。

惊喜之余,我在班里分享了梓婧的想法。孩子们激动了,眼里似乎闪烁着什么。我问有多少同学也有这样的梦。举手的有近十个孩子:迪塬、靖炀、宇涛、则栋……

"我们心中的目标不一定就是阅读写作,只要心中有梦,去做就行。"孩子们的生命似乎在那一刹那被点燃了,我能感受到他们的内心在涌动着。

后来我发现,梓婧有难得的想象力和创作激情,思维也非常奇特。《布多奇闹流线》写她心中所想的一个地方——宇宙和太阳系相依存在的地方,叫流线空间。这个地方的孩子们会无聊,会可怜,会流泪,会怒气冲天……后来他们遇到了魔法师。魔法师喜欢讲故事,孩子们变得有力量,不再多愁善感,他们有着共同喜欢的事情……

这以后,班上参与到写小说、编故事的孩子有十多个了。有时,他们会互相借阅彼此的"作品",这让他们的交往有了更好的话题。

三、展示风采,凝聚集体

我的课堂非常注重小组文化建设,通过这样的方式培养学生的团队意识和集体精神。我们的每个小组都有自己的名称和口号:

天天向上组:充满热情,拥有友情!好好学习,天天向上!

超越自我组:勤学好问,扩展知识,多提多问。我们的目标不是超越别人,而是超越自己!

……

我跟孩子们约定:哪个小组在举手发言、互动、为班级服务、解决班级问题等方面有进步表现,便可获得一颗或几颗"星星"。反之,小组里出现同学没做作业,课堂上不认真听讲,迟到,打架争斗,不尊重同学、老师等,这一小组的

"星星"将被扣掉，同时得由组内的一个同学利用下课或放学时间陪同督促他完成作业或接受老师的教导。最后，每月根据小组成员"星星"数的总和，评出三个优秀小组，给小组长颁发"优秀学生干部"奖状，组员都可得一张奖状并合影留念。

同时，我会以小组为单位，结合学科举办丰富多彩的主题学习活动。每个主题会有几天的排练时间，展示得好的小组将获得"优胜小组"称号，获得"优胜小组"称号的小组每个组员均可获得奖状一张。这样的活动有利于凝聚团队、集体的智慧与力量！

下面是一个小组长关于小组展示的部分记录。

我们开始绘声绘色地表演起来，一切按部就班……表演进行到一半，完了，一个组员卡壳了。我们几人大眼瞪小眼地站着，出现了短暂的"静场"。怎么办？闯啊！我脑中灵光一闪，接着上一个同学的话继续说，另一个组员马上明白了，继续说下去。我们俩联手把节目推入了下一个环节。大家脸上又挂起了笑容，大家越来越卖力，潮水般的掌声响彻了整个教室。表演结束了，我们向同学们鞠躬致谢。我们组得了95分，不错的成绩。

我觉得，我们每次的努力都没有白费，每次的努力换来的都是成长。

随着展示活动的不断深入，小组的凝聚力不断增强，并逐渐形成了一个团结向上、积极进取的集体。"没有成功的个人，只有成功的团队"，毕竟一个人的能力是有限的，多一个人就多一份力量，只有大家共同努力，才能取得更大的成果。小组是，班集体更是。

四、热爱生活，亲近自然

走进生活，亲近大自然，既能让孩子们感受自然之美，更能让他们享受生活之乐。但是，基于安全考虑，孩子们的自由受到极大的限制，单调地往来于家庭和学校间，过着非常沉闷的生活。

为了让孩子们与大自然、与更多美好的事物有亲近的机会，我想了个两全齐美的方法——以节日为媒介，指导家长组织亲子活动，引导孩子们走进生活，亲近大自然。

比如，中秋节时，我鼓励孩子们通过上网查找资料、调查访问等方式，了解中秋节的由来及民间习俗；收集并阅读与中秋有关的诗、词、文、故事、对联。中秋之日，建议孩子们除了吃月饼外，还可以拜月、赏月、谈月、猜字谜、放花灯、讲传说故事或表演传说故事、比赛背诵相关诗句等。

我们学校大，树也多，我就地取材，鼓励孩子们"阅读"树，与树做朋友。我让孩子们以小组为单位，到操场上找一棵树为朋友。话还未说完，孩子们就立刻跑到了操场上。待我到达操场时，各小组欢呼雀跃："老师，老师，这是我们的树！"他们迫不及待地想让我见见他们的"树朋友"。

然后，我开始引导孩子们浇树，看树，想树，谈树，写树……

对于校外活动，我会先做全班布置，再让家长们自行组合，带孩子们去活动，当然，我会选择性地参与。下面展示的是孩子们动手实践、走访自然的几个片段：

到木匠工地去

"实践生活是知识的真正源泉。"下午，我带着这句话和孩子们骑着自行车来到白埕村一家长的木匠工地，既是家访，又是参观实践。

交谈完毕，林家长带我们参观他的工地，介绍木匠用具。比如，正在制作的船只、盐耙、梯子、水泵架等。林家长向孩子们详细介绍了直流水泵架的制作过程及原理，然后我让孩子们比较很相似的直流水泵架和十寸水泵架，让他们说出不同点，并向林家长提出疑问。接着我们又认识了许多种木匠工具，电刨、圆孔机、风机、电锯、方孔机等。我边观察边询问，孩子们也是。

"伯伯，为什么要松开螺丝？要做什么？"

林家长在一旁解释："木板薄时，降下钻机以便操作。"

"电刨怎样使用？"林家长便亲自为我们示范一遍。

孩子们惊叹于电刨的威力之大，一块如此厚重的木板，一下子就被分成了两半。林家长说确实如此，但也很危险，很多工人的手指都被电锯伤过，并当场伸出曾被锯断的手指给孩子们示意。

随后，我们又走进一间小房子，林家长的孩子为我们操作方孔机。林家长说这是他这么多年来唯一会做的简单事情。然后，其他儿子也操作起来，一手旋转着螺丝，一手用力压下方孔机头……

看着他们好奇、认真的样子，我深切体会到，把教育放到户外，在具体实践中去学习，孩子们的收获会更多，不但能提高他们的生存能力，还能丰富他们的心灵。

走访大自然

元月28日下午，我们又一次组织了户外活动。想到苏霍姆林斯基曾让孩子们认识"生物和非生物"的事，我便指着眼前的大树问："是生物还是非生物？""生物。"我又指着脚下的红土问："是生物还是非生物？""非生物。"

然后，我指着脱离了大树的干树枝问："是生物还是非生物？"辰肯定地说是"生物"。我正想问他是怎么判定的，舒赶忙为他解说。这是一个自我否定的过程，真好。

我指着不远的相思树问："它与红土有什么区别？"

"相思树是绿的，红土是红的。"

"相思树是生物，红土是非生物。"

"相思树是可以生长的，红土是不能生长、没有变化的。"

"相思树需要水分，红土是不用的。"

我引导道："如果阳光照射到它们身上，会有什么不同？"

"阳光照到相思树上，相思树会不断生长；而阳光照到红土上，红土会爆裂，出现裂痕。"

最后，我提炼出主要问题："生物与非生物的区别是什么呢？"

"生物需要阳光，而非生物不需要；生物需要水分，而非生物不需要；生物需要氧气，而非生物不需要；生物有时还需要人的护养，而非生物则不需要……"

孩子们纷纷说道。

"总之一句话，生物离不开什么？"

他们异口同声地说："生物离不开水分、阳光、空气。"

"那么整个世界就是由什么和什么构成的？"

"生物和非生物。"

可以看出，他们会规律性地思考，又具备了分析问题的一些能力，特别是舒。

探究渔船

苏霍姆林斯基曾说："要使思维、思考成为名副其实的脑力劳动，那就必须使思维有明确的目的性，也就是说，要使它具有解决任务的性质。教师越是善于给学生的思维活动赋予一种解决任务的性质，那么他们的智慧力量就越加积极地投入这种活动，障碍和困难就暴露得越加明显，从而使脑力劳动成为一种克服困难的过程。"

受此启发，今天我让孩子们参观渔船。在孩子们了解了每个部件的名称后，我建议他们向渔船主人提出问题，然后由渔船主人根据问题做解答。

孩子们的主动性很强，他们一下子提出了很多问题：

"渔船航行每小时需要几升油？"

"最高的时速可达几海里？"

"每只渔船的寿命有多少年？"

"造一只渔船需要多长时间？多少费用？"

"渔船的长和宽各是多少米？这只船最多可载几吨鱼？"

"每次出海打鱼需要准备多少淡水？几个船员？"

"遇到极端的天气会采取什么措施？"

"什么是货船？渔船与货船有什么区别？"

……

生活、大自然融化了孩子们的烦躁、不安，激发了他们的热情、勇气，增强了他们的责任意识。这些都有助于他们提高学习效率。孩子们也因此更喜欢老师，喜欢学校，开始了更主动的学习。

五、庆祝成功，延续美丽

对于孩子们成长的点滴，都应该及时给予肯定与呵护，让他们继续带着梦想飞翔。

我们常在一两周后开展一次庆祝活动，把一两周来成长明显的学生树立为榜样。一般，我会利用周五下午第三课时对孩子们一周来的表现做一次小结，与大家分享这一阶段来在阅读、写作、纪律、发言、劳动、成绩、体艺、爱心等方面表现优秀或有进步的孩子，他们可以获得被命名为"优胜小组""小读者""小作家""最佳成绩奖""助人为乐奖""金话筒""才艺佳人"等的奖项；并且力求一学期之内，至少一年之内，每个孩子都能获奖。

在班里的孩子中，无论是学业成绩、习惯态度，还是与人相处的方式、方法，彬都是最需要进步的。那一次，我对各小组获得的"星星"数做了一次统计，彬所在的小组获得了20颗"星星"，居全班16个小组的第二名。我宣布让前三名的小组上台领奖时，掌声持续起伏。

轮到彬所在的小组上台时，他始终抿着嘴，但满脸欣喜。颁发奖状时，我对他说："感谢你也为小组争了光，恭喜你成为优秀小组中的一员！以后希望你多为小组争光！"

在孩子们热烈的掌声中，彬小跑着回到了座位上。

这样的奖励，对每个学生都有特殊的意义。当他们的努力得到肯定，他们就会得到更多的精神力量，在未来的道路上，会更勇往直前。

六、生日会上，总结成长

每过一次生日，孩子们就又长大了一岁。但我希望他们不只有岁数的增加，更应有精神的成长。通过给孩子们集体过生日，可以给他们传递"感恩""责任""梦想"等美好的信念。跟孩子们商定后，我们确定：每月一次集体生日活动，对象是本月过生日的孩子、全体同学及"小寿星"的家长。

当主持人宣布完"小寿星"名单后，他们在大家热烈的掌声中上台，与大家分享自己的成长故事。教师给"小寿星"们送完寄语后，大家一起做游戏、表演、上蛋糕、唱生日歌。接着，"小寿星"们会当场向父母说感恩的话，"小寿星"们的家长畅谈。最后是分享蛋糕，集体唱《感恩的心》。

对这样的活动，无论是"小寿星"，还是其他孩子，都有很多感触，下面摘录的是部分孩子的感受：

熳：每次，老师都会投来带着鼓励的温柔目光，但我总是不敢直视那双眸子。"为什么不敢举手啊？"亲切的一句话，我却不知道怎么回答。是啊，为什么？可能是怕说错了吧。老师总是说，错了也没事的。后来，我几次举起了手，才发现其实没那么可怕，错了也没什么大不了。渐渐地，我迷恋上了说出正确答案时的那种成就感，有时，还能在老师的帮助下使自己的表达更完美。现在，举手回答问题，对我来说已经是家常便饭了。

也许这就是我最大的变化吧，正因为这样，我可以轻松地把我的想法用简练的语言表达出来。

扬：感谢老师帮我找回了自信，让我有勇气去面对，努力去突破，发现自己的不足。如果老师您当初没有这样做，我就有可能陷入自卑的阴影，无法自拔，成绩渐渐下滑。没有勇气举手发言，没有信心反驳同学错误的见解。总而言之，老师让我确信了一句话：一觉醒来是早晨！

塬：光阴似箭，日夜如梭。小学五年一眨眼就过去了。我要感谢那些帮助过我的人。老师，谢谢你们让我懂得了什么叫努力，什么叫快乐，什么叫真正的汗水；爸爸妈妈，谢谢你们将我养大，让我品味人生；教练，谢谢你让我懂得失败是成功之母，让我知道没有失败就换不来成功。我要感谢所有帮助过我的人，谢谢你们！

涵：其实，从前我也是个小气鬼。同学、朋友向我借东西，我总得思考一下，分清楚利益。可我发现，越是这样，同学们越是一个个远离我。可我每次向同学借东西时，同学总是毫不犹豫地借给我，没有半点担心。于是，我再也没有私心，对同学信任、尊重。同学们也渐渐与我好起来，和我玩，和我说话，关心我。这让我的成长变得幸福。

瑞：老师在讲课时，不知怎么的，我总是没勇气举手。在老师一次又一次的鼓励与教诲下，我开始尝试举手。虽然勇气方面还需要继续加强，但我已经在进步。我相信，在新的一年里，我能够做出新的突破。13年的学习生涯，我懂得了许多知识，不过还有更多需要了解的事，我要继续努力！

如今，班里的不少孩子充满自信，能够大胆思考，勇于探索，充满对成功的渴望和对未来的希望，呈现出趋于"生命自觉"的状态。我希望这种"生命自觉"能够日渐强大，成为他们成长的内在力量，甚至成为他们一生的成长动力——让所有孩子看到努力的方向，朝气蓬勃地去迎接未来的日子，有"生命自觉"，这是教师的天职。

本章作者简介

张端妹，福建省漳州市东山县第二实验小学教师。漳州市学科带头人，漳州市研究型名师。所任教班级曾被评为"福建省先进班集体"。在《福建论坛》《教师月刊》《班主任之友》《河南教育》《中国教师报》《教师博览》等报刊发表班主任工作方面文章10余篇。

第九章
以我"慧光",照亮你的前程
——班主任自我形象建设之道

"以言导其行，以慧润其心"。班主任其实就是在学生心灵深处播种、耕耘的人，用渊博的知识、广阔的视野涵养学生，用长远的目光、理智的爱关心学生，用情感的亲近、行动的表率影响学生。显然，这一切首先取决于班主任是否有健康的心理素质、高尚的情操、深厚的学科素养、丰富的阅历和工作经验等。否则，就会摸不准方向、踩不到点，呕心沥血却南辕北辙。因此，班主任之职凝聚的是"爱""勤""研"的和谐共生，这是一个艰难、曲折、没有捷径可走的修炼过程。

拥有悲天悯人的教育情怀

一、提升自身形象，焕发专业魅力

每年教师节，我和学生之间，都会有一个不成文的约定，我精心制作一个他们一年来学习、生活的PPT——《成长的足迹》，他们则给我写信作为教师节的礼物。翻开那些大大小小、图文并茂、颜色各异的信笺，心中甚是喜欢。

最重要的是，在那些文字中，我读到了他们眼中"好班主任"的关键词。

王虹冉：董老师，您是我心中最美的班主任。上课总是面带微笑，声音柔和。您为了让我们有一个好的学习环境，常带我们到多媒体教室上课，总是不嫌麻烦，我会铭记在心的。

张楠：教师节这天我特别开心，想跟您说句心里话。刚转到这个班时，我总是不敢举手回答问题，可您总是鼓励我，我现在变得大胆了，学习也进步了。在我眼里，您永远是最棒的老师！

黄博宇：我喜欢您的课堂，听您的课我开心得不得了。告诉您一个秘密吧。我不喜欢太严厉的老师，他们让我浑身打哆嗦。您的尊重和宽容让我很自信。

裴佳怡：我喜欢董老师，原因很简单，因为课堂上我们是师生，课下我们是朋友。有她陪着我们快乐成长，多幸福啊！

孙晨：感谢董老师教给我们丰富的知识，最重要的是，让我们体会到做什么事都要用心。您教我们如何擦玻璃、如何拖地，指导我们站路队、摆桌子，您给我们分享您读过的书、您发表在报刊上的和我们有关的文章，谁不崇拜您！

牛中原：董老师总是做一些教具，课堂既生动又有趣。她还非常关心我们。一次我肚子疼，她关切地询问我吃了什么东西，又倒了一杯热水，一直陪我到爸爸来接我。

耿悦：您是我生活中最好的导师。您每天穿着不同的衣服，每天都看到您温和又可爱的笑脸。您教我们面对困难，要保持积极乐观的心态。

于春阳：最难忘的事，就是我们经常去办公室帮董老师汇总班级考核分数，她总是热情地把自己的零食分给我们。我们边吃边干，师生都很开心。

李湘：董老师从来不以吵人的面目对待我们，她的眼中总是闪着智慧、慈祥、柔和的光。你犯了错，她不批评你而是微笑，你自己反倒不好意思了。

……

学生的眼睛是清亮的，学生的感受是真实的。他们喜欢的班主任总是"面带微笑""声音柔和""穿不同的衣服""课堂生动有趣""课上是师生，课下是朋友""耐心，不厌其烦""教知识，学做人""理解、关心""不以吵人的面目""慈祥、积极、乐观"……

每读一遍，内心就像蝉蜕一般，蜕掉一层旧日的壳。如何做一个优秀的班主任？学生的表达是对教师最好的启示，让你清醒地知道自己努力的方向在哪里……

1. 衣着美

一个真正懂得教育的班主任，必然明白自己不仅是知识的传授者，还充当着美的使者与播种者。他们绝不允许自己蓬头垢面、衣冠不整地出现在课堂上，时刻注意自己在学生中的形象，把自己最靓丽的那一面呈现在学生面前。但这个"美"绝不是花枝招展、追逐时髦，无论是颜色稳重的职业装还是新潮靓丽的生活装，都要能够给学生带来身正为范、清新亲切的感觉，同时陶冶学生热爱一切美好事物的健康心态。

2. 精神振

无论在课堂上还是在生活中，热情都是会传染的。卓越的班主任不仅有高效的课堂计划、教学方法、管理技巧，而且对自己的职业和所教的知识充满着狂热的挚爱，遇到困难不抱怨、不推诿，而是努力寻求解决办法。满怀热情地对待生活的每一天，处处怀有乐观心态，时时充满感恩之念，常常表达祝福之情，才能培养出思想深刻、情感丰富、性格豁达的学生，才能带出懂礼知节、兴趣广泛、力求上进的班集体。

3. 善鼓励

人天性渴望得到他人的赞扬，获得鼓励和表扬是人们维护心理健康的一大要素。班主任要有一颗体察入微的心，要善于捕捉、强化班级中的良好行为。一个甜美的微笑，一个鼓励的眼神，对优秀生是锦上添花，对潜能生则是雪中送炭，能够为他们注入成长的勇气和进步的力量。

4. 有理性

做班主任，常常会遇到调皮的学生，一些突然的变故发生，即使在情况非常不利的时候，也要保持冷静的头脑。因为，情急之下处理问题大都不是最好的方法，这就如同滑坡效应：一旦最初你的做法不妥当，后续就会引发很多不可控的情况。当你不知道该怎么做的时候，最好选择等待，等冷静下来或者情况明朗之后，再仔细琢磨出一个合适的、专业的方法来处理棘手的问题。

5. 最公平

小学阶段，班主任对学生的影响是最大的。小学生可能不听父母的话，动不动就是"我们老师说"。小学生的自我感知还没有发育好，班主任给他的评价，会长在他的内心深处，甚至影响他的一生。因此，班主任要做公平的使者，不以成绩论好坏，不以美丑定喜恶，正视差异，体谅、宽容学生的不足。走进教室，眼光要掠过每一张面孔，让每一个学生都感到"被喜欢"。

……

总之，班主任的形象是班主任工作艺术中的一个重要内容。我们要在教育的过程中不断地修正、完善自身的形象，充分利用"晕轮效应"的正能量——学生一旦接受了班主任的良好形象，便会努力从其身上寻找到其他好的品质和特征，从而喜欢他、敬仰他、信任他，自觉地接受他的教育和影响。

二、由"德育说教"到"尊重生命"

三年前，我任教一个班的数学课，目睹了两个班主任先后带这个班的教育故事。

琳琳，是学校聘请的临时代课老师。20岁刚出头的样子，单薄瘦弱，文文静静，一副大孩子的模样。开学第一天，她走进教室，班里一片混乱，学生沉浸在新学期小伙伴相遇的惊喜和分享中，隔壁办公室的我都能想象她一边用黑板擦使劲敲打讲桌，一边大声喊着"不要讲话了"的无助场面。但学生根本没把她放在眼里，依然闹哄哄的。我实在坐不住了，不得不走进教室帮她维持秩序，收费，安排班级工作。

接下来，琳琳常常在早读之前就到班里，看看值日情况，看看学生到齐了没有；每天放学后，教室里空无一人，她总是不忘再来转一圈，看看窗户关了没有、门锁好了没有。

走廊里，经常看见她和那些调皮鬼的身影，虽然不知道在说着什么，但是姿势和神态几乎是相同的：一只手扶着那些调皮鬼的肩膀，俯下身，低着头，细声慢语说着；另一只手还习惯地拉拉孩子的衣领，扶正孩子脖子上的红领巾。

琳琳敢"折腾"。班里那几个"特别"的孩子，终于"挪了窝"，不再"独霸"某个阵地，终于有了自己的同桌。有时折腾的效果好一些，有时也不尽如人意，她总在尝试着找到帮助和唤醒学生的方法，她有足够的耐心，她的等待似乎没有时限。班里那几个小调皮，从成绩来看起色不大，但是副科老师反映他们在课堂上安静了很多，人也精神了。

有时候也会遇到个别孩子似乎"不买账"，头昂着，扭向一边，一副不屑的神情。她总是不厌其烦，用极其温和的态度，耐心地说服他们。我曾看到过琳琳当着学生的面抹眼泪，再看那些闯了祸的孩子，低着头，一副做错事懊悔的样子。

遗憾的是，学期末的时候，琳琳找到了正式的工作，离开了学校。分手那天，教室里哭声一片，那几个调皮孩子也哭得一塌糊涂。他们不理解老师找到了更好的工作这件事，他们只知道自己喜欢的老师要走了，这似乎是天塌下来的大事。

接下来，刚分配到学校的正式老师晶晶接手了这个班。同样没有经验，一段时间后，我明显的感觉两个老师带班的方法截然不同。

比如，晶晶常常抱着肩膀在教室里走来走去，威严地宣布"几不准"，特别是对待那几个爱闹事的孩子，像警察一样，死盯着他们。学生犯错，也看见师生在走廊上谈话，很多次竟然带着扩音器（上完课没有来得及拿下），一副居高临下的架势，总觉得不那么贴心。

很快，那几个调皮鬼便摸清了老师的招数，开始蠢蠢欲动。有人在英语课上扔纸飞机玩，还顶撞老师，影响正常的课堂秩序；有人打赌合伙敲坏了班里十几个凳子上的螺丝；有人搞恶作剧把同学的文具袋藏起来。他们似乎在向老师挑战，看你能把我怎么样。

作为班主任，晶晶手忙脚乱，情急之下打电话给家长，由于电话中言语尖锐引起了家长不满。家长到校后当着老师的面打了自己的孩子，然后一摔门离开，只剩下晶晶一个人抹眼泪。紧接着，她的办公室门口有人贴上了骂老师的纸条……

就这样，班级危机四伏，仿佛摁住了这边那边又冒出来了。作为班主任，晶晶沮丧极了，跌跌撞撞地勉强挨过了一学期。新学期时，她主动向学校提出换岗。

我常常反思这个故事，同样的班级，不同的老师，差别竟然这么大？

两个老师带班都不"老道"，没有更多的经验可循。但是琳琳老师对学生不是生硬地说教，而是俯下身，让学生感到教师对自己的理解和关注，进而提出合理的建议和整改措施。无论多么坚硬的心，都抵不过"爱"的强大攻势，在和学生交往的看似琐碎又无比温馨的细节中，蕴藏着教育的"柔美"力量。这种由尊重带来的爱，以及由爱带来的自我约束，那是一种"润物细无声"的浸染，并营造出了师生彼此理解、彼此接纳的和谐氛围。

晶晶老师给学生的感觉总是高高在上。她一走上讲台就想用教师的威严"震住"学生，偏偏一些调皮鬼有意无意变着法子挑战老师，给班级管理造成无序和混乱的局面，使得个别学生更加边缘化。到最后，即使问题暂时解决了，却造成了师生关系的对立和冲突，谈何尊严、热爱和魅力？

这两个案例，道出了班主任工作的内涵。它虽然没有固定的模式，但是我坚信，只要你愿意去找，一定能找到比"请家长""站墙角""罚作业""简单说教"

等更好的方式,去唤醒那些让人头疼的孩子。一个卓越的班主任会明晰自己的角色,完成从"讲台上的圣人"到学生"身边的导师"的角色转换。而要完成这种转换,以下三点是非常重要的。

1. 不做"猫式"的权威者

有的班主任喜欢用威严震住学生,这种做法难以让学生尊敬,更不会赢得学生的信任。一个独断专行的老师,会造成学生心理的恐惧或"破罐子破摔"的心态。只有放下教师的绝对权威,以挚爱的情感、平等的视角、交友的心态去对待学生,他们才能放下内心的防备,愿意亲近你,才能敞开心扉,把老师当作朋友,与老师讲知心话,教育才能有的放矢,才能卓有成效。

2. 变惩罚为指导

教育是细活,需要耐心。在中小学阶段,学生智能及生命要素都处在发展之中,学生的可塑空间很大,班主任不能凭学生的一时表现,主观臆断评价学生。如果学生出现不良行为,一味地惩罚他告诉他有多糟,根本不可能让他变好。要找出不良行为的真正原因,耐心地指出错在哪里,再提供施展才华的机会,等问题出现好转时及时称赞他,不断赋予他更高的期望和动力,引领他向着更大、更积极、更明晰的目标前行。

3. 做学生精神的关怀者

教育专家朱小蔓认为:"现在的班主任似乎应有这样的工作范围,就是学生精神关怀的工作。"班主任在解决问题时首先要尊重学生的人格和个性,遇到问题不是简单地去做道德宣判,把学生分成"好"与"坏",而是站在对方的角度去感受——他是谁,有着怎样的经历,为什么他会长成今天的样子,进而选用合适的方式去帮助他、改善他。

让学生感受到你在乎他,相信他,永远都不会放弃他。由此,教育才会真正渗透到学生的骨骼、肌肉和血液中,才能还原人性美的本质。

积淀可持续性发展的功底

一、借力阅读，拥有专业思维

22年前，师范毕业后，我被分配到一所农村小学，成了一个拥有57个孩子的班主任。那时候，我满怀信心要做一个温柔、慈祥、民主的乡村女教师。可没想到，第一周上课，那些顽皮的孩子就给我来了个"下马威"。

先是有人在课堂上趁我转身之际在我的辫子上放了一个浑身长了刺的苍耳。我莫名其妙地看着学生都捂着嘴笑，后来一个女孩帮我拿掉了。无论我怎么问"谁放的"，全班都鸦雀无声；无论我怎么敲桌子、声嘶力竭地大喊，教室里都异常镇静。第一次和学生过招，我就狼狈地败下阵来。

接着，调皮的男孩不断惹出是非：砸破教室的玻璃，偷摘农家的瓜果，把蛇带到班里吓唬女生……接二连三的麻烦闹得我手忙脚乱。初登讲台，这一系列的挫败让我沮丧极了，自以为读了三年师范、拿到了教师资格证，但面对一个个学生却束手无策。

那时还没有专业培训，网络也不发达，而身边的同事大都是民师转正，据我观察，除了靠"土办法"镇住班，好像没有什么好的招数。在我一筹莫展、急于想寻求解决问题的出路时，一则故事启发了我——

英国国家图书馆是世界上著名的图书馆，藏书非常丰富。有一次，图书馆要从旧馆搬到新馆去，结果一算，搬运费要几百万元，根本就没有这么多钱。怎么办？有人给馆长出了个主意：图书馆可以在报上登一个广告，告知从即日开始，每个市民可以免费从图书馆借10本书。结果，广告一出，许多市民蜂拥而至，没几天，就把图书馆的书借光了。书借出去了，怎么还呢？大家要还到新馆来。就这样，图书馆借用大家的力量搬了一次家。

这个故事让我眼前一亮：他山之石，可以攻玉，我开始"偷师"专业杂志。那时候学校没有图书室，在教导处发现一份《班主任之友》，又在一个破旧的柜子中翻出二三十本往年的旧杂志，掸去灰尘，我如获珍宝。

每个夜晚，当喧闹了一天的校园在夜色中沉寂下来，我便坐在桌旁细细地翻阅、圈点、勾画、摘抄。我惊喜地发现，书中的案例似曾相识，有的就发生在自己的教室里，而同样的问题，竟然有那么多种耐人寻味的处理方式。在模仿和借鉴中，我尝试着把别人的技巧和经验运用到自己的班级管理中，渐渐地，很多问题自己也能得心应手地处理了。尽管那时每个月只有145元的工资，但我毫不犹豫地订阅了《教书育人》《中小学数学》等杂志，因为我尝到了读书带来的甜头。

世纪之交，我参加了"跨世纪园丁工程"的培训，那是我教育生涯的一个转折点。在名师的指点下，我买来《给教师的建议》《班主任漫谈》《教学勇气》等教育理论书籍。由此，在读中悟，在做中学，我逐渐地拥有了自己管理班级的特色——"文火慢炖，用文化引领班级"。

随着教育视野的不断扩大，意识到教育是一门和人打交道的艺术后，我觉得需要补一补心理学、哲学等人文社科类的书籍，于是买来《接受我的爱》《孩子，把你的手给我》《每天读点心理学》《周国平论教育》《文化苦旅》等书，慢慢"啃读"。

阅读的过程中，我总是不忘和自己的教育实践联系起来。比如，学生犯了错误，以前就知道抱怨，觉得"不可理喻"。现在知道要冷静下来，不再一味地训斥，常用"我很担心你""老师愿意和你一起寻求解决问题的方法""相信你还可以做得更好"等"共情"语言，帮学生分析原因，委婉地引导他自我认知、自我觉醒。

在阅读中，我慢慢地把"厉眼"修炼成"柔眼"和"笑眼"，从关注孩子的当下，转为看待其一生。就如特级教师窦桂梅所说："读书的人，眼界越来越开阔，你和学生的目光，必定略过肮脏、坚硬、暗淡、丑陋的东西，从而投向干净、柔软、明亮、美好的所在。"

后来学会了在网上购书，遇到心仪的书，我便毫不犹豫地下单，仿佛"捡到篮里皆是菜"，一排排摆在书架上，觉得心里特别踏实。很多人说自己读书不为什么，我真的没有这样的境界。初登讲台时，读书是为了解决遇到的种种困惑，而后渐渐地有了读书的快感，形成了读书的习惯。从无奈读到喜欢读，阅读成了我生活中很重要的一部分。

从教 22 年来，更多的书籍在我成长的道路上留下印记，又不断被超越。我总是在叩问自己的心灵需要什么样的养料，然后努力搜索，欣喜、仰望、吸收、提升，并坚定地走向下一本书。因此，我要说，阅读与班主任的生命成长有着一种内在的维系。

1. 读书，突破班级管理的"高原期"

捧起一本书，总是可以翻检出有价值的建议，如何创新班级管理的方式，如何对待问题学生，如何和家长交流，如何与学生沟通……还可以帮助你在处理具体问题上站得更高，看得更远，让你明晰原来的"术"是基于哪种理论，又可以如何升华至其他的教育活动中。从阅读中不断受到启迪，收获灵感，总让人看到方向和远处的光，逐渐摆脱技术层面，进入更深入、更开阔的专业领域。

2. 读书，找到通往学生内心世界的"捷径"

一个班级，几十个孩子，所有的问题都会在班主任工作中呈现出来。也就是说，做班主任，仅有爱是不够的，只有"懂"才能遵循内在规律。这个"懂"其实就是班主任的专业思维和视角。广博、细致的阅读能让我们保持专业思维的敏锐——"懂教育，知规律，审常识"。站在专业的视角，尊重生命的特质，理解教育的奥妙，拥有班级管理的特色和文化。

3. 读书，让人永葆教育情怀

各种纷繁复杂的活动以及各种沉重工作负担的重压，很容易使教师的心灵结茧、蒙尘。阅读可以滋养心灵，积聚能量，蓄势待发，让自身的成长出现可持续性发展的特质，让我们永葆寻求知识的渴望和清醒评判自身的能力，总是能看到更远处的"光"在召唤自己。正如德国作家赫尔曼·黑塞所说："世界上任何书籍都不能带给你好运，但是它们能让你悄悄成为你自己。"

二、爱上写作，坚持"道德长跑"

《教育时报·课改导刊》的"中原课改名师"栏目在开篇时，报道过郑州市金水区纬五路第一小学的丁保先老师。作为中原课改名师的领头军，她教语文是很有一套的，每个学期的第一个月把书本上的东西教完，然后师生一起阅读大量的课外知识，她不写教案，不改作业，她的学生称初二的语文考卷是"小菜一碟"。这样一个在教学上很有一套的老师，却从没有把自己的做法整理、反思、交流、推广过。记者去采访她时，她拿不出任何文字性的东西，她没有教案本，她的教科书上写的字很潦草，只有她自己能看清楚。

在这篇报道的后面有记者的一篇采访手记"丁保先的幸运与不足"，"她是一个宝藏，有许多东西可以挖掘，但是，她不善于写，这限制了她的发展"。记者一针见血地指出：与窦桂梅相比，丁保先的不足就显露出来了——窦桂梅"著书立说"，将自己的智慧、经验与更多老师分享，而丁保先却"只识弯弓射大雕"。在我看来，这种不足代表了河南名师与全国名师的差别……

对此，我深有体会。

初登讲台，我在那所偏僻的农村小学。那时，没有网络，缺乏书籍，很少有外出学习的机会，一个人闭门造车，摸索着前行。没有规律的忙碌，少得可怜的农村文化空间……在这似乎平庸的天地里，我寻找着自我迷恋的乐趣所在，把目光投向了文字。

一盏沉默的孤灯和瓦房屋角上的蜘蛛网，还有窗外蛐蛐儿不停的鸣叫声陪伴着我。灯下，我有时模拟给朋友写信，表达自己的苦闷，有时记下和学生在一起的难忘瞬间，有时也写写自己的课堂。

没想到，我的一篇 800 字的教育随笔《播种真情》竟然发表在 2002 年第 9 期《人民教育》上，这让我欣喜若狂，同时更激发了我写下去的热情，真正做到了教育教学中的"有心人"，开始有意识地把目光聚焦到教育写作上。

最初我写的是教学案例。我的方式是纪实＋思考，一个成功的、失败的或有创意的教学片段，或课堂上的教学机智、教学困惑、教学预设和生成之间的矛盾，套上新课程的理念，加上自己的感受，就是一篇教学案例。我参加的所有的优质课、观摩课、研讨课的课堂教学，还有听课、评课的一些想法，都以不同的形式进行了整理。比如《让美在数学课堂流淌》《根植于生活，绽放在课堂》《向知识的源头再迈一步》《追问让思维水到渠成》等，这一点一滴的累积形成了巨大的资源库，不仅为自己，也为他人提供了原生态的研究资料。

2009年，我开通了自己的博客，对教育现象、课程改革、读书思考、专业成长等问题有了一些浅显的思考，陆续在博客上涂鸦了不少文字，比如《农村课改让我欢喜让我忧》《教育的本真》《教育理论成就课堂的精彩》《做一个自觉而清醒的教育者》《用课堂的魅力浸染学生》《从理念到实践的徘徊》等文，得到了同行和教育专家的鼓励和指导。

最值得庆幸的是，我写了不少教育叙事。我努力地从日复一日的教育生活中寻找新鲜、芳香的教育细节，学生的一个眼神就是一个故事，班级的一次活动就是一个思考，和学生的一次谈话悟出了什么道理；哪个学生有心结了，哪个学生进步了，哪个学生的家庭出状况了，如何跟学生谈心，如何处理课堂突发事件……

有了想法就及时记下来，一有空就整理这些零散的文字，从文章的选题到整篇布局，一般都修改5遍以上。虽然写得不生动，但是写下就是永恒！《教育，发生在恰当的时候》，写给那个被任课老师称为"像仙儿一样"自由散漫的斌；《放爱一条长线》，写给那个和奶奶相依为命的川；《探寻一个孩子的教育密码》，写给那个父母离异、性格顽劣的星……

我的文字，记录最多的是我和学生的故事。文字所承载的，只是教师和学生所经历的冰山一角，但是每一段自言自语的背后，都藏着一个鲜活的生命。无数个这样的故事叠加，经由岁月，教育生命便有了厚度，有了光彩，平凡而琐碎的教育生活便演绎成了传奇。

一个人的时候，我常常坐在电脑前翻翻那些沉淀已久的文字。每一个精彩的场景、每一个经典的案例、每一个失败的教训，我好像远远地看见了自己——曾经做过的事，说过的话，遇见的人……都清晰如昨，在文字中体会和孩子一起成长的艰辛，感悟教育之路经历的心灵感应，顿时觉得教育是那样的温馨动人、丰盈悦目。法国思想家卢梭说："我的所有作品都是我的自画像。"我要说："以生命为笔,书写自己的教育传奇。"

1. 写作让教育行为和思想日渐成熟

无论是对课堂的记录,还是对教育的思考,或者对班级叙事整理的过程,都是对自己的教育实践不断提炼、反思、总结的过程,这是一种更深层次的自我追问。一个教师,只有尽可能写下这不断犯错、不断推翻、不断疑问、不断重建的事实和因果,重新审视教育生活中司空见惯的细枝末节,才会对自己亲历的教育行为进行观照、寻求意义,才能发现其中细微的教育意蕴,让教育教学反思更为审慎和深入。

2. "写,然后知不足"

喜欢记录自己教育生活的教师,他的思、行会产生更良好的互动,因为只有在实践与思考的互动过程中,才能让自己的教育行为得到丰富、深化或者修正。在反省与自我修正中整合归纳,消化吸收,那些平庸、肤浅、简单的经验,那些似是而非的疑惑和困扰,在自我剖析和碰撞中确定了答案,才能催生出自己的教育智慧,实践的脚步才会更坚实,方向才会更明确。

3. 写作是达到心平气和的重要手段

文字是爱和铭记的一种方式,更是对内心的一种静谧的梳理与观照。写作会让教师的心灵更柔软,眼光更温顺,内心更细腻,对课堂、对教育、对学生更多一份关注,更多一份用心。正如著名教育家魏书生把写日记称为"道德长跑",的确,试想,一个坚持进行"道德长跑"的人,心态怎能不向上?学生怎能不喜欢?教育怎能不丰盈?

三、潜心研究,提升专业内涵

在我的笔记本中,珍藏着多年前一个家长留下的信:

董老师,你好!我是轩的妈妈,我和孩子的爸爸都非常庆幸孩子遇到你这样负责的老师,我们打心眼里感激你对孩子的栽培。可是,孩子不争气,不仅成绩没有提高,还学会了逃学,给你惹了不少麻烦。万不得已,我们决定让他去苏州叔叔家就读,换个环境试试。因走得急没有面谈,永远感谢董老师!

第九章　以我"慧光"，照亮你的前程
——班主任自我形象建设之道

面对这封感谢信，我无法高兴。每每想起那个叫轩的孩子，心中五味杂陈。轩是我教过的学生，心地特别善良，只要不说学习，轩侃侃而谈。可是在那些阿拉伯数字面前，他就一筹莫展了。

我充分利用课余饭后为轩"开小灶"，我想凭毅力是会创造出奇迹的。但是，轩的记忆力很差，不但接受知识慢而且忘得快。第一个学期测试，轩的数学成绩是38分。第二个学期，我的热情不减，他却没有那么积极了，叫几次不肯来办公室，见了面还溜着墙根走，而我一意孤行。再后来，他变得木讷，以各种名义逃学。直至最后，我看到了那张空着的桌子，还有家长托人转来的那封信。

多年来，这封信时时警醒我：班主任工作充满复杂和艰辛，仅靠爱和热情是不够的，还需要科学的理性、智慧的艺术。这就需要我们在工作中边教边悟，在实践与反思中调整关爱的方法与策略，在研究与提升中完善教育行为，才能智慧地引领学生走向"明亮的那方"。

不研究，你就不知道一个个看似平常的现象后面隐藏的问题；不思考，你就找不到科学智慧的方法。因此，保持研究的心态，拥有探究新事物的好奇心，具有发现新问题的敏锐眼光，你就会觉得"任何事情都挺有意思的"，"还有许多未知的领域，值得我去研究"。否则，你的班主任生涯真的就会像磨道中的毛驴，一生做的都是"转磨磨儿"的事。

曾教过一个男孩，有段时间，他总是在上课铃响后才进班，写说明书、师生谈话，效果都不明显。后来，我决定将他列为研究对象，开始进行认真的观察。这期间，通过家访，我了解到，他的家距离学校并不远，父母新开了一家店铺，早出晚归，无暇顾及他的生活。爸爸在电话中流露出孩子内心有不满情绪。

于是，当他又一次迟到时，我直接让他进班上课，并告诉他："我了解到你的迟到是有原因的，相信你是个懂事又聪明的孩子，也能想出办法克服。"我欣喜地发现，接下来一连两天他都没有迟到，精神也振奋了不少。

我赶忙借这个契机和他谈话："老师真高兴！这两天你都能按时到校，你是不是有什么好办法了？"他不好意思地说："让爸爸买了个闹钟，定上闹铃就没问题了。"

接着，我又和他商量："你的家离学校比较近，能不能早些来校，帮着老师照管一下早晨开窗通风这件事？"他非常高兴地答应了。从此以后，他总是早早来

到学校，认真地把该做的事做好，然后和同学们一起早读。

班里的星，特别好斗，经常会弄出点动静让你不得安生。后来了解到，星是一个缺失母爱的孩子，爸爸又爱酗酒。这孩子很难知道什么是谦让，什么是友善，他只会用武力来发泄和排解他心中的怨恨。我多次跟他聊家常，聊爸爸挣钱不容易，聊如何自己照顾自己，聊什么是好性格、如何跟同学交往……他的心灵得到了抚慰，脾气也没那么狂躁了，逐渐融入到了班级生活中。

班主任总会遇到学生上课捣乱的事，严厉批评或罚站，问题看似也能解决。但是，对这个问题不追究、不思考，很容易忽略问题产生的原因。

班主任也常常处理学生之间的小矛盾，有时候苦口婆心，学生不仅不领情甚至还有抵触情绪。这时候，你不能沮丧焦虑，更不能暴跳如雷，要多问为什么：处理问题有没有武断和强势，有没有换位思考，有没有使用共情的语言抚平学生的心理……

卢梭说："小孩子不是缩小了的成人。"不要用成人的眼光和思维去揣测孩子行为的原因和出发点。班上的留守儿童、家庭教育缺失的孩子、性格怪异的孩子，他们往往有不为人知的隐情，这就需要我们理解孩子的"淘"。如同儿童心理治疗专家陈默所言："对很多孩子而言，上述问题是心理问题而绝非习惯和品德问题。"如果不了解这一点，如果不追根溯源，我们就会不断地以教育的名义，通过各种所谓的"教育艺术"，不断地伤害孩子。

比如，面对学困生，研究如何恰当地把握学生学业所处的水平，给他定一个"跳一跳摘桃子"的目标，并及时观察他的学习状态和情感需求；面对攻击性强的孩子，研究如何瓦解他内心的障碍，多站在对方的角度去感受——他是谁，有着怎样的经历，为什么会长成今天的样子，进而选用合适的方式去帮助他、改善他。

常言说"研到深处境界宽"。当你在教育中遇到问题，然后通过自己的研究和思考，除去了困惑，收获了经验，更重要的是，体验到"怎样做""为什么这样做""今后再怎样做"所带来的那种乐趣，那种来自内心的满足，会促使你拿起笔把这个过程进行整理，有时候写到深夜也不觉得疲倦。作为一线教师，这样的研究和自己的实践不是"两张皮"，而是相辅相成、互相促进的关系，这样的研究贵在不停步，贵在能反省，贵在用智慧。

1. 把日常的问题作为研究的课题

要想让班级工作有条不紊，班主任必须学会遇事多动脑。面对工作中遇到的困惑和问题，要学会主动进行反思、分析、探究，从不同角度进行审视，对习以为常的方法敢于怀疑，善于结合实际，博采众长，敢于用新思路、新方法进行尝试，直至有效地解决。研究的过程让我们的教育思想日渐科学，处理班级问题就会更有谱了。

2. 从专业角度研究学生，提高觉察力

这就是说，班主任要按照认知规律和心理发展规律进行教学和管理，从专业思维和视角做出最科学、最有利于学生发展的决策。研究就是要"弄明白学生是怎么回事，针对具体的个体你应该怎么做"：如何接纳他、理解他、关注他，用他能接受的方式，去关心、帮助和引导他。

3. 在研究的共同体中合作共赢

班主任要善于利用身边的资源，多向同事学习，遇到问题多征求别人的意见，还要善于运用网络资源参加班主任论坛、班主任研究室等专业服务平台。这种群策群力的"专业对话"，成员之间互相"借力"，能有效提升班级工作的专业水准，避免用"老眼光"看待"新变化"，不照搬"老经验"解决"新问题"，让班主任工作更趋于自觉，更科学民主，更有章可循。

拥有令学生信服的魅力

一、博学多闻，学生眼中的"学科专家"

下面的文字，是2013年教师节那天学生送给我的"礼物"。

说说我的心里话

我的数学老师董老师,眼睛不算大,一直保持90°的微笑。

大家最爱上数学课,因为她总是设计一些有趣的活动让我们参与。比如,她和我们一起动手做活动的温度计,让我们很轻松地就理解了负数的概念。我们还一起栽蒜苗,三天测量一次并记录,比比谁的蒜苗长得好。后来学习统计时,这组数据竟然用到了课堂上,你说神不神?她和我们一起玩神秘的莫比乌斯带,比比谁剪得巧,谁的发现多。学习比的知识,我们根据影长和身高的关系想办法测量校园那颗玉兰树的高度……大家当然很开心,谁也不愿意天天没完没了地趴在桌子上写啊算啊的。

尽管她教我们数学,但她还是鼓励我们写数学日记。只要有人写了,她都会抛下一切事情,仔细地阅读,认真地写评语,还用相机帮我们收藏起来,真是幸福啊。所以,谁都愿意写。

我觉得董老师特别"神",总是带给我们意想不到的惊喜。这样的老师,谁不喜欢呢?

四(1)班 曹博凯

透过学生的文字,可以看出既承担着学科教学又做班主任工作的教师,要想赢得学生的认可,首先要在学科教学或者专业技能上征服学生,让学生迷恋自己的课堂,进而赢得学生的心。

正如苏联教育家马卡连柯所说:"如果教师在工作上、知识上和成就上有辉煌卓越的表现时,那你自然会看到:所有的学生都会倾向你这一面了。相反地,如果教师表现出无能和平庸,那么不论你如何温存,在说话时如何耐心,如何善良殷勤,不管你如何体贴关心学生,仍然不会博得学生真正的尊敬。"

一个优秀的小学数学教师,教学前一定是尽可能地占有教学资源,努力使自己的教学内容更丰富、更有趣,会不断地追问自己:小学数学是什么?什么是有价值的数学?如何让自己的课堂弥漫着生命的味道?如何把课上到学生心里?……

比如,教学《统计》一课,为了得到一组数据,我提前三周布置了"栽蒜苗"的活动,学生要测量,要统计,要记录,他们不仅在亲身实践中了解了蒜苗的生长周期，同时也感受到了爱与责任，以及投入做一件事的美妙，到最后收获的这组数据，也带着鲜活的体温；教学《千克和克》一课，我以"称一称、掂一掂、比一比、估一估"为载体，让学生通过亲身体验和肌肉的感觉来感受"1克和1千克究竟有多重"，赋予知识生命的体验；教学《求平均数》一课，我让学生在课后开展"家庭使用塑料袋情况"的小调查，上网查阅了白色污染的危害，增强了环保意识和社会责任感……

丰富有趣的教学设计自然重要，要落实到教学实践中还需要和谐自然的课堂生态。课堂上的大部分时间，教师不是站在讲台上，而是站在学生中间，这样不会给学生"居高临下"的感觉。教师的评价语言也很重要，比如，我经常会对学生说："数学是讲道理的，把自己的思绪理一理，老师喜欢说话有条理的学生。""不会的可以认真听，会倾听的孩子也是会学习的孩子。""数学就是这样的有趣，换个思路就看到了不一样的风景。""老师喜欢诚实的孩子，不懂就问才知道该怎样帮助你。"

这样的课堂由师生共写，成为教学相长的学堂；这样的课堂给人的感觉不怎么像上课，更像是在生活中与学生相处一样随意和自然；这样的课堂，才能让学生身心舒展，充分享受到探究的奥妙和乐趣。

除了用课堂的魅力征服学生外，我还特别得意于我的另外一个"绝招"——数学课上分享美文。如果哪节课教学任务不算重，或者学生表现得特别好提前完成了教学任务，我就会挤出3分钟，奖励给他们一个故事或一篇美文：《不是人人都能当公主》《给善良找一个橘子》《爱迟到的皮卡丘》《一朵不结果的桃花》《戴尔的自信罐》《最珍贵的诚实》……

我在教室里缓缓地走着，声情并茂地读着。这时，所有的学生都伸长了脖子，他们的脸扭向我，我成了他们目光追随的焦点。每个人的眼神和表情，都随着故事的情节发生变化——到了"逗乐"的地方，他们报以哄堂大笑；到了情节紧张的地方，他们屏息专注；到了伤心的地方，他们会潸然泪下……或嗔或笑，或怒或喜，纯真的脸极生动。那一刻，是我和学生都非常受用的时刻。

如何才能赢得下一个故事？理由很多：某天的作业整体质量好；某天的预习做得好；某节课学生问题不断，越学越投入；某个学生因为某件事为大家赢得了一个故事……

学生不断地把一本又一本的书放到我的办公桌上，这些小故事或美文谈不上经典，但我始终认为，这是学生睁眼看世界的一种方式。善与恶、美与丑、诚实与自信、坚定与毅力，如何做一个有责任感的人，如何与同学交往，如何接纳自己……在故事中也许可以找到这些答案。这些内容，看似和我所教的学科无关，但我相信，在数学触及不到的心灵角落，学生会在故事中看到另一个自我。这些东西是用来成长的，不是用来考试的。

班主任如何成为学生眼中的"学科专家"？

1. 精通学科知识

对教材的编排、目标的制定、情境的创设、方法的选择等，教师应该有独到的见解，经常思考什么样的教学设计更贴切学生的学。

2. 精通教育学、心理学知识

教师要把民主、宽容、尊重、理解等，融进自己的语言、手势、眼神和表情中，与学生进行身心对话，最大限度地拓展和丰富学生的思维和想象空间，创设自然舒适的课堂文化，让课堂弥漫着生命的味道。只有把课上得棒，上到学生心里，学生才乐学、爱学、会学。

3. 在课堂之外还要有自己的特色之处

比如，我在数学课上带领学生欣赏美文成了学生心中一道亮丽的"风景"，这样做除了在学科之外对学生产生一种潜移默化的濡染作用，也会让教师在学生面前拥有一种源于知识、源于专业的人格魅力。如此，你将成为学生生命中不可替代的"重要他人"！让我们在学生的文字中细细地感悟与品味。

下面是张宁同学在2013年教师节写给我的信：

长大后，我就成了你

长大后，我想成为一名像董老师一样出色的数学老师，现在我就模仿一回吧。

丁零零，上课铃响了。我笑着走上讲台："后面的孩子，看见老师的眼睛了吗？好，现在我们上课！"

"谁来说说周长和面积的区别？""好，你真会讲道理，一下子就说到了点子上，咱们班又多了一个'金话筒'。""谁听清他刚才讲什么了？""这句话很重要，快把你的小耳朵叫醒!""第四大组的孩子动作又轻又快,我非常喜欢。""下面这道题,你一定要认真,千万别掉进陷阱里!""谁还有不懂的地方,你一定要问,老师才知道怎样帮你。""田磊,我在看你,你能看见我吗?千万别掉队。""咱们班的'小老师'越来越多了!""你可以把这节课的感受写成数学日记,我非常期待。这节课就上到这里,下课!"

哈哈哈,我笑疼了肚子。我模仿得像吗?

四(1)班 张宁

二、细微体贴,学生眼中的"校园父母"

和我搭班的语文老师李姐,总是把学生写的和我有关的日记给我看。

我是个幸福的小孩儿

我患了眼病,眼睛又干又涩。妈妈带我去医院,医生给我开了滴眼液,每天要滴4次。我把药水带到了学校。

课间操后,我坐在位子上,按照妈妈说的办法仰起脸,手不听使唤,怎么也不能把药水准确地滴到眼睛里,流得满脸都是。几个好朋友大笑,她们谁也不敢下手,我们决定去找董老师。

在办公室门口,三个人推来推去,谁也不好意思先进去。董老师笑着招呼我们:"进来吧。"她一看我手中拿的滴眼液,就明白了怎么回事儿。

她让我坐到凳子上,头向后仰靠在凳子的后背上。老师笑眯眯地说:"闭上眼睛,可能会有点疼,不过很快就好了,别紧张哦。"

我感觉到董老师的手轻轻地翻开了我的眼皮,然后一大滴眼药水滴进了我的眼睛,真的有点疼,但是我的心里有一种说不出的兴奋。老师离我那么近,我似乎感觉到了她的呼吸,那是妈妈的味道,还有那双温暖的手在我脸上的感觉。

我多幸福呀!

四(3)班 张富雨

看到雨的这篇日记，我努力地想了想，确有此事！不就是一件举手之劳的小事吗？没想到竟然给学生留下了这么深的感受。看来，教育真的是一门能够淋漓尽致地体现细节的艺术。作为班主任，真的要体察入微，关注每一位学生的言行举止，要善于从学生的眼神里发现其中蕴含的教育契机。

上学期，班里的小强早上总是迟到，学习也无精打采，几次谈话，他都支支吾吾，本来就内向的孩子更沉默了。我特别焦急，及时跟家长电话联系，终于了解到小强家距离学校二十多里地，最近一段时间因修路不通车造成孩子上学极不方便。每天最少需要骑半小时自行车来学校，每天一个来回，中午在外边的家庭午托班吃饭。

原来是这么回事啊！想想一个12岁的孩子每天上学那么辛苦，真是不易。我明白了为什么他的衣服总是脏乱，头发总是乱蓬蓬的……我庆幸自己控制住了情绪，没有想当然地批评教育。了解了事情的原因后，我再次跟他谈话，叮嘱他别因为急着赶路而影响安全，如果哪天天气不好可以在家自学，落下的课老师会帮他辅导。孩子心里没有了上学的恐惧，不再畏畏缩缩，学习状态逐渐好转。

又想到班里的川，父母离异，爸爸出门做生意，跟着70多岁的奶奶生活，也是让人牵挂的孩子。他的"口算卡"欠了好多，他答应每天放学后补一点，为了帮他实现这个"宏大"的心愿，我们俩约定，放学后来办公室写一会儿，也算是个监督吧。

川刚进办公室，没写几道题，几个同事不约而同地问："什么味道，这么难闻啊？"四下瞅了瞅，没发现什么能发出臭味的东西啊！过了一会儿，依然有难闻的气息，确切地说是一股汗脚的味道。

低头一看，大夏天，川光着脚穿一双不透气的运动鞋。基本判断，这难闻的气味应该是他的汗脚发出的。这么热的天，有几个孩子不穿凉鞋？也不知道他几天能洗个澡？家里条件未必那么糟，只是小孩子贪玩，奶奶年龄大了，照顾的还是不周到。

突然就坐不住了，去水房提来热水和凉水倒在盆里，告诉川怎么用香皂，问他家里还有没有其他的鞋，叮嘱他要经常换鞋，夏天两天至少要洗一次澡……

折腾了十多分钟，到下班的时间了，不敢再留，怕不安全。我和川一起下楼，走出校门，川说："再见，董老师。"他说话的时候，一张红扑扑的娃娃脸。"任务"没完成，心里不怎么沮丧，觉得做了一件很温暖的事。

所谓教育，无非就是一名教师在恰当的时候做了最有利于孩子身心发展的事。而这，可能要浸染许久才能看出效果。关键是，你有没有耐性，能不能做到"从一而终"。

班里的星，家庭的变故让他变得暴躁，难得在课堂上安静一会儿。那天，学生都在安静地做梳理复习，星的异常举止引起了我的注意——他的身体像是扭了几个弯，给人的感觉不怎么舒展，脸上的表情也不自然。

我轻轻地走到他面前，弯下腰，用手摸了摸他的头："是不是不舒服？"他有点难为情地说："想上厕所。"

我示意他出去。星一起身，凳子呼啦一声，零散了一地。我明白了他的特殊坐姿是因为要趁着劲儿，因为凳子坏了，稍不留意就可能摔着。等到星回来的时候，我已经把讲台旁多余的一张凳子放到他的座位上，并交代："下课后送到后勤处，维修一下。坐得不舒服怎么能安心学习？"

那节课，星坐得很端正，很努力的样子，可是做的题没几道是对的。尽管他很顽劣，尽管他常惹事让我生气，但是我坚信，他和所有的孩子一样，值得尊重、呵护。我所做的都是他应该得到的！

我永远忘不了那年教师节，星写给我的歪歪扭扭的"心里话"。

一朵花里的爱

董老师，您好！一年级到四年级，您一直都在认真耐心地教我们。自从我上二年级后，妈妈离开了家，我的学习越来越差。您除了辅导我学习外，还经常询问我的生活，您说过的话我都会记住的。

今天是教师节，我只送了一朵花给您，但是那朵花包含着我全部的心意，祝您节日快乐！

您的学生：李星

学生是公正的，更是感性的，他们衡量教师的好坏，依据的不是成绩的高低,而是教师是否与自己心灵相通,是否真心关爱自己。在学生眼里,教师不只是知识与技能的传递者,更有一颗抚慰怜惜及教会学生做人做事的父母之心。

班主任要想成为学生眼中的"校园父母",需从如下三方面努力:

1. 要做到既教授知识又注重情感交流

每个学生来到学校,除了怀有获得知识的愿望外,还带着自己的情感世界。班主任要用心地储存师生幸福的"资本",比如,用镜头记录成长的瞬间,用笔记录孩子成长的故事,珍藏师生交流的每一份感动,和学生一起欣赏这些备感温馨的细节,由此,学生会更流连、向往校园生活。

2. 要"锦上添花",更要"雪中送炭"

尤其是班里那些单亲家庭的孩子,那些行为偏差生、生理心理特殊生、进城打工子女、留守儿童,要把特别的爱给特别的他们。不是生硬地讲所谓的大道理,而是陪伴和细致地呵护。要肯花时间走近他们,看看他们是怎么想的,听听他们是怎么说的,站在他们的角度读懂他们的需求,这样才能更好地破解走进他们心灵的"密码"。

3. 要拥有"大视野",更要做"小事情"

班主任治班的法宝之一就是坚持不懈地为学生做具体的小事,在小事中彰显育人的魅力。可能是弯腰捡起了一片碎纸,为迟到的调皮鬼送上早餐饼,为摔倒的运动员拍打身上的土……一句话,一个场景,一个眼神,都能让孩子感受到你的心意,你的真实姿态。由此,你就会成为学生依恋和敬仰的人。

三、人格濡染,成长路上的"引领者"

一次教师例会上,校长和老师们分享了她无意中的调查:早晨站在校门口,观察执勤的礼仪生依次向老师们敬礼问好,除了几个老师用点头或微笑来回应学生的礼仪,其他的老师都毫无表情地匆匆而过。最后,校长问:"面对老师的'看不见',学生会怎样想?"

这一问引起了大家的深思。

很多时候,我们对一些日常行为并没有真正在意过。比如,升国旗时要求学生安静、行队礼，教师自己能不能以端正的姿态面向国旗而不是站在后面窃窃私语？我们倡导"扔下的是垃圾，捡起的是品质"的养成教育，自己面对地面上的纸片能不能弯腰捡起而不是站着指使某某同学去做？我们教育学生要节俭，自己能不能真诚地对学生捡起地上的粉笔头给予回应而不是淡淡地说"放那儿吧"……

对学生而言，教师一般都具有天然的影响力，如果这种影响力是建立在教师身份所赋予的权利的基础上，那是不稳固的。如果这种影响力是靠教师的人格魅力赢得，那就会相当持久而且强大，真正成为学生成长的范本。"什么是尊重理解？什么是努力上进？什么是知行合一？路该怎么走？书该怎么读？人该怎么做？"这些不是写在论文和工作总结中的，而是体现在教师对待每一件小事和每一个个体的态度上。

上学期的运动会上，当众人拥着获胜的运动员欢呼时，我却走到因摔倒而没有取得名次的运动员面前，轻轻地为他拍打身上的土，并为他披上一件衣服，真诚地说："没事吧，你已经尽力了，老师为你骄傲！赶紧穿上衣服，别感冒了！"

在班会上，我对学生说："在人生的路上，输和赢都是会经常遇到的事，胜不骄败不馁，安全第一，比赛第二。我们不仅要为获胜的人欢呼，重要的是为没有取得名次的学生送去安慰和温暖。这就是'锦上添花'与'雪中送炭'的含义。"

那周的作文课，主题是"运动会上最难忘的事"。那个没有取得获奖名次的学生这样写："董老师的手是那样的温暖，一边给我擦眼泪，一边轻轻地抚摸着我的头发。她那充满关切的眼神就像是明媚的阳光，失败的沮丧和不安都跑得无影无踪了……"

还有的学生这样写："我看见董老师飞快地跑到李新面前，问他摔得疼不疼，还抚摸着他受伤的胳膊。我也赶紧跑过去，给李新递上一杯水。那一刻，在我幼小的心灵里，知道了什么是平等。只要努力了，输了也没有什么，老师一样会给我们自信和勇气。"

学生张宁说："长大后，我要成为和董老师一样公正的老师。"学生尤越说："在我心中，董老师是一个天使老师，我做梦常会梦见她。"……很多时候，学生就是教师的小小影子。在这个影子中，无时无刻不折射出教师的涵养和气度。

班里的旭，一、二年级时还算随群，后来因家庭变故，妈妈离家出走，姑姑照顾他的日常生活，学习成绩直线下降，性格变得暴躁。那天的数学课上，坐在旭前面的男孩，手里举着一个"千疮百孔"的练习本，和同桌嘀嘀咕咕。我问："是谁的？"几个人一起指着旭。"还给他！"我不想纠缠，课堂的时间耽误不起。

几分钟后，我走到旭的课桌旁，心中的火"噌"的一下就上来了：刚才还算一个本子，不知什么时候被撕成了一片片的碎纸，这会给值日带来多大麻烦？这点我从一年级就强调，一个四年级的孩子怎么可以这样？旭和同桌根本没听课，脚在桌子下面来回踢那堆碎纸，把碎纸"努力"地踢给别人。

恼怒的情绪迅速蔓延开来！我强压着怒火，用冷冷的眼神盯着他，这样的"对峙"持续了足有两分钟，空气仿佛凝滞了。最后，我说："把你们的桌子向后拉。"两个人乖乖地向后拖桌子。我弯腰，一点点地捡起每片碎纸，教室里静极了，孩子们也许没见过这样的场面，都呆坐在那里。接着，好几个孩子赶紧起身，弯下腰一点点地帮我捡起，一个结结实实的大纸球被扔进了垃圾箱。

后来的班会课上，不少孩子都提到了这件事，都以为我要"大怒"，没想到我会心平气和地处理这件事。旭也承认"不该把废纸弄得满地都是"，对他来说，认识到错误已经具有"里程碑"的意义了。

班主任工作本质上是一种精神的"流转"，用自己的人格、品质、行为等去深深影响和塑造学生。对一个学生而言，班主任除了传授知识、发展智能，对生活细节的引导与关心、对人生方向的启发与指点一样重要。一个学生对他的班主任产生一种深深的认同，则这个班主任身上的任何良性品质和言行都极有可能转化为催人奋进的能量。

1. 身教重于言教

对于那些睁大眼睛看世界的小学生来说，重复说教不如亲身示范来得形象直观。在班级管理中，少一些低效的、重复的说教，多一些示范、参与等积极的体态行为去影响学生。在具体行为的示范和引领下，那些反复强调的外在要求才能经过"顺从、认同"，从而"内化"为个体的自觉行为，为学生的成长打下干净、明亮的底色。

2. 给学生稍高一点的期待

面对各方面都很优秀的学生，给他们施展才华的舞台，让他们更优秀；面对那些顽劣的、问题不断，甚至铆着劲跟你干的学生，心思不要用在指责上，要用在找出解决办法上。"你这一段时间在某方面已经很努力了，是不是在这件事上也可以做得更好一点？""这不像你做的事，你一直都是很有责任感的孩子，你说呢？"和学生一起分析面临的问题，积极挖掘他的闪光点，激活他的表现欲。有期待的教育，是科学的教育，更是艺术的教育。

3. 提高自身修养，成为学生成长的镜像

班主任的知行合一、活力、兴趣、激情等都会通过你的学生反馈出来。很多时候，还没开口，其实你已经开始"说话"了，自己的一举一动都是学生成长的范本。如果你厌烦了，或者你不在乎自己在做什么或教什么，或者你对自己所做的事情缺乏活力与激情，那么，学生会用他们的行为向你做出反馈。班主任要有意识地在日常待人接物方面做一个引领者，给学生以影响一生的精神食粮。

做班主任，管理班级及教育学生并不能仅仅满足或依赖于方法层面，人格濡染才是教育之美。正如56号教室的缔造者雷夫·艾斯奎斯所说："我希望我的学生善良，与人为善，我自己就要身体力行。我要学生好好学习，我一定要努力工作。记住，学生一直都在观察我们的一言一行，我时刻在为学生做榜样。"

四、亦师亦友，生活中的"知心人"

曾涂鸦过一篇小文，题目是"我的世界春暖花开"：

隔三岔五的，那个叫杰的男孩总爱轻轻地推开办公室的门，每次只是把头探进来，身子在外面，然后轻轻地喊我："董老师，明天上午第一节（或第二节）有你的课。你一定要记得哦！"当他看到我对着他微笑，并听到我夸张地回应"差点忘了！谢谢你提醒我"后，他轻轻地带上门，知足地走了。

那个叫川的孩子，父母离异，爸爸外出打工，和奶奶一起生活。我的笔下出现最多的是他的名字，办公室也经常出现他的身影。期末测试后，他拿着不太好的成绩哭着说："老师，我没考好，你是不是以后就不喜欢我了？"说的我也眼圈发红，喃喃地说："傻孩子，怎么会！"

铮送画给我，上面画了各种各样的水果。西瓜已经切开，一块写着"吕铮

的西瓜",一块写着"董老师的西瓜"。稚嫩的笔迹,善良而美好的童心,我忍不住笑了。

子巽给我说"悄悄话":"亲爱的老师,您长得太漂亮了!完美的雀斑,像美丽的石子一样光滑。是您给我们带来了快乐,谢谢您!"

彤在教师节给我写信,题目是"长大后我就成了你":"如果长大后我当了一名教师,您一定是我学习的典范。您每年都拍下我们课堂学习和校园生活的照片给我们欣赏,您做每件事都很用心,我喜欢您!"

还有,还有……作为小学教师,别奢望这辈子能做什么惊天动地的事,每天面对的就是和学生在一起的琐碎生活,但是每一个日子都是单纯而恬淡、琐碎而充盈的!每当我想起那些声音、那些面孔,那些让人眼睛一亮、心头一暖的表达,心中就会泛起掩饰不住的欢喜,就像农民微笑着守望满地的庄稼、聆听禾苗拔节的美妙声音,纵然额头上汗珠盈盈,心里却充满了希望和甜美。

苏霍姆林斯基说:"教育是人和人心灵上最微妙的相互接触。"班主任不仅是教知识的学科教师,同时也是学生的朋友,应当与学生同喜同忧。只有这样,教育才能进入"心"的世界。

班里的李铁生病了,家长没空来接,叮嘱孩子打车回家,我得知后赶紧拿出钱放到他的小手中;阳这个美丽的女生,穿了一件白色的羽绒服来学校,我把自己的袖罩给她带上,告诉她别弄脏了衣服;虹的妈妈因病去世,我不知道怎样安慰她,只是陪着她默默掉泪……

一点一滴,学生全看在眼里、记在心上,他们接受爱,也学着去表达爱。

前几天,晨练打羽毛球,我不小心摔倒在水泥地上,指甲磨破了,手指擦破了皮。课堂上,学生汇报交流后,我忘了自己的手受伤了,拍手示意大家停下,刚拍一下,钻心的疼让我不由自主地皱了一下眉。这个细节被班里的多个学生看到了。下课后,一群学生围上我,急切地询问:"手怎么了?""是不是很疼?"那一刻,我觉得做教师是天下最幸福的事。

班里的佳慧有一次偷偷塞给我一张纸条:"董老师,您能不能等我走了以后再看这张纸条?"我答应了她。后来我看到纸条上写着:"董老师,对不起,我没有按时完成作业。今天我一定补上,您能不能原谅我并帮我保守这个秘密?"我果真没提这件事。佳慧及时补上了作业并自觉让我检查,我们还进行了友好的交谈,这个秘密永远藏在我俩的心底。

班主任的宽容、师生之间彼此的信任让学生敢于袒露内心,他们直言不讳地提建议:"董老师,我觉得数学课上游戏少了,大家都喜欢在玩中学数学,以后要多设计一些游戏哦!""董老师,要多关注那些坐在后面的同学,多提问他们,他们才能不溜号,尤其是李兵。"收到纸条后,我都及时反思自己,制定相应的整改措施,还表扬他们为全班献计献策的主人翁意识。

每年的教师节,都是师生互道祝福的温馨时刻。去年教师节那天走进教室时,我看到了非常让人感动的一幕:由宁、子巽领读,全班同学起立朗诵了《献给老师的颂歌》,还特意播放了林妙可演唱的歌曲《老师》,讲桌上多了一个一次性的杯子,满满的一杯茶水。多么温暖、幸福的氛围,我感动得差点掉泪。接下来,当学生看到PPT上的照片,看到自己入学时的模样、那时写的字、那时的作品,那一刻的激动无法形容。

不少学生在日记中表达这样的意思:"入学时我什么都不会,在董老师的呵护下,我慢慢长大了,我会永远记住她的。"学生会永远记住你,这几乎是天底下的第一谎言,但是我心甘情愿地"受骗"。这种干净的快乐,纯净的幸福,只有在小孩子中间才能找到。

要在班里建立起"亦师亦友"的师生关系,班主任需做如下努力:

1. 一视同仁,抵达内心

班里的几十个学生,无论成绩优劣,无论智力高低,都一样有尊严。无论哪一个学生跟你说话,你都要赶紧放下手中批改的作业,或者停止和同事的交流,表示出极大的兴趣,耐心地了解学生究竟要诉说什么,试着了解事情的根源。班主任总是以朋友的身份出现在学生身边,他们也就更愿意说出自己的内心感受。形成这样的良性循环后,教育就多了一条走进心灵的通道。

2. 知行合一,处处用心

比如,课下经常和学生一起参与班级活动,和他们踢球、拔河、跳绳,肯花时间和学生待在一起,了解学生的喜好,让学生感到班主任不是高高在上的长者,而是这个温馨的班集体中的普通一员,无形中师生的心会贴得更近。在班会课上,老师和学生还可以玩一玩"信任背摔""蒙眼走"等游戏,让学生感受到平等与被信任的重要性。

3. 真诚相待,坦诚交心

班主任经常会遇到一些棘手的问题,面对难缠的学生,发脾气是无能的表现。遇事一定要冷静,三思而后行,批评教育时不挖苦、不讽刺,就事论事,不侮辱人格。再顽皮的孩子都有他的"软肋",找一个容易"攻心"的地方,委婉地让他学会自我认知。另外,班主任还可以偶尔卖弄一下自己的课余生活,读书、写作、爬山、外出游学、厨艺展示等爱好,全方面地浸染学生——做丰富、有情趣、积极向上、有担当、全心投入做事的人。

如此,班主任和几十个学生将成为不可分离的共同体,相互接纳,相互欣赏,相互牵挂,彼此成全,共同成长,教育才会成为"心心相印"的事。

本章作者简介

董文华,河南省鹤壁市山城区实验小学教师。国家级骨干教师,全国优秀班主任"百名之星",河南省名师,河南省"五一劳动奖章"获得者,河南省学术技术带头人,《教育时报》"首届最具影响力教师评选"十佳教师。在《人民教育》《当代教育家》《中国教师报》《教师博览》《教育时报》等发表文章200余篇,出版教学专著《让小学生恋上数学》。应邀到省内外做专题报告及讲座40余场。事迹入选《2008年河南教育年鉴》。

后　记

做这本书的冲动和想法，由来已久。只是，想法总不成熟，总在调整和修正；而冲动，来得快去得更快，虽已人到中年，依然"情绪化"严重：冲动一过，热情似乎也就难以为继。

所以，在这本书终于成形之际，作为主编，要感谢所有的参与者。尽管文末已经注明他们的信息和简历，但我仍想一一提及、念及——

张华东老师虽然任教数学，而且直到最后才"被参与"进来，但他承担了本书的"开篇"。万事开头难，他啃的，确实是一块"硬骨头"。虽然至今我仍与他缘悭一面，但他的班级管理智慧，我早在报刊上看到过。现在，通过这本书，相信会有更多的人感受和体验到这种智慧，真是美好的事。

本书的创意灵感，其实来自雷震老师。他偶然间发给我的一篇稿子，让我有了最初的"冲动"，也成就了这本书的"雏形"。身为集团化学校的执行校长，事务性工作繁多，冗务缠身，但他对班级工作的热爱，对学生的关注和理解，一直让我感动。相信读过他的第二章后，你也会有所触动。

第三章其实是本书的"样章"。来自苏州的沈兰老师已年届退休，教龄长，故事也多，情怀温婉，文思细腻，下笔如有神，加以江南特有的诗意情怀，她的文字，最先得到我的认可，也最先得到出版社的首肯，自然成了其他作者借鉴的模板。她算这本书"第一个吃螃蟹"的，而且"吃相"如此优美，不愧为深谙此道的江南人。

说到"班级文化"，很容易让人感觉空泛、零碎，表面化和标签化，但何春燕、张芳军两位老师以其多年的带班经验，给我们呈现出极具创意的诠释：他们的班级文化，体现于或者说融合在班级日常生活中，而不是只张贴在墙壁上，或悬置在口号里。他们对待学生的"临场智慧"，充分体现着其挚诚的教育情怀。

第五、六章的作者们，都来自成都市泡桐树小学天府校区。这是一所年轻的学校，"校龄"只有一位数，但所呈现出的气象和气魄，非常美好。明确以"教育在我们之上"作为"教育信仰"，在我所走过的学校中，这是绝无仅有的。几位年轻老师的加盟，其实源自我诚恳的邀请，现在我觉得，这邀请是正确的。无论是苟鹏、欧小丽老师的"家校关系建设"，还是宁超群、许丽蓉老师的"班级生活经营"，他们的教育行为，既代表着学校的文化追求，也体现着个人的创意情怀。一所好学校，必然有一批好老师、好班主任，这似乎可以作为明证。

第七章涉及主题班会和主题活动。虽然这是我们极熟悉的话题，但真正做起来，容易流于形式和过场。来自江苏的张红和陈春两位老师提供的案例，非常鲜活，且极富创意，相信能够给我们更多的思考和启迪。虽然两位老师一直工作在乡村学校，但他们的视野，他们所呈现给学生的世界，并不逼仄、狭小。

第八章的主题，个人觉得比较有创意。对小学生开展"发展规划"，据我所知，虽不多见，但我觉得很有必要。回应本书的"建设"主题，我想到"万丈高楼从地起"的古话。每个孩子，都应当对自己的"生命之房"有明确的规划。而张端妹老师也的确通过日常的班级生活，对学生做出了积极而美好的引领。

最后一章的内容，看似与班集体无关，但我一直觉得，作为班集体的"灵魂"，班主任自身的形象必然影响和决定着班级的精神风貌。作为"河南省名师""河南省最具影响力教师"，董文华老师以其从乡村到城市的经历，既为我们呈现出她的专业发展过程，也为我们展示出她作为班主任的自我建设过程。

这样的提及和念及，其实也是我对这本书形成过程的一次回顾和重温。没有作者们的积极参与，我的所谓构想，很可能"胎死腹中"；没有作者们的倾情付出，这本书也不可能如此生动、精彩——他们就像一颗颗饱满、圆润的珍珠，原本有着各自的光芒和风采，但是为着这本书的"聚合"，我和他们有过无数次的碰撞和沟通，他们自己，也经历了反反复复的切磋和打磨。我愿意相信，为着这样美好的"聚合"，他们的所有努力和付出，都是值得的。

尽管如此，由于编者的眼界有限、能力不济，这本书难免会有错谬之处、缺漏之憾，恳望得到各位读者的批评和指正。

谢云

2015年9月，开学第一天

万千教育 基础教育类书目

书号	书名	著、译者	定价(元)
班主任工作理念与方法系列			
2877	班主任工作的60个"鬼点子"	刘坚新 郑学志 编著	52.00
2879	班主任与家长沟通的艺术 ——创建优质家校关系的60个策略	郑学志 著	52.00
2204	做一个会"偷懒"的班主任（第二版）	郑学志 著	48.00
1708	怎样教授道德才有效 ——德育心理学家给教师的建议	杨韶刚 等译	48.00
1709	学生特殊问题发现与应对 ——给普通教师的建议	昝飞 等著	48.00
7316	把班级还给学生 ——班集体建设与管理的创新艺术	郑立平 著	26.00
7344	遭遇问题学生 ——问题学生的教育与转化技巧	万玮 编著	25.00
7317	魅力班会是怎样炼成的	杨兵 著	25.00
8631	家校沟通，没有痛过你不会懂 ——知名班主任梅洪建的心路历程	梅洪建 著	32.00
0539	如何上好班级心理辅导活动课 ——钟志农答疑50问	钟志农 著	42.00
9902	德育主任新方略	丁如许 著	32.00
8611	班主任工作中的心理效应	刘儒德 主编	35.00
1135	班主任有效沟通的艺术与技巧	李进成 著	36.00

编号	书名	作者	定价
0541	班主任如何破解德育低效难题	赵坡 著	35.00
9135	班主任，青春万岁——王君带班之道	王君 著	34.00
8770	班主任如何带好差班	赵坡 著	30.00
8309	扶年轻班主任上马	王莉 著	38.00
7926	教师必须掌握的教育惩戒艺术	郑立平 等著	28.00
7928	做一个聪明的班主任 ——对常见七类学生的教育艺术	郑立平 等著	28.00
班主任工作理念与方法系列合计			**694.00**
中学/中职班主任专业技能系列			
0938	好班是怎样炼成的 ——中学班主任班级建设之道	谢云 主编	38.00
9882	初中主题班会设计技巧与优秀案例	郑学志 主编	34.00
9056	高中主题班会设计技巧与优秀案例	郑学志 主编	32.00
9557	打造高中卓越班级的42个策略	覃丽兰 著	38.00
9990	打造中职卓越班级的41个策略	李迪 著	32.00
9905	中职主题班会设计技巧与优秀案例	李迪 著	35.00
9604	中学德育问题与对策	李季 贾高见 著	35.00
8463	中学班主任的70个临场应变技巧	刘令军 等著	34.00
中学/中职班主任专业技能系列合计			**278.00**

……

欲了解更多图书信息，请登录：www.wqedu.com
联系地址：北京市西城区三里河路6号院2号楼213室　万千教育
咨询电话：010-65181109，65262933

*本目录定价如有错误或变动，以实际出书为准。